그림 속에 숨겨진 조선 역사

일러두기

1 이 책에 등장하는 고려~조선의 왕은 재위 기간으로 표시하고, 그 밖의 사람들은 생몰년을 밝혀 놓았다.

　　예) 공민왕恭愍王(재위 1351~1374)/ 겸재謙齋 정선鄭敾(1676~1759)

2 이 책의 인명, 서명, 작품명은 처음 등장할 때에만 한자를 병기했으며 이후에는 한글로 표기했다.

3 이 책에 표기된 연월일은 역사서 기록에 의거하여 표기했다.

4 외국의 인명, 지명과 관련하여 중국인 이름과 중국 지명은 우리식 한자 발음대로 표기하고 한자를 병기했으며, 일본인과 일본 지명, 그 밖의 외국인 이름과 외국 지명은 국립국어원의 외래어표기법을 따랐다.

5 서명은 『　』, 편명과 작품명은 「　」로 표시했다.

그림 속에 숨겨진
조선 역사

홍순대 지음

인문서원

작가의 말

오늘날 사람들은 다양한 도구를 활용하여 자신만의 방법과 색깔로 삶의 모습과 역사적인 순간을 기록한다. 사진으로, 그림이나 활자 등으로 남겨진 기록물은 언제 어디에서나 끄집어내어 볼 수 있다. 방법은 다르지만 이런 매체가 발명되기 전에도 사람들은 흔적을 남겼다. 선사시대에는 동굴벽화로 남겼고, 종이가 발명된 이후의 시대에는 글과 그림으로 좀 더 상세하게 남겼다. 다만 그 기록물들을 아직 발견하지 못했거나 발견했어도 온전히 이해하지 못하는 게 안타까울 뿐이다.

조선시대에는 그 어느 시대보다 기록 정신이 강하고 활발했다. 특히 그림으로 남긴 기록은 한눈에 이해할 수 있어 당시 삶을 들여다보는데 크게 도움이 된다. 세밀하게 그려진 초상화는 그림 속 주인공과 직접 대화하는 듯 생생하고 올곧은 선비정신이 느껴진다. 풍속화는 당시 백성들의 삶 속에 들어가 있는 듯 생동감 있고 해학이 넘친다. 산수화는 또 어떤가? 아름다운 우리 산하는 물론, 각종 동식물이 그림 속에서 꿈틀거리며 살아서 움직이는 듯하다. 풀 한 포기 벌레 하나에도 사실성과 익살이 담겨 있다. 더욱 흥미로운 것은 그림에 그 시대의 이야기가 담겨 있다는 사실이다. 이것은 우리에게 큰 행운이 아닐 수 없다.

이 책은 고려말부터 구한말 조선이 일본의 손아귀에 넘어가기까지 그림 속에 숨겨진 역사를 살펴본다. 그림 속에는 지배자의 시각이 아닌 그 시대 백성들의 눈으로 바라본 세상이 보였다. 바로 그 지점을 눈여겨보며 또 다른 시각으로 조선의 역사를 조명해보고자 한다.

첫 번째 이야기는 미륵불 현신을 기원하며 새로운 세상을 꿈꾸었던 이성계의 조선 개창 이야기이다. 태조 이성계는 쇠락해가는 고려왕조를 대신할 새로운 나라를 만들고 싶었다. 미륵불이 현신하여 도탄에 빠진 백성을 구하고 세상을 구원하기를 축원했다. 고려를 세운 태조 왕건도 이와 유사한 축원을 했다는 사실을 떠올리면 역사의 아이러니가 아닐 수 없다. 개혁에 실패할 수밖에 없었던 당시 고려 사회의 구조적인 문제와 이성계보다 더 개혁적인 인물이었던 정도전의 삶도 들여다보았다.

두 번째 이야기는 「몽유도원도」에서 거닐고 있는 안평대군에 관한 이야기이다. 비해당 안평대군은 권력욕의 화신인 수양대군에 의해 한 많은 세월을 마감했다. 안견은 안평대군이 꿈꾸었던 도원의 세상을 그림으로 구현하고 그 안에 안평대군을 그려 넣었다. 그림으로나마 태평세월을 꿈꾸었던 안평대군의 꿈을 이루어준 것이다. 이 그림을 보노라면 정통성 없는 권력의 한계와 이후의 시대를 가늠하게 한다. 한 시대를 풍미한 한명회와 공신정치로 권력구조의 체계를 새롭게 다진 세조를 만나본다.

세 번째 이야기는 풍속화 속 조선 백성들의 이야기이다. 풍속화하면 떠오르는 김홍도의 그림을 통해 당시 백성들의 삶을 들여다보았다. 김홍도는 백성들의 삶을 단출하면서도 역동적인 필법으로 표현했다. 그러나 실제 백성들의 삶은 그림처럼 풍요롭지 못했다. 조선시대에는 유독 가뭄을 비롯한 자연재해가 많아 백성들이 먹고살기 힘들었다. 뿐만 아니라 양반과 천민으로 구분되었던 사회구조는 이들을 더욱 힘들게 했다. 백성과는 다른 삶을 살았던 세족들의 삶을 들여다보면서 그 시대의 구조적인 모순을 짚어보았다.

네 번째 이야기는 「세한도」에 그려진 유배지에서의 추사 김정희 이야기이다. 「세한도」는 아무도 없는 들판에 아무런 장식도 없는 집 한 채와 나무 몇 그루가 전부인 그림이다. 쓸쓸함을 넘어 스산함이 느껴지는 이 그림에서 회한에 얽힌 김정희의 복잡한 속내를 읽을 수 있다. 왕족의 일원으로 태어나 일찍이 청의 대학자들과 교류하며 학문을 닦았고, 대학자로서 일가를 이루었다. 그러나 그는 개인의 수양에만 충실했던 학자였다. 실사구시를 말했으나 실학자가 아니었으며 청과 교류했으나 대외 인식은 그에 미치지 못한, 깐깐한 조선의 선비일 뿐이었다. 이와 대비되는 다산 정약용의 애민정신의 삶을 살펴보면 이 같은 추사 김정희의 한계는 더욱 뚜렷하게 보인다. 말년에 남긴 그의 흔적에서 인간적인 면도 살펴보았다.

다섯 번째 이야기는 일제에 나라를 빼앗기자 조선 최후의 선비를 자처하며 자결한 매천 황현의 이야기이다. 그의 초상화가 말해주듯 황현은 매와 같은 매서운 눈매로 구한말의 역사적 사건을 기록했다. 바로 『매천야록』이다. 구한말은 일제와 청나라, 러시아 등이 조선 침략에 혈안이 된 시기였다. 뜻있는 지식인들은 외세로부터 독립하고자 갖은 노력을 했다. 그러나 그 자신들이 외세를 등에 업고 독립하고자 하는 오류를 범해 오히려 독립은 멀어져 갔다. 구한말 지식인들의 모습을 보며 독립의 진정한 의미를 생각해본다. 이와 달리 지식인으로서의 책무를 몸소 실천한 매천을 통해 오늘날 지식인들은 그 책무를 다하고 있는지 돌아본다.

그림 속에 숨어 있는 역사를 글로 풀어내는 작업은 생각처럼 쉽지 않았다. 어느 날인가 이인문의 「강산무진도」를 전시한다는 소식에 국립중앙박물관으로 한달음에 달려가 두어 시간 본 적 있다. 가까이서 멀리서 좌에서 우에서 아주 천천히 감상했던 그 그림은 아직도 마음속에 자리 잡고 있다. 이 그림의 울림이 컸는지, 어느 모임에서 그림속에 그 시대의 이야기가 있을 것 같아서 언제고 글로 한번 써볼 생각이라 말한 것이 이 글의 발단이 되었다. 작업이 쉽지는 않았지만 그림이 전하는 기록의 단서를 찾으려고 각종 사료와 역사책을 찾아 읽고 정리한 시간은 참으로 뜻깊었다. 어려운 출판 환경에도 소중한 출판의 기회를 준 인문서원에 감사를 드린다. 그리고 항상 함께해준 가족과 끝까지 격려를 아끼지 않았던 나의 벗들께 고마운 마음을 전한다.

새로운 바람이 불고 있는 어느 날

홍순대

1

고려인가
조선인가

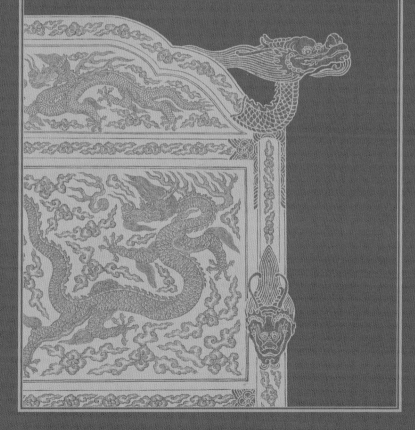

미륵불 현신을 기원하며

　　어둠이 채 가시기도 전, 금강산 비로봉 깊은 골짜기 어느 사찰에 한 무리의 사람들이 모여 앉아 있다. 복장이며 분위기가 예사롭지 않다. 맨 앞에 앉은 스님을 중심으로 날카로운 눈빛을 가진 남자와 비단옷을 입은 기품 있는 부인들이 나란히 앉았다. 그들 앞에는 나지막한 단이 놓였는데, 그 위에는 금빛 찬란한 라마탑형 사리기舍利器와 그것을 담을 수 있는 팔각탑 형태의 조형물이 놓여 있다. 사리갖춤구 *를 모시는 의식이었다.

　이들은 누구이기에 이 깊은 골짜기 사찰에 모여 은밀하고도 엄숙하게 이런 의식을 행하는 걸까?

　　대명 홍무 24년 신미 5월 오늘, 영산 금강산 비로봉에 사리갖춤구를 모시었습니다. 이 자리에는 시중 이성계, 삼한국대부인 강씨, 낙

● 사리갖춤구는 사리를 넣는 라마탑형 사리기와 사리기를 덮는 은제도금 팔각형 사리기로 되어 있다. 이 사리기를 조합하여 넣은 것은 청동발이고, 그 청동발을 담는 것은 백자발이다. 라마탑형 사리기에는 정교하게 부처 형상이 금으로 그려져 있다. 은빛 바탕에 금색 옷을 입은 부처가 네 방향에 새겨져 있다. 백자발에는 사리장엄구를 모시며 염원한 내용이 기록되어 있다.

은제도금 라마탑형 사리기

금강산 출토 이성계 발원 사리장엄구 일괄 중.
국립중앙박물관

사리봉안은 석가모니 입적 후 다비식에서 나온
불사리佛舍利를 봉안하면서 유래되었다.
우리나라 문헌상 최초의 사리봉안은 삼국유사에
기록되어 있으며 신라 진흥왕 10년(549)에
양梁나라가 불사리 몇 과를 보내와 왕과 백관들이
흥왕사興輪寺에 나아가 맞이하였다.

금강산 출토 이성계 발원 사리장엄구 일괄

국립중앙박물관

일제강점기인 1932년 금강산 월출봉 공사 도중
발견되었다. 고려와 조선을 잇는 불교예술품이기도
하지만 이성계의 정치적인 야심을 읽을 수 있다.

랑군부인 김씨, 강양군부인 이씨, 낙안군부인 김씨, 흥해군부인 배씨가 함께합니다. 이 사리갖춤구는 일만여 명의 정성과 염원을 담았습니다. 그들의 시주와 희망도 담았습니다. 태조께서 만백성의 희망을 안고 나라를 세우신 지 오래전입니다. 그러나 지금의 현실은 태조의 정신을 이어받지 못하고 있습니다. 만백성은 도탄에 빠져 있습니다. 백성의 어려움을 이대로 둘 수 없습니다. 이에 귀인을 모시고 만백성의 희망인 미륵불이 현신하시어 이 세상을 구원하고 바로잡기를 기원합니다.

금강산은 태곳적부터 영험한 기운이 서려 있는 민족의 영산이다. 옛 그림에 빠지지 않고 등장하는 단골 소재이기도 한데, 그림만으로도 그 아름다움과 장엄함을 느낄 수 있다. 그중에서도 겸재謙齋 정선鄭敾 (1676~1759)의 「금강전도金剛全圖」는 금강산을 한눈에 조망하고 있어 그 장엄함이 단연 돋보인다. 가장 높은 비로봉이 모든 봉우리를 굽어보고, 주위의 봉우리는 비로봉을 중심으로 호위하는 듯한 형상이다. 높고 낮은 기이한 산봉우리는 제각각 전설을 지니고 있다. 그중 하나는 이성계李成桂와 관련이 있다.

대명 홍무 24년이면 공양왕恭讓王(재위 1389~1392) 3년인 1391년이었다. 이성계가 위화도 회군을 하고 최영崔瑩(1316~1388)과 우왕禑王(재위 1374~1388)을 몰아낸 지 불과 3년 정도 지난 때였다. 최영은 고봉현(지금의 고양)으로 귀양 보냈고, 우왕은 폐위하여 강화도로 유배 보냈다. 이제 모든 권력은 이성계의 손아귀에 있었다. 그러나 아직 버젓이 국왕이 있었고, 권문세족의 세력 또한 만만치 않았다. 최고 권력자였던 최영과 우왕을 제거했지만 잔존세력은 여전했다.

이성계는 새로운 세상을 건설하겠다는 원대한 꿈을 꾸었다. 지금 여기 금강산에 모여 일만여 명의 정성과 염원을 담아 미륵불* 출현을 기원하는 것도 혼란한 세상을 바로잡고 도탄에 빠진 백성을 구하겠다는 다짐이었다.

고려를 건국한 태조 왕건王建(877~943)도 이와 유사한 일화가 있다. 어느 날, 왕건이 금강산에 올랐는데 담무갈보살이 현신했다. 이에 왕건이 예를 갖추어 예배를 드리고 그 주위에 정양사正陽寺를 세웠다. 자신이 금강산과 담무갈보살의 영험한 기운을 받은 특별한 사람이라는 것을 보여주려는 의도였다. 이 일화를 고려시대 노영魯英은 「아미타여래구존도 및 고려 태조 담무갈보살 예배도」(1307년)라는 불화에 담았다. 흑칠한 나무 바탕에 금니金泥**로 그린 이 그림은, 고려불화를 예술적인 경지에까지 끌어올린 작품으로 평가된다. 이 그림 뒷면에 왕건이 담무갈보살에게 예를 드리는 장면이 묘사되어 있다.

이성계가 금강산 비로봉에서 미륵불의 현신을 염원하며 사리장엄구를 모시는 것도 왕건이 그랬던 것처럼 정치적인 야심을 종교와 결합하여 다지는 행위였다. 그러나 목숨을 건 위험천만한 행동이었다. 자칫 반역으로 몰릴 수 있는 확실한 증거이자 빌미가 될 수 있었기 때

• 미륵신앙은 우리나라에 불교가 전래되면서 민중에서부터 왕실에 이르기까지 폭넓게 퍼졌다. 미륵신앙은 석가모니의 제자인 미륵이 현실세계에 출현하여 새로운 세상을 만들어 민중을 구원한다는 신앙이다. 미래의 구세주인 미륵불을 믿음으로써 현실의 고난을 극복하고자 한 것이다. 전국의 사찰과 불교 유적지에서 흔히 볼 수 있는 미륵불은 지금도 민중신앙으로 자리 잡고 있다.
•• 금니는 금박가루를 아교와 배합하여 먹 대신 사용하는 고급 재료로, 그림에 신비감을 높이는 효과가 있다. 주로 불화에 많이 활용되었다.

金剛全圖 謙齋

金剛全圖

萬二千峰皆骨山何人用
意獨眞面亲看淳
衆香浮動扶桑外
積氣雄蟠大世界
間
義冥
芙蓉揷蕊
武半林松
柏隙宛同總令脚
鶴頭今遺今如掛遊者不惺
甲寅
冬至

금강전도 겸재 정선, 국보 제217호, 130.7×94.1cm, 삼성미술관리움

정선이 만 58세에 그린 작품으로 금강산의 풍광을 한눈에 바라보는 구도는 그 웅장함을 더한다.
아래로 시원하게 뻗은 암벽의 거친 선은 금강산의 특징을 잘 표현하였다.
영험함이 깃든 계곡에서 이성계는 새로운 왕조 개창을 발원했다.

아미타여래구존도 및 고려 태조 담무갈보살 예배도

노영, 보물 제1887호, 나무에 금분으로 그림, 국립중앙박물관
오른쪽 그림은 예배도 부분을 확대한 것으로, 태조 왕건이
담무갈보살에게 예를 올리는 장면이다. 조선 개창시
억불숭유抑佛崇儒 정책을 펼친 이성계도 불법佛法을 빌어
미륵불의 현신을 기원하며 정권 창출을 향한 야망을 키워갔다.

문이다.* 사리구 백자합에는 이성계 자신의 이름은 물론 부인 강씨의 이름이 또렷이 새겨져 있을 뿐 아니라 일만여 명의 시주와 그들의 염원을 담아 미륵불의 현신을 기원한다는 기원문도 있다. 엄연히 군주가 재위하고 있었고, 수많은 권문세족들이 자신의 일거수일투족을 예의주시하던 시기였다. 이런 상황을 모를 리 없는 이성계가 이러한 의식을 행한 것은 그만큼 자신감의 표현이기도 했다. 구체적이고 치밀한 계획 아래 자신의 야욕을 향한 다짐이자 첫걸음이었던 것이다. 실제로도 효험이 있었는지 불과 1년도 되지 않아 이성계는 현신한 미륵을 보게 된다.

● 우왕 8년(1382)에 이금伊金이라는 자가 자신을 미륵불이라 칭하고 백성들을 현혹하다가 처형당한 사건이 있었다. 이금은 "나는 능히 석가불釋迦佛을 부를 수 있다"거나 "3월에 이르러 해와 달이 모두 빛을 잃을 것이다"라는 황당한 말로 혼란을 야기하였다.

위화도에서 개경으로

이성계 가문은 전주를 기반으로 성장했으며 고조부인 이안사는 삼척을 거쳐 의주로 이주했다. 의주병마사에 임명되었으나 원나라 장수의 항복종용에 굴복하여 원에 귀순했다. 원의 다루가치°가 된 이안사는 개원로 남경의 알동을 근거지로 삼았다. 이후 이성계 가문은 대대로 원의 다루가치를 이어받아 북방지역을 중심으로 세력을 형성했다. 그러다가 이성계의 부친인 이자춘이 고려에 귀순하면서 고려의 신하가 되었다. 이자춘이 고려에 귀순하게 된 계기는 공민왕恭愍王(재위 1351~1374)의 배원정책 때문이었다. 공민왕은 1356년(공민왕 5)에 동북면의 쌍성총관부를 공격, 탈환하면서 본격적으로 배원정책을 펴게 된다. 공민왕은 친원파를 제거하기 위하여 동북면 지역을 기반으로 세력을 형성하고 막강한 군사력을 보유한 이자춘을 자신의 세력으로 끌어들였다. 이자춘 역시 중원의 질서가 바뀌고 있

● 다루가치達魯花赤는 원나라 지방행정관 관직명으로 행정·군사를 관장했다. 고려에 대한 내정간섭을 목적으로 제1차 몽고침입 때인 1231년(고종 18)에 설치하였다. 원나라의 간섭이 끝난 이후 없어진 것으로 보인다.

음을 감지하고 있었다. 이렇게 이해관계가 맞아떨어지면서 이자춘은 고려의 신하가 되었다.

우왕 14년(1388) 5월, 이성계와 조민수가 이끄는 10만 대군이 위화도에 도착했다. 위화도까지의 행군은 무더위와 빗속을 견뎌야 하는 고행길이었다. 우왕은 팔도도통사에 최영, 우군도통사에 이성계, 그리고 좌군도통사에 조민수를 임명하여 요동정벌을 명령했다. 최영은 요동정벌 총사령관이었지만 위화도에는 오지 않았다. 최영이 도성을 비울 경우 자신에게 변고가 생길까봐 우려한 우왕이 보내지 않았기 때문이다.

우왕은 선대왕인 공민왕이 환관 최만생에게 암살당한 뒤 추대 형식으로 왕위에 올랐다. 권력이 있을 리 없었고, 그래서 늘 선대왕처럼 될까 불안에 떨었다. 하지만 최영이 출병하지 않은 것은 결과적으로 이성계의 위화도 회군으로 이어져 고려 역사의 전환점이 되고 말았다.

요동정벌을 위해 8도에서 군사와 말을 징발했다. 그렇게 좌우군 38,830명, 지원부대 11,000명, 말 21,682필의 규모가 꾸려졌다. 넓은 요동 지역의 특성상 말은 중요한 군수물자이자 전투무기였다. 광활한 지역에서 기동성은 승패와 직결되기 때문이었다.

위화도에 도착한 이성계 휘하에 있던 군사는 고려 조정과는 상관없는 사병들이었다. 이들은 다양한 세력들로 구성되어 있었는데, 고려인뿐 아니라 북방계열의 사람들도 많았다. 이들은 전투 경험도 많고 충성도 또한 높았다. 반면 조민수가 이끄는 군사는 각도에서 징발하여 모집된 군사였다. 위화도는 지리적으로 요동에 가려면 거처야 하는 작은 섬이었다. 위화도는 하중도河中島로, 큰 강의 하류에 오랜 시간 퇴적물이 쌓여 만들어진 섬을 지칭한다. 그리 넓지 않지만 군사 요충지로 중요한 역할을 하곤 했다. 고려에서 위화도로 건너는 강은 깊이가 깊지 않고 물살이 거세지 않아 건너기 수월했다. 날이 가물 때는 걸어서도 갈 수 있는 거리였다. 하지만 위화도에서 요동으로 가는 길은 압록강의 거센 물살과 넓고 깊은 강폭 때문에 건너기가 어려웠다. 위화도를 넘어야 요동으로 진격할 수 있었으므로 압록강에 부교를 설치하게 했다. 그런데 요동에 당도하기도 전에 도망하는 군사가 끊이지 않았다. 우왕은 도망하는 군사의 목을 베게 했으나 이탈을 막기에는 역부족이었다.

지금 군사를 출동시키기에는 네 가지 불가한 점이 있습니다. 작은 나라가 큰 나라를 거스르는 것이 첫 번째 불가한 점이고, 여름철에 군사를 내는 것이 두 번째 불가한 점이며, 온 나라를 들어 멀리 정벌하면 왜구가 그 빈틈을 타고 들어올 것임이 세 번째 불가한 점이고, 시기가 마침 덥고 비가 와서 활의 아교가 녹아 풀어지고 대군이 전염병에 걸릴 것임이 네 번째 불가한 점입니다. 다만 출병 시기를 가을로 늦춘다면 군량미가 풍족하게 되고, 시기적으로 우기가 지나므로 안전하게 전진할 수 있습니다.

요동정벌을 떠나기 전 이성계는 네 가지 이유를 들어 요동정벌의 부당함과 출병 시기를 늦출 것을 건의했다. 그러나 최영 때문에 받아

대동여지도

고산자 김정호, 1861년, 규장각 한국학연구원
근대적인 측량기술이 적용되기 전 만들어진
가장 정확한 지도이다. 김정호가 첫 번째로
만든 청구도靑邱圖를 기반으로 작성되었으며
신증동국여지승람新增東國輿地勝覽을 참고하였다.
전체 227면으로 나누어져 있고 22첩을 연결하면
전국지도가 된다.
가로 360cm, 세로 685cm 크기이다.

위화도

대동여지도 부분 압록강 하류에 있는 하중도

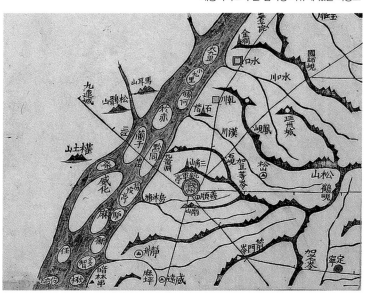

들여지지 않았다. 최영은 명나라가 북원정벌에 온 군사력을 집중하고 있을 때 대규모 군사를 동원하여 공격한다면 승리할 수 있다고 판단했다. 거기에다 요동의 상황을 살피고 온 자의 보고는 그런 생각을 굳히게 했다. 요동의 모든 군사가 오랑캐를 정벌하러 가고 성 안에는 지휘자 한 명만 있다는 내용이었다. 우왕과 최영은 요동정벌의 의지를 굳혔다. 여기에는 북방지방의 영토 회복에 대한 최영의 강한 의지도 한몫했다. 원의 간섭이 심화되기 전부터 요동 지역은 우리 민족의 영토였기에 지금이 그것을 회복할 수 있는 적기라고 판단한 것이다.

당시 중국은 원元·명明 교체기였다. 공민왕 17년(1368)에 후일 명 태조가 된 주원장이 북경을 함락시키고 명나라를 개국했다. 북경이 함락되자 원나라의 원순제元順帝는 잔존 세력을 이끌고 개평부로 옮겨가 북원北元을 세웠다. 중원의 패권을 차지한 명나라는 원나라와의 외교를 문제 삼으며 고려를 압박하기 시작했다. 고려의 사신들에게 노골적으로 원 세력과 통교하지 말라고 하고, 조공을 요구했다. 요구한 예물이 제때 도달하지 않거나 조금이라도 흠이 있으면 그것을 트집 잡아 고려 사신을 억류하거나 명으로 가는 길목인 요동에서 입조를 막거나 되돌려 보냈다. 우왕 9년(1383년)에는 정몽주鄭夢周(1337~1392)가 사신으로 파견되었다. 그러나 정몽주도 예물만 건네고 황제의 날선 칙서만 받아왔다. 칙서에는 고려가 명의 신하로서 조공의 예를 다하지 않고 자잘한 공물을 보내 황제를 우롱하고 모욕한다는 내용이 적혀 있었다. 또한 고려의 신하는 경박하고 간사한 무리라며 노골적으로 비난하는

• 중국 명나라 초에 몽골 지방으로 물러났던 원나라 잔존 세력이 세웠으나, 여러 차례에 걸친 명나라군의 공격으로 곧 붕괴됐다.

가 하면 아예 교류를 끊고 왕래도 하지 않겠다고 선언하기도 했다. 고려의 사신은 북경은커녕 국경 100리 바깥에서 멈추어 돌아와야 했다. 사신으로 파견된 장방평張方平·이구李玖·이종덕李種德도 요동에 이르렀으나 들어가지 못하고 돌아왔다. 이후에도 고려는 여러 차례 통교하기 위하여 사신을 파견했으나 번번이 요동에서 되돌아와야 했다.

그러나 이보다 더 큰 문제는 요동 철령지방의 국경 문제였다. 명나라는 철령위鐵嶺衛 지역에 대해 영유권을 주장했다. 그 지역에 터를 잡고 대대로 살아온 백성들을 명나라의 백성으로 편입한다고 일방적으로 통보해온 것이다. 이는 원나라 지배 하에 있던 요동 지역을 명의 국경으로 편입하려는 계획을 노골적으로 드러낸 것이었다. 고려 사신을 100리 바깥에서 멈추어 돌아가게 하고 들어오지도 못하게 한 것도 다 이 같은 계산 때문이었다.

이런 상황에서 고려도 그냥 넘어갈 수 없었다. 한때 원의 간섭을 받기는 했으나 요동 지역은 오래전부터 우리의 영토였으니 지금이라도 국경선을 확실하게 해야겠다고 판단했다. 이 시기를 놓치면 이 지역을 영영 명에게 뺏길 거라고 본 것이다. 우왕 14년(1388) 2월, 최영이 여러 재상과 요동을 공격할지, 화친할지를 놓고 논의를 했다. 그러나 결론은 화친하자는 쪽으로 났다. 하지만 이 결론이 무색하게 명 황제가 고려를 질타하고 철령 이북을 요동에 귀속시킨다고 선포를 한 것이다. 명 황제는 고려가 조공과 통상을 빙자하여 명나라의 군사기밀을 염탐했다고 주장하면서, "철령 이북은 원래 원에 속했으니 모두 요동에 귀속시키고, 개원·심양·신주 등지와 관계된 군민은 본업에 돌아가도록 허락하라"고 선포했다.

이제 고려는 양단간에 결정을 내려야 했다. 군사적인 대결을 피하려고 화친하려고 했으나, 철령 이북의 영토를 명에 귀속시킨다는 일방적인 통보에 방관만 하고 있을 수 없게 된 것이다. 최영은 우왕과 요동을 공격할 것을 논의했다. 공산부원군 이자송李子松이 최영을 찾아가 요동정벌의 불가함을 이야기했다가 장 107대를 맞아 죽는 사건까지 벌어졌다.

이렇게 고려가 요동정벌을 놓고 혼란을 겪고 있는 가운데 명은 철령위를 세우려고 군대를 파견했다. 이들은 군사 천여 명을 이끌고 강계까지 왔으며, 요동에서부터 철령까지 참站* 70개를 설치했다. 이에 우왕은 밀직제학 박의중朴宜中을 명 태조에게 보내 그 부당성을 전달했다.

철령 이북을 살펴보면, 역대로 문주·고주·화주·정주·함주 등 여러 주를 거쳐 공험진公嶮鎭에 이르니, 원래부터 본국의 땅이었습니다.(중략) 본국의 화주에 옛날에 쌓은 작은 성 2개를 모호하게 주청하여 마침내 화주를 가지고 쌍성이라고 모칭하고, 조휘를 쌍성총관으로, 탁청을 천호로 삼아 인민을 관할하게 했습니다. 지정至正 16년 (1356) 사이에 원 조정에 아뢰어, 위 항의 총관과 천호 등의 직을 혁파하고, 화주 이북을 다시 본국에 속하게 했는데, 지금까지 주현의 관원을 제수하여 인민을 관할하게 했습니다. 반적으로 인하여 침탈당

• 중앙 관아의 공문을 지방 관아에 전달하며 외국 사신의 왕래, 벼슬아치의 여행과 부임 때 마필 馬匹을 공급하던 곳으로, 교통의 요충지마다 설치했다. 유사시에는 군사적인 거점으로 사용되었으며 평상시에는 공문서의 전달 또는 해당 지역을 효율적으로 관리하는데 쓰였다. 명이 참 70개를 설치했다는 것은 각 참을 연결하여 실질적인 지배를 하겠다는 군사적인 행동이었다.

했다가 대방에 아뢰어 복귀시킨 것입니다.

철령 이북의 땅은 원래부터 고려의 땅이었으며 공민왕 5년(1356)에
쌍성총관부를 혁파하고 고려의 영토로 귀속시켰다는 말이었다. 그러
나 명은 이러한 고려의 주장에도 아랑곳하지 않고 철령위 설치를 강
행했다. 고려는 요동정벌을 위한 군사행동을 더 이상 미룰 수 없었다.
　그런데 요동정벌에 나선 이성계가 거듭 회군 요청을 해왔다. 위화
도에서 요동으로 건너는 과정에서 입은 군사 피해를 말하며 출병 전
주장했던 요동정벌의 부당함을 다시 언급했다. 우왕과 최영은 이성
계의 회군 요청을 거부하고, 환관 김완을 보내 진격할 것을 독촉했다.
우왕 14년(1388) 음력 5월 22일, 이성계는 마침내 위화도 회군을 결심
하고 개경을 향하여 말머리를 돌렸다. 이성계는 혼란에 빠진 장수들
에게 다음과 같이 말했다.

　만약 상국上國의 국경을 침범한다면 천자께 죄를 짓는 것이니, 종
사宗社와 생민生民의 화가 곧 닥칠 것이다. 나는 이치를 따르는 것(順)
과 이치를 거스르는 것(逆)으로써 상서上書하여 군사를 돌리기를 청
했으나 왕은 살펴보지 않고 최영 또한 노쇠하여 듣지를 않으니, 어
찌 경들과 함께 왕을 뵙고 친히 화와 복을 아뢰며 왕 곁의 악한 자
를 제거하여 생령을 편안히 하지 않겠는가.

이성계는 명나라를 상국이라 칭하면서 명나라를 공격하는 것은 역逆
이요, 공격하지 않는 것이 순順이라고 주장했다. 그러면서 이러한 순리

를 모르는 자들을 숙청하겠다고 선언했다.

　군사적으로 열세인 강국과 대항하여 전쟁을 치른다는 것은 위험한 도박일 수 있다. 명나라 세력은 원나라와 병합한 후 계속 확장되어가는 추세였다. 만약 요동정벌에서 고려가 패한다면 국운은 나락으로 떨어질 것이 뻔했다. 이성계의 위화도 회군은 나라의 명운이 걸린 문제로 어쩔 수 없는 선택이었을 수도 있고, 실리적인 정치 판단이었을 수도 있다. 이성계가 주장한 오불가론은 객관적인 설득력이 있었으므로 조정의 신료들이 이성계의 주장에 반기를 들 명분이 없었다. 반면에 요동정벌을 강력히 주장한 최영 일파와 우왕은 정치적으로 타격을 입었다. 이성계가 이 같은 사실을 모를 리 없었다. 집권세력의 정치적인 타격은 곧 새로운 기회였던 것이다. 어쨌든 위화도 회군을 정점으로 미륵불이 현신하는 조선 개창 시기가 다가오고 있었다.

불교의 나라 고려

　　　　　　태조 왕건은 나라의 이름을 고려高麗라 정하
고 무인 원년(918) 6월 포정전布政殿에서 즉위했다. 태조가 표방한 국가
는 제후국諸侯國이 아닌 황제국皇帝國이었다. 독자적인 연호를 하늘이 내
렸다는 의미로 천수天授라 정하고, 조서詔書·짐朕 등의 용어를 사용했다.
당시 제후국은 독자적인 연호를 사용하지 못했고 조서는 교서敎書로,
짐은 고孤라고 해야 했다. 왕건은 행정구역과 관제도 황제국에 맞게
고치고 제정했다. 고려는 고구려의 후예로서 그 맥을 잇고 있음을 천
명한 것이다. 중원의 강자를 이어받은 나라에 걸맞게 황제국의 지위
를 계승하고 발전시키겠다는 의지였다.

　그러나 권력구조에서는 매우 취약했다. 고려는 호족들의 연합정권
이었기 때문에 권력이 분산되어 있었다. 호족들은 각 지역을 기반으
로 성장한 기득권 세력이었다. 이들을 제압하고 중앙집권적인 체제로
전환하기에는 아직 많은 것이 부족했다. 태조는 어떠한 방식으로든
권력을 강화해야만 했다. 그 일환으로 호족들과의 혼맥을 강화했는
데, 호족 세력들을 자신에게 묶어두려는 의도였다. 그 결과 태조는 무

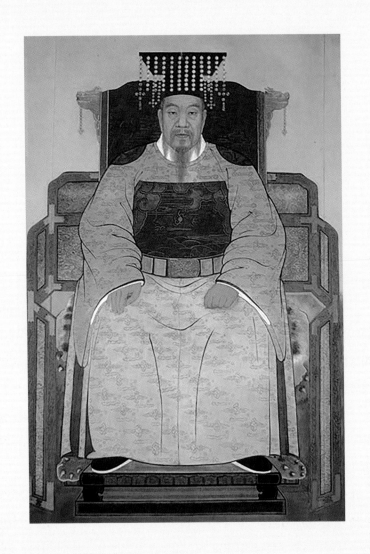

태조 왕건 작자 미상

고려(918~1392)의 초대 황제로 궁예를 몰아내고 철원의 포정전布政殿에서 즉위하였다.
고구려高句麗를 계승한다는 의미로 국호는 고려高麗로 하였으며 자주적인 국가를 표방하며
황제국皇帝國을 선포하였다. 발해 유민들을 받아들였으며 즉위 초부터 황권 강화와 민심안정정책을
펼쳤다. 훈요십조訓要十條를 유훈으로 내려 통치의 기본으로 삼도록 하였다.

려 부인이 29명, 자식이 25남9녀나 되었다. 복잡하게 얽혀 있는 혼맥은 태조의 권력 강화를 위한 복잡한 역학관계를 단적으로 보여준다.

그러나 당대를 지나 후대에 이르러서는 혼맥이 느슨해지므로 권력 분화가 일어날 수밖에 없다. 왕건은 이러한 문제를 최소화하기 위하여 이복형제 간에 혼인을 맺게 하는 족내혼族內婚을 시켰다. 족내혼은 신라시대부터 행해진 혼인 풍습으로, 강력한 중앙집권적 체계가 잡히지 않은 시기에 이루어졌던 왕실 중심의 혼인이었다. 혈통 유지와 왕권 안정을 위한 조치였다. 그 대표적인 예가 고려 4대 왕인 광종光宗(재위 949~975)이다. 광종은 태조의 넷째부인인 신정왕후神惠王后의 딸인 대목왕후大穆王后 황보씨皇甫氏와 혼인하였다.

고려는 지정학적인 위치로 인하여 인접한 국가들과 끊임없는 분쟁을 겪었지만 문물의 영향도 받았다. 송나라의 사신 서긍徐兢(1091~1153)이 1123년에 고려를 방문하고 기록한 『고려도경高麗圖經』에는 고려의 형국을 단적으로 보여준다. 북쪽은 옛 거란契丹 땅과 이어져 있고 동쪽은 거대한 금나라와 맞닿아 있다. 일본이 흥興하고 있으며 유구琉球·탐라耽羅·흑수黑水·모인毛人 등과 국경선이 볼록 나오고 오목 들어가는 지형으로 서로 견제하려는 형국이라고 설명했다.

실제로 고려는 거란과 36년간 크고 작은 전쟁을 치르면서 군사적으로 대립하고 있었다. 그러면서 한편으로는 유학생을 보내는가 하면 거란의 연호인 통화統和를 쓰는 등 유화책을 쓰기도 했다. 고려는 거란이 일어나기 전부터 송宋(960~1279)나라와도 활발하게 문물교류를 했는데, 송나라에 파견된 사신과 유학생, 승려들을 통해 예술·유학·불교 등을 배워 거란에 전달하기도 했다. 당시 국제적 무역항이었던 예성강禮成江 벽란도碧瀾渡에는 멀리 아리비아 상인까지 와서 상업 활동을 할 정도였다.

송나라는 유학儒學이 널리 퍼져 유학자들이 많았다. 남송南宋 때에는 주자朱子에 의해 집대성된 주자학朱子學이 있었다. 우리나라에 유학이 전래되기 시작한 것은 고대부터였으며 삼국시대에 더욱 발전하였다. 성종(재위 981~997)은 개혁을 위한 사상적 기반을 유학에서 찾았다. 집권 초기부터 유교 기반의 정치로 개혁을 공언하였는데, 성종 1년(982)에는 유학자인 최승로崔承老(927~989)가 시무時務 28조를 올려 새로운 제도의 제정을 도모하며 점차적인 개혁을 이끌었다. 시무 28조는 유교 사상을 기반으로 한 제도 개혁이었다. 조서詔書를 교서敎書로 바꾸고 공자를 모시는 분묘를 설치하는 등 제도와 체계를 흔들었다. 유교정치체제를 기반으로 지배권력을 다지기 위함이었다.

그런데 유교정치체제는 문신을 우대했고 이는 무신의 불만으로 이어졌다. 고려사에서 급격한 권력의 변동은 무신정권의 수립부터였다. 문벌주의가 지속되자 권력에서 소외된 무신들의 불만은 문신들을 몰아내고 권력을 차지하는 것으로 표출되었다. 그러나 무신정권 100여 년 동안 금나라에 대한 사대가 심화되었고 권력은 부패했다. 권력에 취한 무신정권은 세금을 가혹하게 거두어들이고 재물을 빼앗는 등 자신들의 사리사욕을 채우기에 급급했다. 이러니 백성들의 삶이 어떠했을지는 불 보듯 뻔하다. 백성들은 주린 배를 움켜쥐고 초근목피로 근근이 연명해야 했다. 설상가상으로 여섯 차례에 걸친 몽고의 침략은 고려를 뿌리째 흔들어놓았다. 원종 1년(1260)에 몽고에 무릎을 꿇은 고려는 원나라로부터 정치적인 간섭과 경제적인 수탈을 당했다. 이 또

천산대렵도 공민왕, 14세기, 비단에 채색, 국립중앙박물관
공민왕이 그렸다고 전해지는 작품으로 말을 타고 사냥하는 장면이
고구려의 무용총 수렵도와 매우 흡사하다. 고구려의 예술 기법이 전승되었다.

한 고스란히 일반 백성의 피해로 이어졌다. 몽고는 지방통치를 위하여 영흥지방에 쌍성총관부雙城摠管府를, 서북지방에 동녕부東寧府를 설치했다. 그런데 이 두 기관은 고려인의 배반으로 설치된 기관이었다. 쌍성총관부는 고종 45년(1258)에 몽고가 침입하자 조휘趙暉와 탁청卓靑이 반란을 일으켜 병마사 신집평愼執平을 죽이고 화주 이북의 땅을 몽고에 바치면서 만들어졌다. 몽고는 이곳에 쌍성총관부를 설치하고 조휘를 총관에, 탁청을 천호로 삼아 다스리게 했다. 이후 공민왕 5년(1356)에 추밀원부사 유인우가 쌍성총관부를 공격하여 고려의 지배권에 넣었다. 동녕부는 서북면 병마사의 최탄崔坦이 반란을 일으켜 원종 11년(1270)

원나라에 투항하면서 만들어졌다. 이후 고려의 요구로 충렬왕 16년 (1290)에 없어졌고, 서북지방의 여러 성들도 다시 돌려주었다.

원나라로부터 벗어나고자 하는 구체적인 움직임은 공민왕대에서 실현되었다. 배원정책을 펼친 공민왕은 그 일환으로 친원파였던 기철 奇轍·권겸權謙·노일盧— 등을 제거했다. 원의 내정간섭기관인 정동행중서 성이문소征東行中書省理問所와 원의 연호를 폐지하는 등 개혁적인 정책을 펼쳤다. 이 시기에는 신흥사대부들이 대거 정계에 진출하기도 했는 데, 신돈이 개혁세력의 규합을 위하여 유학자들인 신흥사대부 세력을 필요로 했기 때문이다. 그러나 공민왕이 재위 23년(1374)에 자제위 소 속의 최만생과 홍륜 등에 의하여 암살 당하면서 개혁은 더 이상 진척 되지 못했다.

한편, 사찰 못지않게 고려 불교를 대표하는 것이 불화이다. 고려불 화는 고려 불교예술의 극치라고 할 수 있다. 고려불화는 현재, 전 세 계적으로 160여 점만 남아 있는데, 그것마저 상당수가 일본에 있다. 고려불화에서 최고의 작품을 꼽으라면 일본 가가미진자鏡神社의 「수월 관음도水月觀音圖」이다. 「수월관음도」는 자비의 상징인 관음보살을 그린 불화이다. 지금은 사가현 현립박물관에서 만나볼 수 있다. 이 불화가 어떠한 경유로 일본으로 건너갔는지는 알 수 없으나, 고려 때 왜구의 약탈로 넘어갔을 것으로 추측된다.

「수월관음도」는 충선왕의 숙비淑妃 김씨가 1310년에 발원하여 제작 되었다. 1310년은 충선왕 재위 2년이 되는 해다. 수월관음도는 그 크 기에서도 압도되지만 정교함과 빼어난 예술성에 감탄하지 않을 수 없 다. 사찰이나 불화 조성은 당대 최고 실력자나 왕실이 주관하지 않으

일본 가가미진자 수월관음도

비단에 채색, 430×254cm, 전체 530×300cm, 일본 중요 문화재. 현재 사가현 현립박물관에 기탁 보관

수월관음도는 고려 숙비淑妃 김씨의 발원으로 충선왕 2년(1310) 5월에 완성되어 1391년 이전에 일본으로
건너갔다. 수월관음도는 국내외 46점이 있으며 국내 소장은 6점으로 모두 보물로 지정되었다. 지정되었다.
수월관음도를 포함한 고려불화는 국내외에 총 130여 점이 전해지고 있으나 106점은 일본에 있다.

면 조성하기 힘든 대불사大佛事였다.「수월관음도」역시 왕실 최고의 화공들을 모아 왕실 주관 하에 조성되었다. 정신적인 지주였던 불교가 호국불교를 넘어 점차 권력화 되었음을 알 수 있다.

고려후기의 가장 큰 문제는 권력가들의 탐학과 국가권력의 비호 아래 성장한 불교의 비대화였다. 그 결과 토지제도는 붕괴되었으며 민중은 헐벗게 되었다. 태조 왕건은 불교를 사상의 기본으로 하는 불교국가를 표방하면서 부처가 보호하고 지켜주는 호국불교를 강조했다. 고려는 국왕의 이름으로 수많은 불사를 일으키고 승려를 스승으로 모시거나 왕사로 정했고, 불교 행사에 국왕이 친히 참여했다.

태조의 넷째 아들인 광종은 재위 초기부터 호족세력을 약화시키고 왕권을 강화하는 개혁정치를 펼쳤다. 노비안검법奴婢按檢法* 과 과거제科擧制 시행이 그것이다. 이러한 개혁조치는 일정 정도 성과가 있었으나 호족을 무자비하게 숙청하는 부작용을 낳기도 하였다. 광종의 권신들은 호족들을 헐뜯고 없는 죄도 만들어 모함하는 일을 빈번히 일으켰다. 그러고는 수많은 사람을 죽인 죄업을 씻고자 광종 19년(968)에는 홍화사弘化寺·유암사遊巖寺·삼귀사三歸寺 같은 사찰을 한꺼번에 창건하기도 했다.

그 뒤에도 이런저런 이유로 사찰 창건이 계속되자, 문종 9년(1055)에 문하성에서 사찰 창건을 중지할 것을 건의하기도 했다. 이들은 예로

• 광종 7년(956)에 실시한 제도로 억울하게 노비가 된 자에 대하여 신분을 되찾아준다는 제도이다. 포로로 잡혔거나 빚을 갚지 못하여 노비가 된 자들도 포함되었다. 백성의 억울함을 풀어주는 노비해방법이었으나 호족들의 반발이 컸다. 그들의 경제적인 기반이었고, 전시에는 전투에도 참여하였기 때문이다.

부터 절과 탑을 세워 태평성대에 이른 적이 없다고 지적하면서 오로지 백성들의 힘을 손상시키지 않는다면 자연히 종묘와 사직이 장구하게 이어질 것이라고 간언했다. 또한 태조 왕건이 절을 세운 것은 통합을 위한 행위였음을 말했다. 새로운 절을 증설하는 것은 백성에게 고된 부역의 의무를 지우는 것으로, 이로 인한 원망이 쌓이면 태평성대가 될 수 없다고도 했다. 그러나 문종은 이를 받아들이지 않았다.

현재는 폐허가 되어 그 터와 일부 유물만 남아 있지만, 개경에 창건된 흥왕사興王寺는 짓는 데만 10년이 걸렸고 너무 호화롭게 지어 신하들의 반발이 심했다. 그 규모 또한 2,800칸이나 되었으며 상주 승려만 1,000여 명에 이르렀다. 같은 해 1월에는 낙성식을 겸하여 연등대회를 5일 동안 치렀는데, 그 성대함이 불교 행사에서 일찍이 없었다고 할 만큼 크고 화려했다. 그 행사를 위하여 대궐 뜰에서 흥왕사 문까지 성문이나 다리에 장식용 색실인 채붕을 얽어 비늘이 잇닿은 것처럼 즐비하게 늘어서 서로 잇게 했다. 왕의 수레가 지나는 길 좌우에는 등불로 된 산과 불꽃나무를 만들어 대낮처럼 불을 밝혔다. 대궐에서 흥왕사까지는 4킬로미터가 넘는 거리였다. 이 작업에 안서도호부·개성부와 광주·수주水州·양주·동주·수주樹州 등 5개 주, 강화현·장단현 등 2개 현의 인력이 동원됐다. 이 뿐만 아니라 문종 24년(1070)에는 절 주위에 성벽을 쌓게 했고, 8년 뒤에는 금탑을 조성했다. 금탑에는 금 144근, 은 427근이 들었다. 무신정권 시기에는 최충헌의 아들 최우가 금 200근으로 13층 탑과 화병을 조성하기도 했다.

한편 사찰들은 광대한 토지와 노비를 소유했다. 사찰 소유의 토지는 사유지인 사원전寺院田과 국가에서 지급한 수조지收租地로 나뉜다. 여기에 국왕이나 귀족들이 시주한 시납전施納田이 있었다. 현종은 안서도의 둔전 1,240결을 개풍군의 현화사玄化寺에 시주했다. 중서문하성과 상서성에서 여러 차례 반대했으나 소용없었다. 그런데 둔전은 지방에 주둔한 군대의 식량이나 관청의 경비로 쓰라고 지급한 토지였다. 이러한 토지를 마음대로 전용했으니 해당 지역에 주둔한 군대의 국방력은 약화되고 관청 또한 제대로 운영될 리 없었다. 현종뿐 아니라 공민왕도 노국대장공주의 명복을 빌며 운암사雲岩寺에 밭 2,240결과 노비 49명을 시주했다. 경남 양산에 창건된 통도사通度寺는 신라 선덕여왕 15년(646)에 창건된 고찰로, 당나라에서 가져온 석가모니의 사리와 가사를 봉안한 사찰이다. 절 소유의 토지 경계를 나타내기 위하여 12군데에 표식을 세웠는데, 국장생표國長生標라고 한다. 국장생표란 특별히 나라의 명에 의하여 설치된 장생표이다. 절터는 사방 둘레 4만7000보이며 설치된 장생표 주위에는 사람을 두어 토지를 지급하고 경계를 지키게 했다.

이렇게 사찰이 무분별하게 지어지고 거기에 갖가지 이유로 토지를 지급하니 고려말에 이르면 사찰이 소유한 토지 면적이 전체 면적의 6분의 1이나 되는 10만 결이나 되었다. 게다가 면세 특혜까지 주어졌으니 국가재정이 궁핍해질 수밖에 없었다. 또한 승려는 요역徭役도 면제되었다. 요역은 나라의 각종 사업에 노동력을 제공하는 것인데 승려는 이마저도 면제된 것이다. 이를 악용하여 요역의 의무가 있는 양인이 승려가 되고자 사찰에 시주하는 투탁投託•이 성행하기도 했다.

• 고려와 조선시대 일반 양민이 세력 있는 자의 노비로 신분을 위장하여 국역 부담에서 벗어나거나 자기 토지를 면세자나 기관에 거짓으로 기증하면서 조세를 포탈하는 행위를 말한다. 고려시

그러자 우왕은 교지를 내려 도평의사사·사헌부·판도사에서 논의하여 사원전의 폐단을 막을 방법을 보고하라고 명했다. 사원전을 빙자하여 권세 있는 자들에 의해 토지제도가 무너지고 있는 것을 경계한 것이다. 하지만 근본적인 제도의 개혁 없이 임시처방만으로는 문제해결이 될 리 없었다. 인종 8년(1130)에 국자감 학생들이, '나라 안팎에 사찰이 넘쳐나니 役을 피해 배부르게 먹고 편안히 사는 백성이 몇 천만이나 되는지 알 수 없다'고 상소를 올렸다. 사찰의 면세, 면역 특혜를 악용하여 투탁 등의 방법으로 절에 들어간 양인들의 수가 매우 많았음을 알 수 있다.

사원전의 규모가 커질수록 세금의 감소로 이어져 국가재정은 날로 악화되었다. 이런 내용은 정도전이 올린 상소에서도 확인할 수 있다. 정도전은 삼사三司의 회계를 보니 불신佛神을 위해 쓴 것이 가장 많다고 지적하며 재정낭비를 없애야 한다고 주장했다.

불교 국가를 표방하며 왕실의 안녕과 나라의 백년대계를 위하여 사상적인 위로처가 필요했던 고려초기에는 불교가 민심을 하나로 묶는 구심점이 되었다. 그러나 불교의 세속화는 국가 경제에 악영향을 미쳤고, 정치에 깊숙이 관여하면서 권력화되고 국정문란까지 야기했다. 성종成宗 원년(982)에 최승로崔承老가 올린 상소는 이를 잘 말해준다.

대에는 사원에 투탁하는 경우가 많았다. 결국 투탁은 양인인 농민의 감소와 잔류 농민의 부담을 가중시켜 다시 유망시키는 악순환을 낳았다. 반대로 전주田主들은 이런 구조를 이용하여 그들의 노비와 토지를 확보할 수 있었으므로 자신의 농장에 대한 면세·면역 특권을 유지하기 위해 노력했다.

승려들이 끼치는 폐해가 심히 큽니다. 승려들이 군이나 현을 왔다 갔다 하면서 관(館)과 역(驛)에 숙박하고 심지어 영접하고 접대하는 것이 느리다고 책망하고, 관리와 백성들을 매질까지 한다고 합니다. 백성들은 승려들이 임금의 명령을 받들고 온 것인지 의심하면서도 두려워 감히 말을 못하니, 폐해가 이보다 큰 것이 없습니다. 이에 승려들이 관이나 역에 숙박하는 것을 금지해주시기를 간절히 바랍니다.

연등회와 팔관회는 고려 불교예식에서 가장 중요하고 성대한 행사로 치러진다. 국왕은 물론이고 모든 신하와 백성들까지 참여하는 거대한 행사이다. 두 행사는 신라시대부터 이어져온 행사로, 팔관회는 고려말까지 개최되었으며 조선시대에는 억불정책으로 인하여 열리지 않았다. 국가적인 행사이다 보니 그 규모나 화려함이 대단했다. 지나친 행사 비용과 화려함이 문제가 되기도 했다. 명종 때 최충렬은 팔관회 때

통도사 국장생석표
보물 제74호, 경남 양산시 하북면 백록리, 문화재청
고려 선종 2년(1085)에 제작, 세워진 것으로 절의 경계를
표시하며 통도사 주변 12곳에 세웠다. 절 소유 토지의 경계를
나타내기도 하며 토속민족신앙이 마을을 지킨다는 개념도
포함되어 있다. 표기된 글 중 이두문도 포함되어 있어
연구 가치가 높다.

차리는 백관들의 과일상과 복식이 화려하고 절제가 없으니 일절 금지하기를 건의했다. 얼마나 낭비가 심했는지 짐작할 수 있다. 그래서인지 성종은 즉위한 해에 팔관회의 잡기들이 이치에 맞지 않다고 하면서 모두 폐지했다. 법왕사에 행차하여 분향한 뒤 문무관의 하례를 받는 것으로 행사를 대신하기도 했다. 그러나 이러한 소극적인 대응은 별다른 효과를 거두지 못했다. 불교가 왕실의 비호 아래 권력화되었기 때문이다.

권력에 무너진 토지제도

　　고려후기에 그려진 것으로 추정되는 「아집도 대련」에는 당시 귀족들의 호화로운 일상이 고스란히 담겨 있다. 주변에 잘 지어진 건축물 위로는 새들이 날아다니고 넓은 마당에는 애완동물로 보이는 고양이와 강아지들이 노닐고 있다. 귀족들로 보이는 무리들이 여자 시종이 들고 있는 그림을 감상하며 이야기를 나누고 있고, 여러 명이 탁자에 둘러앉아 글을 쓰는 모습도 보인다. 잘 다듬어진 정원 사이사이에 한가롭게 노니는 학까지, 기품 있는 귀족들의 여가생활을 한눈에 알 수 있다.

　　귀족들의 품위 있는 삶 뒤에는 그들의 폐단과 부패한 권력이 있었다. 중생계도와 호국불교를 표방했던 고려 불교는 권력과 밀착되면서 그 본질을 잃어버렸다. 그 배경에는 권력의 정점에 있던 부패한 왕실과 권문세족들이 있었다. 고려왕조 474년(918~1392) 동안 권력구조의 변화에 따라 수많은 권문세가들이 양산되고 사라지기를 반복했다. 고려 개창기에는 개국공신을 중심으로 한 원종공신들이 있었고, 무신정

아집도 대련 고려후기, 작자미상, 비단에 채색, 139×78cm, 호암미술관

좋은 모임의 그림 두 점이라는 제목으로 고려 귀족들의 취미 생활을 엿볼 수 있는 그림이다.

애완동물을 기르거나 차를 마시면서 시서화를 즐기고 있다.

고려 귀족들의 생활상과 건축 및 복식사 연구에 귀중한 자료이다.

권 아래에서는 무신귀족들이 있었다. 몽고의 침입 이후 원 간섭기에는 원 세력에 의탁하여 권세를 누리고 백성에게 막대한 피해를 끼친 부원세력附元勢力이 있었다. 원의 간섭에서 벗어난 후에는 고려 개혁을 이끄는 개혁적인 성향의 신진사대부들이 있었다. 그러나 이들 권문세족들은 인물만 바뀌었을 뿐 권력을 이용하여 불법과 탈법을 자행하며 부를 축적했다. 권문세족들의 부의 주 원천은 토지였다. 이들은 대규모의 토지를 사적으로 소유하며 대규모 농장을 만들었는데, 이렇게 조성된 농장은 불법과 탈법의 온상지였다. 특히 무신집권기에는 농장으로 인한 문제가 더욱 심화되어 나타났다.

태조 왕건은 즉위 직후 백성들의 과중한 조세 부담을 줄여주고 토지제도를 정비하여 신하와 백성에게 차등있게 지급했다. 이 당시의 토지제도는 전시과田柴科였다. 공직에 있는 관리 또는 공신에게 차등있게 토지와 땔감을 거둘 수 있는 임야를 주는 제도였다. 그러나 전시과 체제는 무신정권과 원나라의 침략으로 인하여 새로운 전기를 맞게된다. 무신정권은 자신들의 안위를 위하여 기존 토지제도 자체를 무력화시켰다. 의종 24년(1170)에 최씨 무신의 난으로 시작된 무신정권은 약 100여 년간 지속되었다. 무신정권 이전 권신들에 의하여 강점되었던 토지는 고스란히 권력을 잡은 무신정권 권력자들에게 이양되었다. 그 과정에서 농민들에 대한 수탈은 갈수록 심화되었고 국고는 비어갔다. 재정악화는 고스란히 국정수행의 어려움으로 이어졌다.

명종 때에는 채무를 빌미로 백성에게서 정전丁田을 빼앗아 겸병하는 일이 만연했다. 서울에 있는 자가 고향의 대규모 땅을 매입하여 농장을 만드는 일도 허다했다. 정전은 신라시대부터 15세 이상의 남자에게 지급하던 토지였는데, 이런 토지마저 빼앗아간 것이다. 토지를 빼앗긴 백성들은 먹고살 방도를 찾아 전국을 떠도는 유랑인이 되었다.

고종 45년(1258), 김준金俊*이 최씨 마지막 무신집권자인 최의崔竩를 살해했다. 그렇게 왕의 신임을 얻은 김준은 최고 권력자가 되어 광대한 농장을 보유했다. 전라도와 충청도까지 걸친 광대한 땅을 관리하기 위해 관리인을 따로 둘 정도였으나 백성들에게 볍씨 1말을 빌려주고 쌀 1석을 거두는 등 가혹한 수탈을 일삼았다. 원종은 토지 지급의 일을 처리하기 위하여 임시로 급전도감給田都監을 설치하고, 문무양반에게 토지의 재지급을 건의하기도 했으나 권세가들의 방해로 제대로 이루어지지 못했다.**

무신정권 이후 고종 18년(1231)에 몽고의 1차 침략이 있었다. 몽고는 1차 침략 이후에도 23년간 무려 다섯 차례나 침략해왔다. 몽고의 침략과 부원세력에 의하여 국론은 분열되었다. 몽고가 침략하자 고려 조정은 결사항전을 해야 한다는 무신과 외교적인 방법으로 해결하자는 국왕을 비롯한 권문세족들로 나뉘어졌다. 여기에 몽고의 세력을 이용하여 권력을 장악하려는 세력들까지 가세하여 국론을 더욱 분열시켰다. 외세의 침략에 대항하기 보다는 사사로운 욕심과 권력에 눈 먼 권력자들로 인해 외세 침략이라는 절체절명의 상황에서도 통일된

• 김준은 천민 출신으로 최씨 무인정권의 마지막 계승자인 최의를 타도하고 왕권을 회복한 뒤 10년간 권력을 장악했다. 최고 권력자로서 부귀와 권세를 누렸으나 전횡을 일삼아 도처에 정적을 만들었다. 대몽 관계의 강화를 꾀하던 원종의 지시로 반대세력에 의해 살해되었다.

•• 원종이 재지급을 지시한 것은 이미 지급한 토지가 비옥도가 고르지 않아 이를 바로잡으려는 의도였다. 하지만 이미 좋은 토지를 다 차지하고 있던 권세가들은 자신들의 토지를 빼앗길까봐 조직적으로 방해했다.

대응을 하지 못한 것이다. 그 결과 국토는 유린되었고, 그 사이에서 기댈 곳 없는 백성들만 죽어나갔다. 급기야 도성을 강화도로 천도하면서 응전했으나, 결국 원종 11년(1270)에 개경으로 환도를 하게 된다. 이 때문에 결사항전을 결의한 삼별초三別抄•와 충돌했다. 삼별초가 패한 뒤 개경 환도를 찬성했던 부원세력은 더욱 기승을 부렸다. 몽고의 침입 때 몽고로 끌려간 백성의 수는 수십만에 이르렀으며 다시는 돌아오지 못했다.

고려 왕들의 시호諡號 중 충忠자로 시작하는 시호는 원나라 내정간섭기와 관련이 깊다. 충렬왕忠烈王·충선왕忠宣王·충숙왕忠肅王·충혜왕忠惠王·충목왕忠穆王·충정왕忠定王 들은 원나라에서 내린 시호였다. 원나라에 충실한 신하라는 의미였다. 시호는 제왕帝王이나 신하 또는 선비들에게 생전의 공덕을 칭송하며 추증追贈했다. 살아서는 원에 머물러 있으면서 종실의 딸과 결혼하여 원의 부마가 되었고, 죽어서는 충실한 원의 신하가 된 것이다. 왕들은 원나라의 영향력 아래에 있었으며 원나라에서 왕을 책봉하고 국정에까지 관여했다. 특히 충렬왕 재위 기간에는 원의 내정간섭이 극심하여 정치·경제·사회·문화 등 국정 전반은 물론이고 고려를 원의 지배체제에 넣기 위하여 전방위로 압박을 가했다. 이러한 상황에서 올바른 제도 시행이 가능할 리가 없었다. 부

• 결사항전의 중심에는 삼별초三別抄가 있었다. 삼별초는 좌별초左別抄, 우별초右別抄 신의군神義軍을 합하여 만들어진 군대였다. 삼별초는 몽고와의 화의를 거부하고 결사항전을 위하여 고종 19년 (1232) 강화도로 천도했다. 몽고 진압군에 밀려 원종 11년(1270)에 진도로 들어갔으며 그 이듬해에는 지금의 제주도인 탐라로 들어갔다. 그러나 관군과 몽고 연합군에 의하여 원종 14년(1273)에 최후를 맞았다.

원세력은 또 다른 기득권 세력일 뿐이었다. 이들은 심화되는 토지소유 문제를 개혁할 의지도 능력도 없었다.

사패를 개혁하라!

　　사패賜牌는 임금이 왕족 또는 공신에게 토지나 노비를 하사할 때 그 소유를 증명하는 문서이다. 그런데 이를 위조하거나 사칭하여 백성들의 토지나 휴지休地 또는 개간한 땅을 자신의 소유로 만드는 일이 빈번하게 일어났다. 게다가 세금이 면제되어 불법의 온상이 되었다. 사패는 개간사패전과 공신사패전이 있었다. 개간사패전은 개간한 땅에 대한 소유권과 수조권이 주어졌으며 공신사패전은 수조권만 주어졌다. 권문세족들은 사패를 이용하여 대규모 토지를 소유했고 농장을 만드는 수단으로 활용했다. 충렬왕 원년(1275)에 밀직부사로 있던 강윤소康允紹는 사패를 사칭하여 백성들의 땅을 점유했다가 몰수당하기도 했다.

　　그런데도 사패 문제가 끊이지 않자 결국 충렬왕은 이 문제를 바로잡으라는 교지를 내린다. 사패를 빙자하여 빼앗은 땅을 원래 주인에게 돌려주라고 한 것이다. 그러나 이러한 국왕의 명령도 제대로 지켜지지 않았다.

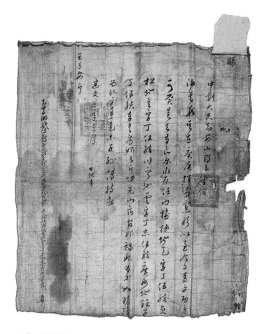

조흡 사패왕지 보물 제899호, 문화재청

태종 1년(1401) 제2차 왕자의 난 때 공을 세운 중훈대부中訓大夫 지안산군사知安山郡事 조흡曹恰에게 토지와 노비를 하사한 문서이다.

충렬왕 22년(1296), 홍자번洪子藩이 백성을 편안하게 하는 18가지 방안 인 '편민십팔사便民十八事'를 올렸다. 민생 개선 방안이었다. 특히 힘께 나 쓴다는 집안의 횡포를 막고자 은병銀甁·세포細布·능라綾羅·위석葦席 등의 매점매석을 금지시켰다. 권세가들이 매점매석으로 폭리를 취하 는 것을 방지하고자 한 것이다. 그러나 편민십팔사는 근본적인 해결 방안이 되지 못했다. 폐단의 개혁 대상을 권문세족이 아닌 지방관으 로 보았고, 권문세족이 불법적으로 소유하고 있던 사패에 대한 개혁 방안은 아예 없었다. 오늘날의 판사직인 전법판서 이진李瑱은 무분별하게 남발된 사패를 조사하여 줄이자는 상서를 올렸다. 사패를 사칭하여 곳간의 곡식을 훔쳐가는 자가 많아 백성들의 원망이 높으니 공이 있는 경우를 제외하고 하사한 토지를 모두 거두어들이기를 청하는 내용이었다. 사패의 폐단은 이뿐만이 아니었다. 양인을 억압해 천민을 만들거나 함부로 사패를 받는 행위도 있었다. 그러나 이진의 사패 개혁에 대한 상서는 별다른 조치 없이 충렬왕의 죽음으로 무위에 그치고 말았다.

사패 문제는 우왕 때에도 끊임없이 거론되었다. 이숭인李崇仁은, 공로가 있는 자에게 상을 주는 것은 당연한 일이나 공이 없는데도 상을 주면 반드시 서로 해치게 되니 상을 내릴 때는 신중해야 한다고 간언했다. 그러면서 거짓으로 사패를 받아 토지를 차지한 자들을 조사하여 처벌하고, 공로가 없는데도 공신을 칭하면서 받은 토지를 회수해야 한다고 주장했다. 이숭인이 지적한 공신은 남행공신南幸功臣·흥왕공신興旺功臣·계묘공신癸卯功臣이었다. 남행공신은 흥왕사의 변란 때 왕을 모시고 피난한 공으로 책봉한 공신이었고, 흥왕공신은 흥왕사의 변란을 진압한 공로를 인정하여 책봉했으며, 계묘공신은 개경을 수복한 공으로 책봉된 공신이었다. 이숭인이 언급한 공신의 수는 일등공신이 146명, 이등공신이 118명이었다. 이들에게 내려진 공신전만 해도 일등공신에게는 토지 100결과 노비 10명, 이등공신에게는 토지 50결과 노비 5명이었다. 공신전의 문제는 하사한 토지의 양도 양이지만 세금 면제와 세습이 가능하다는 점이었다. 이러한 문제로 인하여 공신책봉에 신중을 기해야 하고 일정 면적 이상의 토지를 보유하는 것에 대한 기준이 필요했다. 충선왕은 즉위년(1298)에 교서를 내려 사패로 농장을 삼는 것을 금지시켰다. 교서의 내용을 좀 더 살펴보면, 백성들이 정착하여 살 수 없는 것은 살아갈 수 있는 생업이 없기 때문이니 이들의 어려운 처지를 악용하여 농장으로 끌어들이는 일을 중지하고 백성을 원래 살던 곳으로 돌려보내라는 것이었다. 또한 사원寺院의 농장화를 지적하면서 사원과 제를 지내는 곳에서 사패를 빙자하여 양반의 토지를 빼앗아 농장으로 삼는 것을 금했다.

이처럼 사패는 권문세족들이 토지를 불리는 유용한 수단이었고, 면세의 특전까지 누렸다. 이들의 재산이 불어갈수록 국가재정은 궁핍해질 수밖에 없었다. 그런데도 권문세족들은 자신 소유의 토지를 궁중의 물품을 관리하던 관아에서 관리하던 토지 또는 종실의 토지라고하면서 조세의 3분의 1만 납부하거나 아예 납부하지 않기도 했다. 이런 폐단을 방지하고자 관직별로 차등있게 녹봉 또는 토지를 지급하는 전시과 제도를 운영했다. 하지만 이 역시 악용하는 사례가 빈번하게 일어났다. 3품은 재상에 버금가는 위치라 많은 수를 임명하지 않았다. 그러다 보니 4품에 이르러 그 연한이 차도 3품으로 임명되지 못한 사람이 많았다. 그런데도 5품에서 4품을 거치지 않고 곧바로 3품으로 제수되는 자들이 있었다. 나이가 많아 벼슬을 사양하고 물러난 자들인데, 이들도 녹봉을 지급받았다. 지방관들 중에는 한 해가 다가도록 녹봉을 지급받지 못하고 있는데, 다른 한편에서는 이런 일이 벌어지고 있었던 것이다. 관직제도가 무너지고 있음을 알 수 있다. 녹봉을 지급받지 못하는 관리와 지어 먹을 땅이 없어 떠돌아다니는 백성은 신분만 다를 뿐 별반 차이가 없었다. 관리인데도 항산恒産이 없으니 항심恒心*을 기대할 수 없었다.

공신전은 공신에게 지급되는 토지로 그 자손에게 물려줄 수 있었다. 공신의 자손 대에서 관직에 오르지 못하거나 몰락하는 경우 그 공신전을 가로채는 경우도 있었다. 충선왕은 이런 폐단에 대하여 그 연한을 따지지 말고 해당 자손에게 돌려줄 것을 명했다. 충선왕 복위년(1308)에는 국가재정 확충 및 관료의 녹봉 지급과 백성들의 삶을 풍족하게 할 개혁 정책을 발표했다.

근자에는 간신들이 뜻을 얻어 나라의 근본을 뒤흔들고 기강이 훼손되었으며, 공사公私의 토지와 백성들을 모두 권세가에 빼앗기게 되니 인민들이 먹고살기 어렵고 나라의 창고는 비었으나 개인 가문은 부가 넘쳐나니 심히 애통하게 생각한다. 이에 사람을 뽑아서 사신使臣으로 보내어 백성과 토지의 수를 점검하고 조세를 균등하게 정함으로써 예전의 법식을 좇으려 한다.

—『고려사』 권33, 세가, 충선왕 복위년.

이와 같은 개혁안은 충숙왕 5년(1318) 재위 시기에도 발표했다. 왕명으로 죄인을 다스리는 자, 또는 권문세가의 사람들이 백성들의 토지

● 맹자孟子 「양혜왕梁惠王」 상편에 실려 있는 말로 생활이 안정되지 않으면 바른 마음을 견지하기 어렵다는 뜻이다. 백성을 근본으로 생각하는 정치철학이다. 제齊나라 선왕宣王이 정치란 무엇인가라고 묻자 맹자는 다음과 같이 말하였다. "경제적으로 생활이 안정되지 않아도 항상 바른 마음을 가질 수 있는 것은 오직 뜻있는 선비만 가능한 일입니다. 일반 백성에 이르러서는 경제적 안정이 없으면 항상 바른 마음을 가질 수 없습니다. 항상 바른 마음을 가질 수 없다면 방탕하고 편벽되며 부정하고 허황되어 이미 어찌할 수가 없게 됩니다. 그들이 죄를 범한 후에 법으로 그들을 처벌한다는 것은 곧 백성을 그물질하는 것과 같습니다(無恒産而有恒心者唯士爲能 若民則無恒産 因無恒心, 苟無恒心 放僻邪侈 無不爲已 及陷於罪然後 從而刑之 是罔民也)."

를 빼앗아 차지할 경우 엄하게 벌을 내리고 유배를 보낸다고 했다. 또 권세가들이 문서를 위조하여 토지를 차지하거나 돌려주어야 할 토지와 노비를 원래 주인에게 돌려주지 않으면 죄를 묻겠다고 했다. 그러나 개혁안은 제대로 지켜지지 않았다. 개혁안의 대부분이 근본적인 개혁안을 담고 있지 못했을 뿐더러 권문세가의 강한 반발에 부딪혔기 때문이다. 가장 큰 걸림돌은 국왕 주변의 권신들이었다. 그들은 원나라의 국정간섭과 원의 세력에 의탁하여 권세를 부렸다. 개혁을 표방했지만, 고려의 왕은 원의 부마일 뿐 실질적인 권력은 원에 있거나 이들 부원세력들에게 있었다. 이런 정치적인 상황에서 개혁은 한낱 구호에 그칠 수밖에 없었다.

고려는 초기부터 사심관事審官 제도를 운영했다. 지방에 연고가 있는 고관에게 자기의 고장을 다스리게 하는 제도였다. 그러나 중앙권력의 통제가 느슨해지자 이들이 백성들을 수탈하기 시작했다. 결국 충숙왕 5년(1318)에 이 제도가 폐지되었고, 백성들이 크게 기뻐했다. 그만큼 사심관들의 횡포가 극심했던 것이다. 그리고 그 이듬해에는 이들이 차지했던 토지와 백성의 집을 몰수했는데 그 규모가 어마어마했다. 집이 2,360호, 노비가 137명, 국가 소유의 공전이 1만9,787결, 개인이 소유한 사전이 1,227결, 관청의 경비나 소속된 자들에게 지급되는 토지인 위전이 315결이었다.

원 왕실의 권세를 등에 업고 저지르는 불법과 탈법은 왕실에서도 일어났다. 왕숙은 충선왕 2년(1310)에 순정군順正君으로 봉해진 후 대군으로 봉해졌는데, 그의 누이는 원 인종의 후궁이 된 백안홀독伯顔忽篤이었다. 왕숙은 누이의 권세를 믿고 백성들의 땅을 빼앗았다. 이로 인해 수많은 백성들이 거리에 나앉거나 유랑민 신세가 되었다. 권세가의 횡포는 여기서 그치지 않았다. 빼앗은 토지에 대한 세를 본래 주인에게서 받아냈던 것이다. 토지를 빼앗긴 것도 억울한데 세까지 걷어갔으니 그 폐해가 얼마나 극심했을지 짐작할 수 있다.

도감은 고려·조선시대에 국가의 중대사를 관장하기 위하여 수시로 설치했던 임시기관이었다. 문종 때 토지의 배분을 위한 급전도감給田都監이 있었으며 원종 때에는 토지와 노비 분급을 정리하기 위해 전민변정도감田民辨正都監을 설치했다. 충목왕 때에는 국정의 폐단을 개혁하기 위하여 정리도감整理都監을 설치하여 고질적인 토지 문제와 관리의 횡포를 바로잡고자 했다. 정리도감에서 올린 장계에는 토지제도의

문제를 지적하며 불법적인 농장 설치와 고리대금에 대하여 언급하고 있다.

> 환관 족속과 권세가들이 토지가 비옥한 곳에 다투어 농장을 설치했으며, 간사한 향리들은 그러한 상황을 이용하여 권력을 휘두르며 다른 사람의 토지를 강제로 빼앗아 차지하고 윽박질러 소와 말을 빼앗으니, 지금부터 따지고 살펴서 통렬하게 징계하도록 하십시오. 또한 유랑하는 인리人吏 및 관시노비官寺奴婢와 역자驛子를 유인하고 불러 모아 무리를 지어 작당하고, 장리라는 이름으로 평민에게 고리대를 빌려주고는 문서를 바꿔치기하여 이자가 이자를 낳게 하고 있습니다.
>
> ―『고려사』 권85, 지, 형법.

고려사 국립중앙박물관

기전체紀傳體(사마천司馬遷의 사기史記에서 처음 시작된 역사서 서술 방식으로「본기本紀」의 기紀,「열전列傳」의 전傳의 첫 글자를 따서 기전체라고 함) 형식으로 기록한 고려 관찬 역사서이다.

태조 이성계가 즉위한 1392년부터 문종 원년(1451)까지 59년 동안 편찬하였으며 총 139권 75책으로 되어 있다. 조선이 바라본 고려의 역사이므로 조선을 건국한 세력들의 시각이 담겨 있다.

이 장계는 당시 권문세족들이 얼마나 지독하게 백성들의 고혈을 쥐어짰는지를 잘 보여준다. 환관과 권세가들은 비옥한 땅에 농장을 설치하고, 향리들은 백성들의 토지를 강제로 빼앗고 고리대를 빌려주며 착취했다. 또한 매년 한 토지에 대하여 세금을 4~5번이나 거두어들여 백성들을 벼랑 끝으로 내몰았다. 그런데도 공신들과 권세가들은 녹과전祿科田⬤ 도 거짓으로 사패를 받아 자신들의 토지라고 빼앗아갔다. 이렇게 빼앗은 토지가 어찌나 넓은지 산과 내로 그 경계를 삼을 지경이었다. 백성들은 토지를 빼앗겨 쌀 한 톨 수확할 수 없었으나, 권세가들은 산과 들을 경계로 할 만큼 넓은 토지를 소유하고 창고는 곡식으로 차고 넘쳤다.

⬤ 벼슬아치에게 녹봉 대신 나누어 주던 논밭을 말한다. 몽고의 침입으로 국고가 탕진되자 고종 44년(1257)에 급전도감을 설치하여 원종 12년(1271)에 경기의 땅을 벼슬아치에게 나누어주었다. 녹과전의 소유자는 경작자에게 전조田租만을 받았다.

공민왕과 부원세력의 저항

　　　　　　　원의 직접적인 영향을 받았던 고려는 원나라의 세력이 약화되는 원·명 교체기에 이르러 원의 간섭에서 벗어날 수 있었다. 원나라의 마지막 황제인 순제가 통치하던 시기로, 공민왕도 원나라에서 황제 친위세력의 일원이었으며 1349년에는 노국대장공주를 부인으로 맞았다.

　그러나 공민왕은 원 세력이 약화되는 시기를 활용하여 배원정책을 펼치면서 개혁을 시도했다. 그 첫 단계가 개혁의 걸림돌인 친원 권문세족을 제거하고 국가기강을 바로잡는 것이었다. 그것을 이룰 수 있는 핵심 과제가 바로 토지제도의 개혁과 관료의 부패 척결이었다. 공민왕은 교서를 발표했다.

　측근들이 임금의 눈과 귀를 덮고 가려서 백성들의 실정이 위로 전달되지 못하여 임금을 그르치기에 이르렀다. 토지와 노비를 소유하고 있는 사원은 조租와 역役을 거둬 사원을 수리하는 데 충당하고,

무분별하게 사원을 건설하는 것을 금한다. 승려가 되려는 자는 반드시 도첩度牒●을 소지하도록 하며, 감찰사와 전법사는 토지와 노비를 불법과 탈법으로 취득한 경우를 적발하고 처벌하라. 이는 권세가라고 해서 예외가 될 수 없다.

—『고려사』권38, 세가, 공민왕 원년.

공민왕은 개혁정책을 성공적으로 추진할 인물을 찾았다. 기존의 권문세족이나 왕실과 이해관계가 얽혀 있지 않으면서 개혁을 강력하게 추진할 수 있는 인물이어야 했다. 당연히 적임자를 찾기가 쉽지 않았다. 그러다가 공민왕의 측근인 김원명金元命이 승려 신돈辛旽을 소개했다. 공민왕은 신돈이야말로 적임자임을 간파했다. 신돈은 어느 무리와도 관련이 없어 이해관계로부터 자유로웠고, 승려라는 신분은 백성들에게 신뢰를 얻기에 충분했다. 공민왕의 부름을 받은 신돈은 곧바로 개혁을 추진하기 시작했다.

근래에 기강이 크게 무너져서 탐욕을 부리는 것이 풍습이 되었으며, 종묘·학교·창고·사사·녹전·군수전 및 사람들이 대대로 업으로 이어온 전민을 호강한 집에서 거의 다 빼앗아 점유했다. 일부는 이미 판결이 났는데도 그대로 가지고 있고 일부는 백성을 노예로 만들기도 했으며, 주현의 역리, 관노, 백성 중에 역을 피하여 도

● 고려·조선시대에 새로 승려가 된 사람에게 나라에서 내주던 신분증명서이다. 입적 또는 환속을 하면 반납해야 했다. 도첩을 소지하라는 것은 불법적으로 승려가 되어 조역을 회피하거나 사원에 의탁하려는 것을 막기 위함이었다.

화장사 봉안 공민왕 어진 유리건판 촬영. 1916년. 국립중앙박물관

경기도 장단군 진서면 대원리(현 황해북도 개성시 용흥동) 소재 화장사華藏寺에 봉안되어 있던
공민왕恭愍王 어진을 촬영한 유리건판 사진이다.

망한 자들을 모두 숨겨 크게 농장을 두니, 백성과 나라를 병들게 하고 전염병이 그치지 않는다. 이에 도감을 설치하여 바로잡고자 하니 개경은 15일을 기한으로, 다른 여러 도는 40일을 기한으로 하여 스스로 잘못을 알고 고치도록 하라. 기한 안에 잘못을 뉘우치는 자는 죄를 묻지 않을 것이나, 기한을 넘겨 일이 발각되는 자는 죄를 조사하여 다스릴 것이며 망령되게 소송하는 자는 도리어 처벌하겠다.

—『고려사』 권 132, 열전, 반역, 신돈.

공민왕은 신돈을 전민변정도감판사로 임명하여 강력한 개혁정책을 펼칠 수 있게 했다. 신돈은 권세 있는 자들이 빼앗은 토지를 도로 빼앗아 원래 주인에게 돌려주는 등 공민왕의 기대에 부응하여 소기의 성과를 냈다. 그러자 백성들은 신돈을 성인이라 일컬으며 칭송했다.

그러나 신돈의 개혁정책은 공민왕의 불신으로 더 이상 추진할 수 없게 된다. 공민왕은 자신보다 신돈에게 쏠리는 백성들의 지지와 칭송이 점점 부담스러워졌다. 신돈에게 전권을 일임하고 정치 일선에서 물러나 있던 공민왕은 정치 복귀를 선언하고 재위 20년(1371) 7월에 신돈이 역모를 꾀했다는 이유로 수원으로 유배 보냈다가 처형시켰다.

목은牧隱 이색李穡은 성리학을 발전시키고 사회개혁사상을 가졌던 고려말의 학자이다. 공민왕 원년(1352), 이색은 토지제도의 폐단 등에 관한 상소를 올렸다.

고려 400여 년 동안 말세의 폐단은 토지제도이며 그 경계가 바르지 못해 발생하고 있다. 권세가들은 이 제도를 악용하여 넓은 땅을 차지하여 대규모 농장을 만들고, 마치 까치둥지에 비둘기가 사는 것처럼 겸병하고 있다. 백성은 부모와 처자식을 먹여 살릴 수 있는 몇 이랑의 땅만 있어도 하늘에 감사하며 살아갈 수 있는데, 땅 주인이 하나라면 다행이나 3~4가※이거나 많게는 7~8가※이나 되어 세금을 걷어가고, 고리대에 이자가 붙어 부모 공양은커녕 처자식 먹여 살리기도 어렵다. 이 모든 것을 해결하는 방법은 오직 법을 고치는 것인데, 부유한 사람의 땅은 갑작스럽게 빼앗는 것이 어렵고 오랫동안 쌓인 폐단은 갑자기 없애기 어렵다고 하는 것은 용렬한 임금이나 하는 말이니 개혁을 추진해야 한다. 개혁의 추진은 백성을 사랑하는 국왕의 진실한 마음에 달려 있다.

— 『고려사』 권 115, 열전, 제신, 이색.

이색이 지적한 것처럼 고려말에는 사패와 겸병이 증가하여 대형 농장이 만들어졌고, 사원전이 증가하면서 조세가 제대로 걷히지 않아 국가재정이 고갈 상태에 있었다. 국가재정의 고갈은 또 다른 폐단을 양산했다. 그 단적인 예가 충렬왕 때 실시된 납속보관納粟補官 제도였다. 나라에 곡식이나 은을 바치고 관직을 임명받는 제도였는데, 바친 곡식과 은의 많고 적음에 따라 차이를 두었다. 벼슬을 하지 못한 사람으로 처음 관직에 오르길 원하면 백은 3근, 관직이었던 사람으로 임시직인 권무權務를 희망하는 자는 5근, 권무 9품에서 8품은 3근, 군인으로 대정隊正을 희망하는 자와 대정으로 교위校尉를 희망하면 3근을

목은 이색 초상화 작자미상, 비단에 채색, 국립중앙박물관
이색(1328~1396)은 고려말 성리학자이다. 토지제도와 불교개혁 등을 주장하였으나
이성계의 역성혁명에는 참여하지 않았다. 삼년상 제도를 처음 도입하였으며
성균관대사성 등을 역임하면서 학문과 정치 발전에 공헌하였다.

납부하는 식이었다. 돈으로 신분을 사는 셈인데, 이를 통해 돈 있는 양인들은 양반으로 신분세탁을 할 수 있었다. 이 제도는 충렬왕 원년인 1275년에 시작하여 고려말까지 지속적으로 시행되었다.

은이 아닌 쌀을 바쳐도 관직을 얻을 수 있었다. 충목왕 4년(1348)에 서해도·양광도·개경에 가뭄과 홍수로 흉년이 들어 굶어죽는 백성들이 많아 진휼 방안이 필요했다. 이에 쌀을 바치고 관직을 주는 제도를 도입하자는 건의가 올라왔는데, 그 쌀로 백성들을 구휼하자는 것이었다. 벼슬을 하지 못한 자로 종9품은 쌀 5석, 정9품은 10석, 종8품은 15석, 정8품은 20석, 종7품은 25석, 정7품은 30석으로 정했다. 우왕 2년(1376)에는 곡식을 바치면 서북 변경의 관직에 임명하고 군량에 충당하도록 했다. 벼슬을 하지 못한 사람과 오위^{伍尉}에는 쌀 10석과 콩 5석을, 검교^{檢校}에서 8품에 임명되는 자는 쌀 10석과 콩 15석을, 8품에서 7품에 임명되는 자는 쌀과 콩을 각각 15석씩 내게 했다. 7품에서 6품에 임명되는 자는 쌀과 콩을 각각 20석씩 내게 했다.

납속보관제도는 고려의 관직제도와 재정 관리가 얼마나 부실했는지를 확연히 보여준다. 기근과 흉년에서 백성을 구제하는데 부족한 재정을 관직을 팔아서 충당하는 이 단편적인 사례만 보아도 고려후기 재정 실태가 얼마나 심각했는지 알 수 있다. 더구나 변방을 지키는 군사들의 군량마저도 관직을 팔아서 충당해야 했다는 사실은 실로 충격적이다.

납속보관제와 성격은 다소 다르지만, 고려말 관직제도가 무너졌음을 알 수 있는 또 다른 제도로 첨설직^{添設職}을 들 수 있다. 공민왕 3년(1354)에 6부의 판서·총랑은 정조^{政曹}를 제외하고 관직의 수를 갑절로 늘리고 각 사의 3~4품의 관직도 모두 늘렸다. 42도부에는 각 영마다 중랑장·낭장 각 2명씩 별장·산원 각 3명씩 늘려 상군정賞軍政이라고 했다. 첨설직은 전쟁이나 왜구침략 때 공을 세웠어도 재정이 부족하여 상을 줄 수 없게 되자 만들어진 관직이었다. 즉 군공이 있는 자에게 내리는 임시로 만든 관직이었다. 그러나 아무런 공이 없는 사람은 물론 연줄을 동원하여 첨설직을 얻는 일이 다반사로 일어났다. 그러다 보니 그 수가 날로 늘어 우왕 2년(1376)에는 저잣거리에서 사람들이 수레에 싣고 말(斗)로 헤아린다고 비아냥거리고 조롱할 정도로 그 수가 많았다.

간관들은 첨설직을 혁파하여 관직의 기강을 바로잡을 것을 상소했다. 이성계 세력이 점차 실권을 잡아가던 시기인 우왕 9년(1383)에는 권근權近이 상소하여 선왕이 정한 정원을 지키고 전쟁에 나아가 공이 있는 자에게만 첨설직을 내릴 것을 요청했다. 첨설직의 수가 너무 많아 공이 있는 자와 없는 자가 뒤섞였고, 공장·상인·천예들까지도 억지로 제수 받음으로 관작이 천해진 것이 진흙이나 모래와 같게 되었다고 했다. 고려말 신진세력들도 첨설직의 혁파를 주장했다. 실직이 없는 관직이었지만 구분전口分田을 지급하자는 후일(우왕 14년, 1388) 조준의 상소로 보아 어느 정도 경제적인 혜택과 신분상승을 누렸음을 알 수 있다. 첨설직은 국가재정의 고갈로 인하여 만들어진 궁여지책이었다. 토제제도가 무너지지 않았다면 필요없는 제도였고, 미봉책이었다. 미봉책은 또 다른 부작용을 낳을 수밖에 없음을 단적으로 보여준다. 이제도는 조선초기인 태종 때에 이르러 개혁되었고 관작의 수여도 극히 제한적으로 운영되었다.

공민왕의 개혁은 배원정책을 토대로 행정 및 대외관계에서 괄목할 만한 성과를 냈다. 그러나 토지제도의 문제와 그 폐해인 겸병은 개혁하지 못했다. 원과 원을 등에 업은 부원세력, 권문세족들의 극렬한 반대와 방해 때문이었다. 원은 지배권을 강화하여 지속적으로 내정간섭을 했으며 부원세력은 원 세력에 기대어 기득권을 놓지 않으려고 했다. 이들은 원나라 세력이 약화되면 곧 자신들의 정치생명도 끝난다는 위기의식에 휩싸여 필사적으로 개혁을 반대했다.

결국 권문세족들이 불법과 탈법으로 쌓아놓은 부와 명성은 공민왕의 개혁에도 무너지지 않았다. 그들의 저항은 공민왕의 개혁의지보다 공고하고 높았다. 신돈 몰락 이후 무신세력들이 재등장하자 공민왕은 왕권강화를 위해 자제위子弟衛를 만들려고 했다. 하지만 뜻을 이루지 못하고 공민왕 23년(1374) 9월, 환관 최만생崔萬生·홍륜洪倫·한안韓安·권진權晉·홍관洪寬·노선盧瑄 등에게 시해 당했다. 이렇게 공민왕의 개혁도 미완성으로 그치고 말았다.

개혁의 날은 다가오고

　　위화도 회군 이후 정국은 바뀌었다. 고려의 권력은 최영 중심에서 이성계 중심으로 재편되었다. 회군 이후 대규모 군사적인 충돌이 있을 것으로 예상했으나 의외로 최영 진영의 저항은 필사적이지 않아 큰 충돌 없이 개경에 입성할 수 있었다.

　　요동정벌이라는 국왕의 명령을 거역하고 개경을 향하여 칼끝을 겨눈 이성계의 행위는 이유여하를 막론하고 반역행위였다. 그 즉시 국법으로 다스려 이성계는 물론이고 관련자들과 온 집안이 멸문지화를 당할 수도 있었다. 그러나 이미 승부는 결정나 있었다. 중대한 역적행위가 벌어졌는데도 우왕과 최영 진영을 향한 백성들의 분위기는 냉랭했다. 이성계가 회군한다는 전갈을 받고 우왕이 성주온천에서 개경으로 급하게 환도하려고 말과 군사를 찾았는데 불과 50여 기의 말밖에 없었다. 반란군을 잡기 위한 군대는 고사하고 자신을 지킬 군사조차 없는 다급한 상황에서 우왕은 금과 비단을 내어 군사를 모집했다. 그러나 모인 인원은 수십 명에 지나지 않았다. 그들 대부분은 창고 노예

이거나 시정잡배들이었다. 반란군을 잡아오는 자에게 높은 벼슬과 상을 내린다고 해도 움직이는 자가 없었다. 그마저도 회군하는 군사에 합류하며 술과 음식을 즐겼다.

이성계가 위화도 회군이라는 목숨을 건 수를 둔 것은 기존 고려왕조 하에서는 개혁이 불가능함을 읽었기 때문이었다. 백성을 돌아보면 더 이상 미룰 수 없었다. 국고는 텅 비어 관리들에게 녹봉도 제대로 주지 못하는 상황이었고, 백성들은 부쳐 먹을 땅은 고사하고 수탈만 당하고 있었다. 맹자는 민심을 잃으면 백성을 잃고 천하를 잃는다고 했다. 고려말 상황이 꼭 그랬다. 그러나 개경 입성이 회군의 목적은 아니었다. 고려에는 몇 백 년 동안 권력을 향유하며 막대한 토지를 소유하고 있는 집단들이 건재했다. 이제 개혁의 고삐를 늦출 수 없었다. 우선 그들의 경제적인 기반인 토지를 국유화하는 것이 급선무였다. 부분적인 제도 수정이 아닌 근본적인 개혁이 절박했다. 선왕들도 왕위에 오르면 교지를 내려 토지 문제를 거론했지만 이들의 반발과 조직적인 방해로 번번이 실패했던 일이었다.

이성계 세력은 가장 먼저 토지개혁에 관한 상서上書를 올렸다. 그 포문을 연 사람은 대사헌 조준趙浚이었다. 우왕 14년(1388) 7월에 올린 조준의 1차 토지개혁 상서는 권문세족들에게 칼날보다 더 날카롭고 위협적인 내용이었다.

나라의 운명이 길고 짧음은 백성의 고통과 즐거움에서 비롯되는 것으로, 어진 정치는 토지의 바른 경계로부터 시작해야 한다. 이에 토지제도를 바로잡아 나라의 재정을 풍족하게 하고 백성의 삶을 넉

處之田先代施納寺院者悉還其庫衆比面
西北面本無私田如有稱爲私田濫執者仰
都巡問使痛行禁理其所執文契沒官
月大司憲趙浚等上書曰夫仁政必自經界七
始正田制而足國用厚民生此當今之急務
也國祚之長短出於民生之苦樂而民生之
苦樂在於田制之均否文武周公井田以養

版圖司擬議申聞其料物庫屬三百六十
法大壞其救弊之法仰都評議使司司憲府

고려사 식화지, 조준 1차 토지개혁 상서 1388년 7월 미상(음), 서울대학교규장각
식화지는 재정 관련 기록편의 이름이다. 조준의 1차 토지개혁 상서를 시작으로 이성계를 중심으로 하는
신진세력들은 개혁을 동력으로 점차 민심을 규합하고 조선 개창을 향하여 숨가쁘게 달려갔다.

넉하게 하고자 한다. 그동안 토지제도는 권력자들의 입맛에 따라
편법과 불법이 횡행하면서 무너졌고, 바로잡기보다는 끊임없이 속
이고 은폐하기 급급했다. 특히 겸병으로 말미암아 관직의 높고 낮
음을 떠나 제대로 녹봉을 줄 수 없는 현실이 되었으니 이런 상황에
서는 어떠한 정책도 올바로 될 수 없다. 나라를 지키는 군대에게 지
급할 토지도 부족한 상황에서 압록강 너머의 적들과 해안가를 제집

드나들며 약탈을 일삼는 왜적을 어찌 막아낼 수 있겠는가? 겸병이 심하여 간악하고 흉악한 무리들이 주_州를 넘고 군_郡을 포괄하여 산과 내를 경계로 방대한 토지를 소유하여 나라에 저축이 없으니 나라가 나라답지 못하게 되었다. 이러한 겸병의 폐단을 없애고 새로운 토지 배분 기준을 만들어 시행하기를 청하니, 새로운 기준에 의하여 토지를 분배한 이후 그 기준을 어긴 자는 강력히 처벌한다. 또한 토지를 불법적으로 지급받거나 반납하지 않고 은닉하는 자는 사형에 처하고, 세금을 거둘 때 공문서를 기준으로 하지 않거나 규정된 되를 사용하지 않으면 장형 100대에 처벌한다. 토지와 관련된 죄를 지은 자는 사면령에서 제외하고 기록에 남겨 대성_{臺省}이나 정조_{政曹}*에 나가지 못하게 한다.

조준의 상서는 권문세족들에게 보내는 무시무시한 경고였다. 특히 토지제도를 개혁하지 않으면 나라의 운명도 없고, 국왕도 성치 않을 거라고 경고하고 있다. 그만큼 토지제도를 엄격하게 시행하겠다는 강력한 개혁의지를 담고 있다고 하겠다.

조준의 뒤를 이어 이행_{李行}이 토지겸병으로 인한 사전의 폐단에 관한 상서를 올렸다.

● 대성은 어사대御史臺 대관臺官과 중서문하성中書門下省 성랑省郎을 말한다. 어사대는 일종의 사정기관으로 청요직淸要職이었다. 자격이 엄격하여 과거 출신자이면서 청렴 강직함이 요구되었다. 중서문하성은 중앙행정기관으로 국정을 총괄하는 최고 기관이었다. 정조는 벼슬아치의 임명과 해임에 관한 일을 맡아 보는 관아였다.

권세 있는 자들이 토지를 겸병하여 국가의 재정이 메말랐으며 조세가 가혹하여 백성의 삶이 피폐해졌다. 강한 자와 약한 자가 서로 잡아먹으려고 소송을 하고, 골육 간에 시기하여 풍속이 무너졌으니 이는 사전의 폐단이다. 지방관을 임명할 때는 청렴한 관리를 임명하고 근무 성적을 평가하여 공정한 토지 관리가 이루어지게 해야 한다. 모든 백성들에게 토지를 지급하여 그것을 기반으로 삶을 영위하게 해야 하나 사전이 가로막고 있으니 사전 혁파만이 그 해결책이요, 어진 정치이며 나라를 잘 다스리는 것이다.

― 『고려사』 권78, 식화1, 전제, 녹과전.

판도판서 황순상黃順常도 식량을 풍족하게 하고 백성을 편안하게 하는 도리는 토지제도를 바르게 하는 일뿐이라며, 문무관료들부터 군인에 이르기까지 토지를 지급하여 국가와 개인 모두가 풍족하게 하는 제도를 회복하라는 상서를 올렸다. 전법판서 조인옥趙仁沃도 상서를 올려 시급히 토지제도를 개혁할 것을 주문했다. 토지제도가 무너졌는데도 아무런 조치를 취하지 않는 현실을 질타하면서, 토지제도가 바르지 못하면 사직은 위태롭게 되고 백성은 근심에 쌓인다고 했다. 즉, 하루빨리 토지제도에 관한 조치를 취하지 않으면 나라가 망할 수도 있다는 말이었다. 그만큼 이 시기 토지제도는 문제가 심각했다.

이러한 상서들이 줄을 잇자 우왕은 마지못해 사전에 세금을 부과했다. 그러자 거가세족들이 거세게 반발했다. 결국 세금을 반으로 줄였다. 사전 혁파를 요구하는 이성계 세력들은 더욱 강도를 높여 상서를 올렸다. 허응許應 등은 우왕의 미온적인 조치에 사전 혁파를 시행하고 균전제均田制를 실시하라고 독촉했다. 종묘전·사직전·도전전·신사전·공신전·등과전에 세를 부과하지 않는다는 논의를 지적하며 제도는 실시한 후 그 결과를 보고 보완해야 하는데 시행하기도 전에 반대하는 것은 이치에 맞지 않다고 주장했다. 또 국가 재정이 부족하여 녹봉과 군량 충당에 어려움이 있음을 호소하면서 명나라에서는 위를 세우고 영토를 넘보고 있고 왜적들은 끊임없이 국경을 침입하고 있는 마당에 이 같은 조치는 부당하다고 비판했다. 우왕의 뒤를 이어 즉위한 창왕은 사전의 조를 반만 거두라고 한 조치를 거두어들였다.

제도개혁이 지지부진하자 도평의사사에서 공론화하여 논의했다. 이색은 옛 제도를 가벼이 고칠 수 없다고 하며 근본적인 개혁에 반대 입장을 취했다. 이성계·정도전·윤소종尹紹宗은 조준의 의견을 따랐다. 정몽주는 두 의견에 결정을 하지 못하고 머뭇거렸다. 도당에서 53인이 논의했는데 혁파를 주장한 이는 8~9인에 불과했고 나머지는 반대했다. 반대한 이들은 모두 거가세족이었다.

조준은 2차 상서를 올려 사전 혁파를 재차 거론했다. 경기도의 토지는 서울에 거주하며 왕실을 호위하는 사람들로 한정하고, 그 외는 모두 없애 공상供上과 제사 비용으로 충당하거나 녹봉과 군수 비용으로 해야 한다고 했다. 서울에 거주하는 자에게는 경기도 안의 토지만을 지급하고 지방의 토지 지급을 금지하라고 강력히 요구했다. 토지소유에 제한을 두어 지방의 토지까지 소유하지 못하도록 제동을 건 것이다. 경기도의 토지는 비옥하여 공신이나 왕실에 한정되어 지급되었으나 토지제도가 문란해지면서 모두 세력 있는 자들이 차지하고 있었다. 고려사 식화지食貨志에는 조준의 통렬한 경고성 발언이 그대로 기록되어 있다.

지방에 사전을 회복하여 간사하고 교활한 겸병의 문을 열어서 3군을 굶주리게 하고, 6도의 변방 도적들을 장려하고, 녹봉을 박하게 하여 백관들의 염치를 떨어뜨리며, 국가재정을 부족하게 하여 제사와 빈객에 대한 공급을 빠뜨리게 한다면, 어찌 나라를 경영하여 민을 구제하는 정치라고 하겠습니까?

— 『고려사』 권78, 식화1, 전제, 녹과전.

그런데 조준이 3차 상서를 올리기 불과 한 달 전에 큰 파란을 몰고 온 사건이 일어났다. 왕위에서 물러나 여주에 머물던 우왕이 예의판서 곽충보郭忠輔에게 칼 한 자루를 주어 팔관회에 참석하는 이성계를 암살하라고 한 것이다. 곽충보가 이러한 사실을 이성계에게 밀고하는 바람에 발각되고 말았다. 이 사건을 계기로 이성계는 우왕은 물론 창왕과 자신의 정적들을 일거에 제거했다. 우왕을 강릉으로, 창왕은 강화로 내쫓았으며 폐하여 서인으로 삼았다. 사재부령 윤회종尹會宗이 우왕과 창왕을 죽여야 한다고 상서했다. 그러나 이성계는 멀리 유배 보냈는데 무슨 걱정이냐며 동의하지 않았다. 하지만 공양왕의 입을 빌어 강릉과 강화에 유배되었던 두 왕은 결국 세상을 떠나게 된다. 거기서 그치지 않고 이성계의 반대세력인 이색과 그의 아들 이종학李種學을 파직하고 조민수는 폐하여 서인으로 삼았다. 그 이듬해인 공양왕 2년(1390)에는 윤이, 이초 사건으로 또 한차례 파란이 일었다. 윤이와 이초가 명나라에 가서 이성계가 왕요를 군주로 삼았는데, 종실이 아니라 그의 인척이라고 했다. 또한 이성계가 병마를 이끌고 명나라를 침범하고자 모의했다고 모함했다. 이를 반대하는 이색·조민수 등을 처형했으니 천자는 군사를 이끌고 이성계 세력을 토벌해달라고 청했다. 이 사건은 곧 무고로 드러나 관련자들이 처형 또는 유배형에 처해지면서 마무리되었다.

정적들을 차례로 제거한 이성계는 본격적으로 개혁을 추진하기 시작했다. 공양왕 2년(1390) 9월에는 공전과 사전의 토지대장을 모두 모아 불태웠다. 고려사에 이때의 모습이 생생하게 기록되어 있다.

토지대장을 시가에서 불태우니, 불이 며칠 동안 꺼지지 않았다.

이것은 토지제도 개혁을 알리는 신호탄이었다. 며칠 동안 토지대장이 불 타는 모습을 본 공양왕은 "조종祖宗이 만드신 사전의 법이 과인의 대에 이르러 갑자기 없어졌으니, 애석하도다!"라고 탄식하면서 눈물을 흘렸다고 한다.

이성계는 이것을 필두로 이날 이후 발견되는 토지는 몰수하고 강력하게 처벌했다. 그 이듬해인 공양왕 3년(1391)에는 도평의사사 주관으로 과전법科田法을 제정하여 시행했다. 관료들에게 제대로 지급하지 못했던 녹봉을 지급하는 제도였다. 제도를 시행하기 위하여 경기도와 6도의 토지를 일제히 조사했다. 그 결과 전국의 토지는 총 79만8,127결이었다. 이것을 새로운 지급 기준에 따라 관료와 군인 등에게 지급했다. 이로써 세족 세력의 경제적인 기반은 무너지고 신진사대부들로 권력이 재편되었다.

공민왕은 자신을 옹립한 9공신˙에 대하여 중흥공신 녹권을 내렸다. 이 공신책봉은 공민왕의 포용정책의 일환이었다. 당시의 정국 흐름의 주도권은 이성계를 중심으로 하는 신진사대부들에게 있었다. 이어서 그 이듬해인 공양왕 2년(1390)에는 고려 정국의 중심을 바꾼 회군공신들에게 녹훈하고 포상했다. 회군 일등공신인 이성계를 비롯하여 2등 공신은 심덕부 등 17인이었다. 3등공신은 최단 등 30인이었다. 회군공신책봉은 이성계에 대한 고려조정의 공식적인 평가이자 회군에 대한 정당성을 부여한 것을 의미한다. 즉, 회군의 정당성에 대한 논란을 사전에 차단한 것이다. 회군공신은 정국을 이끄는 중심으로 부상했으며 어떠한 개혁도 가능한 세력이었다.

새로운 세상이 다가오고 있었다.

˙ 공신책봉은 개국이나 반정, 반란 진압과 외세의 침입에 대항하여 공을 세운 사람들에게 내리는 논공행상이다. 9공신은 이성계를 중심으로 한 신진사대부들로 이성계의 지지기반이었다. 이색 일파를 모두 조정에서 몰아낸 이성계 일파는 흥국사에서 창왕 폐위에 대해 의논한 뒤 왕위에서 끌어내렸다. 이때 창왕 폐위를 의논한 이성계·정도전·조준·정몽주·박위·심덕부·지용기·설장수·성석린을 흥국사 9공신이라고 부른다. 이러한 일련의 사건으로 우왕과 창왕은 유배를 가게 되고, 유배지에서 사형을 당했다.

삼봉이 그린 세상, 조선

　　　　　　　　고려 이후 새로운 세상에 대한 설계는 삼봉
三峯 정도전鄭道傳의 작품이었다. 정도전은 조선 개국 초인 태조 3년(1394)
에 『조선경국전朝鮮經國典』을 저술했다. 이것은 조선왕조의 건국이념과
정치·경제·사회 전반에 대한 틀을 설정한 법전이자, 성종 2년(1471)에
완성한『경국대전經國大典』의 기초가 되었다.
　역성혁명의 사상적 기조를 만든 정도전은 고려 사회가 안고 있던
구조적인 문제를 정확하게 짚어내고 해결책을 제시했다. 바로 지도자
의 덕목과 백성을 위한 정책에 관한 것이었다. 그는 한 나라의 지도자
로서 왕이 갖춰야 하는 태도와 자세를 중시했다. 지배자의 시각이 아
닌 어진 지도자의 마음으로 백성을 지켜야 한다고 했다.

　천하는 넓고 백성은 많으나 한번 그들의 마음을 얻지 못하면 크
게 염려할 일이 생기게 된다. 백성은 약하지만 힘으로 위협할 수 없
고 어리석지만 지혜로써 속일 수 없다. 그들의 마음을 얻게 되면 복

종하지만 그들의 마음을 얻지 못하면 배반하게 된다. 그들이 배반하고 따르는 그 간격은 털끝만큼의 차이도 되지 않는다. 백성들의 마음은 사사로운 뜻을 품고 구차하게 얻는 것이 아니며 도를 어기어 명예를 구하는 방법으로 얻는 것도 아니다.

정도전은 천하의 백성과 함께 살아가는 기본 중의 기본은 어진 마음임을 누차 강조했다. 그는 백성의 마음을 얻으려면 그들의 삶이 편안해야 하고, 최소한 먹고사는 문제가 해결되어야 한다고 생각했다. 실제로 고려말 백성들의 삶은 피폐할 대로 피폐해져 있었다. 농사지을 땅뙈기 하나 없어 남의 땅을 빌려먹는데 그마저도 수탈이 심해 유랑하는 처지로 내몰렸다. 권문세가나 사찰에 스스로 몸을 맡겨 종이 되는 일도 많았다. 새로운 세상은 이들의 삶부터 되살려야 했다. 이것이 해결되지 않는 한 백성의 마음을 얻을 수 없었다. 정도전은 백성의 마음을 얻지 못하면 돌이킬 수 없는 일이 벌어지니 백성을 인(仁)으로 대하여야 한다고 했다.

그렇다면 정도전과 이성계의 운명적 만남은 어떻게 이루어졌을까? 우왕 1년(1375), 정도전은 외교 문제 때문에 유배를 가게 되었다. 이인임이 친원정책을 펴자 정도전을 비롯한 김용구金容九·권근·정몽주 등이 반발했고 모두 유배형에 처해진 것이다.

• 1375년 원나라 사신이 명나라를 치기 위한 합동작전을 상의하러 오게 되었다. 이인임 등 친원파는 원의 사신을 맞아들이려고 했지만, 정도전·권근·이숭인 등은 결사 반대했다. 그러자 조정에서는 정도전을 나주 회진으로 유배 보냈다.

文憲公三峯鄭道傳像

삼봉 정도전 권오창, 1994년, 187×10cm, 비단에 채색

1398년 8월 태종 이방원이 일으킨 제1차 왕자의 난 때 이방원의 군사에게 피살된 비운의 인물이다.

조선 개창의 주역이었으나 태종 9년(1409)에 녹권은 회수되었고 가산은 적몰 당하였다.

대원군이 경복궁을 중건하면서 공이 인정되어 고종 때에 신원이 회복되었고 문헌文憲 이라는 시호를 받았다.

태조 어진 조중묵·박기준·백은배·유숙 등 8인 진본 모사, 비단에 채색, 국보 제317호, 어진박물관

태조의 어진은 개국시조로서 왕을 추모하는 것 이상의 의미가 있다. 고종 9년(1872)에
전주 경기전慶基殿에 봉안된 어진이 오래되고 낡아 8인의 화사가 모사하였다.
이 전 과정이 『어진이모도감의궤御眞移模都監儀軌』에 기록되어 있다.

2년 뒤 유배에서 풀려난 정도전은 고향으로도 갔다가 개경 근방에서 노닐기도 하다가 삼각산 아래에 삼봉재三峯齋를 지어 놓고 제자들을 가르치기도 했다. 그의 호 '삼봉'도 여기에서 비롯되었다. 정도전은 해배 후 7년 동안 영주·삼봉·부평·김포 등지를 전전하며 갖은 고초와 수모를 겪었다. 삼봉재에 있던 가옥이 헐렸고, 부평촌의 남촌에서는 어느 벼슬아치가 별장을 짓는다며 제사를 지내는 재실을 헐어버렸다. 이런 와중에 나라는 더욱 어수선해져 남쪽으로는 왜구가 끊임없이 침입하여 노략질을 일삼았고, 북쪽으로는 홍건적이 떼로 몰려와 민가를 들쑤셨다. 울분만 토하고 있기에는 현실이 너무도 급박하게 돌아갔다. 그렇다고 조정에서 다시 등용할 낌새도 없었다. 우왕 9년(1383) 가을에 정도전은 홀연히 발길을 북쪽으로 돌렸다.

당시 이성계는 함흥에서 동북도 도지휘사로 있으면서 침입해 온 야인들을 물리쳐 명성을 떨치고 있었다. 정도전은 그를 찾아가 군사들이 훈련하는 모습을 보고는 "훌륭합니다. 이 군대로 무슨 일인들 못 하겠습니까!"라고 의미심장한 말로 인사를 했다. 이성계 군대가 이미 수많은 전투에서 승리하여 큰 공을 세운 사실을 모를 리 없었다. 실전을 통하여 다져진 군대였으니 크나큰 힘이 될 것임을 간파했던 것이다. 정도전은 혁명의 기틀을 짤 수 있는 전략을 갖고 있었다. 막강한 군대를 보유하고 있는 이성계와의 만남은 혁명의 동지로 이어졌다.

후일 정도전은 이성계와의 만남을 이렇게 회고했다.

한 고조가 장량을 쓴 것이 아니라, 장량이 한 고조를 쓴 것이다.

—『태조실록』14권, 태조 7년(1398) 8월 26일.

한 고조인 유방이 한나라를 세웠으나 그 전략적인 지혜는 장량이 있었기에 가능한 일이었음을 말하며 조선을 개창한 주역은 이성계가 아니라 정도전 자신임을 숨김없이 드러낸 말이었다. 이때부터 조선왕조라는 새 나라를 열기까지 9년 동안 정도전은 혁명적인 꿈을 하나씩 치밀하게 실현해나갔다.

두 사람의 만남은 역사의 물줄기를 개성에서 한양으로 돌리게 했다. 정도전 개혁의 핵심은 위민정신에 바탕을 둔 토지개혁이었다. 그는 사전의 폐단을 없애 백성들의 고통을 줄여주고자 했다. 그 실천의 하나이자 상징적인 일이 바로 개성 한가운데에서 권문세가의 모든 토지문서를 모아 불태운 일이었다. 이는 권문세족들의 경제적 기득권을 박탈하고 전혀 다른 제도를 세우겠다는 강력한 의지의 표명이자 토지를 국가나 직접 생산자인 농민이 소유할 수 있도록 하겠다는 선언이었다. 그만큼 반발이 심했고, 그래서 더더욱 용단이 필요한 정책이었다.

정도전의 위민정신은 백성들과의 만남에서 얻은 깨달음의 결과였다. 중앙권력에서 밀려난 유배생활은 분노와 회한의 시간이었다. 그러나 그것에 머물지 않고 백성의 삶 속에서 개혁의 방향을 잡았다. 가뭄과 홍수가 겹쳐 소출所出이 없는데도 세금을 거두어가는 세력가들의 냉혹함을 보았고, 시골의 농부한테서 개혁을 향한 외침과 몸가짐을 배웠다. 유배지에서 겪은 일들은 깨달음으로 이어졌고, 그 깨달음은 개혁을 향한 밑거름이 되었다. 그리고 이것은 조선 개창 이후 편찬한 『조선경국전』의 기본 사상이 되었다.

과전법은 권문세족들의 기반을 무너뜨렸다. 그 개혁을 이끈 세력은 신진사대부들이었다. 그런데 이들은 기존 고려왕조를 유지해야 한다는 세력과 새로운 체제를 세워야 한다는 세력으로 나뉘어 격돌했다. 개혁의 필요성은 인정하지만 고려왕조는 존속하여야 한다는 의견의 대표적인 인물은 정몽주였다.

정도전은 기존 체제에서의 개혁은 한계가 명확하기 때문에 새로운 왕조를 건설해야 한다고 주장했다. 정도전과 개혁의 길을 함께한 정몽주는 이성계의 위화도 회군을 적극 지지한 이성계 세력이었다. 그러나 역성혁명에 대해서는 반대 입장을 분명히 했다. 이러한 정몽주를 잘 알고 있는 이방원은 술자리에서 그의 의중을 다시 한 번 확인한다. 이때 주고받은 시조가 정몽주의 『단심가丹心歌』와 이방원의 『하여가何如歌』로 전해진다. 결국 정몽주는 고려왕조를 버릴 수 없다는 완강한 입장을 고수하여 죽음을 당했다. 이색을 스승으로 모시고 동문수학한 사이였지만 개혁의 문턱에서는 서로 다른 길을 갔던 것이다.

역사의 물줄기는 그렇게 흘러 공양왕 4년(1392) 7월 4일, 공양왕은 이성계와 동맹을 맺겠다며 맹약서를 작성했다.

경이 있지 않았다면 내가 어찌 여기에 이르렀겠는가. 경의 공과 덕을 내가 감히 잊겠는가. 황천皇天과 후토后土가 위에 있고 곁에 있으니, 자손 대대로 서로 해치지 말지어다. 내가 경을 저버리는 일이 있다면 이 맹서와 같이 될 것이다.

—『고려사』권46, 세가, 공양왕 4년.

이 맹약서는 왕으로서의 운명이 다했음을 일찌감치 깨달은 공양왕이 자신과 후대의 안전을 지켜달라는 요청서나 마찬가지였다. 왕대비 원씨의 폐위 선언 후 공양왕은 손위하고 원주로 추방되었다. 이렇게 공양왕을 끝으로 고려왕조는 역사 속으로 사라졌다.

고려왕조는 개경을 수도로 태조 왕건에 의하여 918년에 개창되어 475년(1392, 공양왕 4) 동안 이어졌다. 고구려를 계승하여 국호를 고려라 칭하고, 주변국을 복속시켜 통일국가를 이룩했다. 그러나 친원정책으로 국정운영의 독립성을 잃어버렸고, 잦은 정권교체로 정치적인 안정을 도모할 수 없었다. 이 과정에서 관료들은 더욱 관료화되어 토지 점탈占奪을 일삼았고, 그로 인해 국가재정은 바닥이 났으며 백성들의 삶은 궁핍해졌다. 여러 차례 개혁의 기회가 있었지만, 미온적인 개혁정책들과 권문세가들의 반발로 오히려 문제만 키운 채 실패를 거듭했다. 고려의 백성들은 이성계의 위화도 회군을 반역으로 여기지 않았다. 이성계와 대항하여 싸워야 할 군사 모집에도 응하지 않았다. 이것이 민심이었다. 고려의 권력자들이 개혁할 수 있는 마지막 기회였다.

그러나 몇 백 년 동안 쌓아 놓은 부와 권력을 포기하는 것은 불가능하였다. 이미 그들의 눈에는 송곳 하나 꽂을 땅조차 없어 쪼그라든 백성의 뱃가죽이 보이지 않았다. 그들은 산과 내를 경계로 하는 드넓은 땅만이 전부였다. 문제해결을 백성의 관점에서 바라보았다면 왕조의 맥이 끊기는 결과로 이어지지는 않았을 것이다. 미륵불 현신으로 개창한 태조 왕건의 고려는 또 다른 시대의 미륵불 현신으로 개창한 태조 이성계의 조선으로 넘어가고 있었다.

정몽주 초상 이한철, 종이에 채색, 61.5×35cm, 보물 제1110호, 국립중앙박물관
살아서는 정적으로, 죽어서는 충절의 상징으로 남은 고려말 유학자이다. 정도전의 오랜 친구였으나
역성혁명易姓革命을 반대하며 점진적인 개혁을 주장하다가 이방원 수하들에 의하여 죽음을 당하였다.
후일 태종 이방원과 세종에 의하여 추봉追封되고 세종 때 편찬된 『삼강행실도三綱行實圖』 충신편에
수록되었다.

2

몽유도원도의
눈물

그림 속에 숨겨진 조선 역사

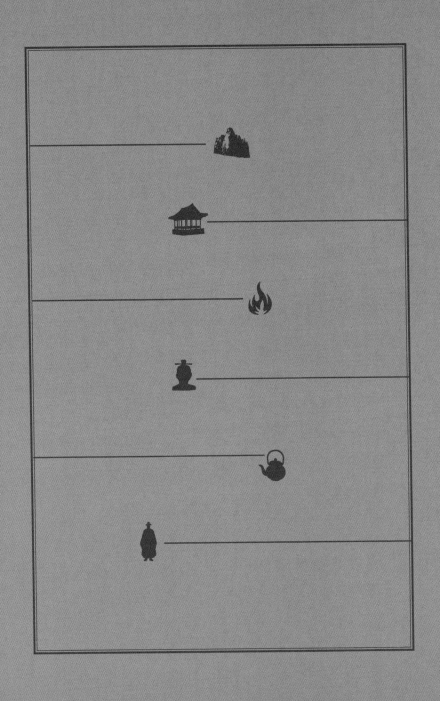

도화원기

　"여봐라! 어서 가도를 불러 오너라!" 안평대군安平大君은 날이 새자마자 급히 안견安堅을 찾았다. 꿈속에서 본 선경이 너무도 생생하여 얼른 그림으로 남기고 싶었다. "여보게 가도! 어젯밤 꿈에 내가 그토록 그리던 세상을 보았네. 내가 그곳에서 거닐었다네. 바로 무릉도원에서 말이야!" 안견은 상기된 안평대군의 얼굴에서 흥분을 그대로 느낄 수 있었다. "이렇게 급히 자네를 부른 것은 어제 꿈속에서 본 무릉도원을 잊을 수가 없어서 그것을 그림으로 그렸으면 하는 것이네. 내 이야기를 잘 듣고 하루빨리 완성해 주게나!"

　이때 안평대군의 나이는 스물아홉(세종 29년, 1447)이었다. 선경인 무릉도원은 신선이 사는 곳이요, 은자가 사는 곳으로 알려져 있다. 안평대군은 안견에게 꿈속에서 본 선경을 그림을 그리듯 설명했다. 안견은 그것을 3일 만에 완성했다. 그것이 바로 「몽유도원도夢遊桃源圖」도이다.

몽유도원도 안견, 비단에 먹물로 엷은 채색, 38.7×106.5cm, 일본 덴리대도서관

그림이 사라진 이후 1893년 일본에서 처음 보였는데, 규슈 가고시마 시마즈 무사 가문의 소장품이란
기록이 있었다. 어떠한 경로로 일본으로 건너갔는지 알 수 없으나 임진왜란 때 약탈해간 것으로 추정된다.
1939년에 일본의 국보로 지정되었고, 1950년대 초 덴리대가 구입하여 현재까지 소장하고 있다.
텐리대도서관에는 일제시대 우리나라 역사를 왜곡한 이마니시류今西龍(이병도 스승)의 이름을 붙인
이마니시 문고가 있으며 국내에 없는 유일본을 비롯하여 한국 관련 필사본 등 1천8백67종을 소장하고 있다.

안평대군은 그림이 완성되던 날 밤, 비해당에서 몽유도원도의 발문을 지었다.

잠자리에 들어 홀연히 인수(박팽년의 字)와 함께 어느 산에 이르렀다. 그곳은 한 번도 본적 없는 층층의 봉우리가 우뚝우뚝 솟아 있었으며 골짜기가 깊고 고요했다. 복숭아꽃이 흐드러지게 피어 있는 길을 따라갔다. "이 길을 따라 북쪽으로 가면 골짜기에 이르는데 곧 도원입니다." 신선 복장을 한 사람이 나타나 길을 안내하니 그 말을 따라 북쪽으로 향했다. 인수가 말을 재촉하며 깎아지른 절벽의 바윗길을 지나고 숲이 울창한 곳을 지나 한참을 가니 과연 눈앞에 풍경이 펼쳐지는데 절로 탄성이 나왔다. "오호라! 바위를 깎고 골짜기를 뚫어 집을 짓는다더니 바로 이를 두고 한 말이구나! 실로 도원이로다!" 인수도 주변에 펼쳐진 풍경을 보고 입을 다물지 못했다. 골짜기 굽이굽이 길을 지나니 넓은 동굴이 나왔다. 사방의 산은 절벽을 이루고 구름과 안개가 자욱하게 서려 있고, 그 사이로 복숭아꽃이 수줍게 피어 있었다. 한가롭고 평화로운 선경은 아름답기 그지없었다. 마치 신선이 사는 곳인 듯했다. 앞 시내에는 조각배 한 척이 바람에 흔들리는데, 그 움직임에 따라 점점이 물결이 멀리 퍼져 나갔다. "오호라! 도읍이나 큰 고을 번화한 곳은 이름난 벼슬아치가 노니는 곳이요. 궁벽한 골짜기의 깎아지른 절벽은 이내 그윽하니 은자들이 거처하는 곳이로구나. 이런 연고로 몸에 푸르고 붉은 비단에 얽매여 있는 자는 자취가 산이나 숲에 이르지 않는다.

몽유도원도 중 안평대군의 발문(도원기) 일본 덴리대도서관

도원기는 몽유도원도와 함께 어우러지는 서예 작품으로 안평대군의 정갈한
조맹부체(송설체, 조선초에 유행한 서체)의 진수를 보여준다.
조맹부(1254~1322)는 원나라의 화가이자 서예가로 고려 충선왕 때 연경의 만권당에서
고려 학자들을 가르쳤다. 안평대군의 글씨는 문종 때 인쇄활자로 주조되기도 하였다.

안평은 꿈에서 본 도원경을 잊을 수 없었다. 매일 궁궐에서 일에 쫓
기면서 살고 있는데 왜 그런 꿈을 꾸게 되었는지 의아해하면서 발문
말미에 의미심장한 말을 남겨놓는다.

　"나에게는 서로 좋아하고 따르는 사람이 많은데 도원을 유람할
때는 하필 여기 몇 사람뿐이었을까?"

안평과 함께 도원동을 유람한 사람은 박팽년朴彭年·**최항**崔恒·신숙주申
叔舟 세 명이었다. 안평은 이어 말하기를, "그들의 의식과 성정이 그윽
하고 궁벽한 곳을 좋아하여 마음속에 자연을 품고 있었기 때문이요,

또한 나와 교분이 매우 두터웠던 까닭에 여기에도 이르게 된 것이다"
고 하였다.

안평이 꿈속에서 도원동을 유람하고 안견에게 그리게 했던 시절은
그의 말대로 따르는 사람이 많았고 교분도 매우 두터웠다. 그러나 「몽
유도원도」 발문에 등장하는 세 명 중 최항·신숙주는 솟을대문과 고
대광실의 유혹을 끝내 뿌리치지 못했다. 신숙주는 몸에 푸르고 붉은
비단을 두르고 부와 권력을 선택했다. 수양대군의 왕위 찬탈 쿠데타
인 계유정난 이후 그가 선택한 삶이었다. 최항은 수양대군이 김종서
등을 살해한 후 그 정당성을 단종에게 알리는데 적극적으로 관여했
다. 수충위사협찬정난공신 1등에 녹훈되고, 도승지가 되었으며 두루
요직에 올랐다.

발문에서 최항과 신숙주는 유람의 동반자라는 느낌보다는 동행하
는 정도의 소극적인 참여로 느껴진다. 안평은 머지않아 벌어질 상황
을 도원동을 유람하면서 직감적으로 깨달았는지 모른다.

안평대군이 꿈꾼 세상

　　안평대군(1418~1453)은 세종의 셋째 아들로 이름은 이용李瑢, 자는 청지清之, 본관은 전주全州, 호는 비해당匪懈堂, 매죽헌梅竹軒, 낭우거사琅玕居士이다. 계유정난으로 수양대군에 의하여 사사되었다. 학문군주 부왕인 세종의 영향을 받아 체계적인 학문 수업을 받았다. 형인 이유, 동생인 이구와 함께 세종 10년에 대군에 봉해졌다. 이유는 수양대군, 이용은 안평대군, 이구는 임영대군의 칭호를 받았다.

　안평대군은 당시 최고의 서화 소장가로, 당대 최고의 서화는 모두 소장하고 있을 정도였다. 왕실의 일원으로 진귀한 작품을 쉽게 접할 수 있었기 때문이기도 하지만, 고가의 작품을 사들일 만큼 재산이 상당했다. 성녕대군의 양자가 되면서 물려받은 유산과 대군으로 봉해졌을 당시에 받은 재산이었다. 그는 시서화에 관심이 많고 재능도 있었다. 시서화에 최고인 사람한테만 붙일 수 있는 삼절三絶이라는 칭호를 당대에서는 물론이고 후대에서도 주저 없이 불릴 만큼 시서화에 식견과 도량이 높았다. 그러다 보니 주위에는 늘 내로라하는 문인들과 사대부들이 모여들었다. 조선중기 문신인 장유張維는 『계곡선생집』에서 안평대군의 글을 이렇게 평했다.

비해당의 글은 위나라 종요鍾繇와 진나라 왕희지王羲之, 원나라 선우추鮮于樞와 조맹부趙孟頫에 이르기까지 글을 닦는 사람으로서 그 경지에 올랐다.

이처럼 안평은 젊은 나이에 절묘한 서예의 경지를 보여주며 독보적인 존재가 되었다. 또한 그는 당대 최고의 서화 수집가답게 가격이 얼마이든, 아무리 작은 그림이라도 후한 가격에 구입했다. 그중에서 좋은 것은 표구하여 소장했다. 하루는 신숙주에게 소장품을 모두 내보이며 "나는 천성이 이것을 좋아하니 이 역시 병이다. 끝까지 탐색하고 널리 구하여 10년이 지나니 이만큼 얻게 되었는데, 아, 물이란 것은 완성되고 훼손되는 것이 때가 있고 모이고 흩어지는 것이 운이 있으니, 오늘의 완성이 다시 후일에 훼손될 것을 어찌 알며, 그 모이고 흩어지는 것도 역시 기필할 수 없는 것이다. 옛날에 한창려韓昌黎가 독고생獨孤生의 그림에 기記를 하여 스스로 구경하고자 했기에 나도 짐짓 시를 지어 기록했으니, 그대는 나를 위하여 기를 지으라"고 했다.

자신이 소장하고 있던 작품들이 없어질 것을 예견한 것일까? 훗날 세조는 안평과 그의 책사였던 이현로李賢老의 집에 있던 모든 글을 불태워버린다. 수양대군의 이러한 행동에 대하여 사관은 "그때에 이용과 이현로의 집에 괴상하고 신비스러운 글이 많았는데, 세조가 보지도 않고 모두 불태워버렸다"라고 기록했다.

안평대군이 신숙주에게 내어 보인 소장품은 무려 2백22축으로, 가히 최고의 수장가만 소장할 수 있는 작품이었다. 모두 35명의 작품이었는데, 산수를 그린 것이 84축, 조수초목을 그린 것이 76축, 누각과 인물을 그린 것이 29축이며, 글씨가 33축이었다. 소식蘇軾*이 손수 찬을 쓴 화승을 비롯하여 북송 초기의 화가인 곽희郭熙가 그린 「삭풍표설도朔風飄雪圖」, 「하경청람도夏景靑嵐圖」 등도 포함되어 있었다. 그 가운데서도 가장 많은 것은 안견의 작품이었다. 안견과 오랫동안 교분을 쌓아왔기도 했지만, 그의 그림 실력이 당대 최고였기 때문이다. 안견의 그림 실력을 일찍이 알아본 안평은 그를 가까이에 두고 교분을 쌓아왔다. 그러나 현전하는 안평의 진본 작품은 「소원화개첩小苑花開帖」 한 점뿐이다. 그러나 이것 역시 2001년에 분실되어 지금은 어디에 있는지 행방조차 알 길이 없다.

삼절이라는 평가를 받을 정도로 시서화에 능통하고 학문에 정진한 안평이 꿈꾼 세상은 무엇이었을까? 그는 비해당과 담담정에서 문인들과 자주 모임을 가졌다. 비해당은 인왕산 수성동 계곡에 있었던 그의 집으로, 부왕인 세종이 직접 당호를 내렸다. 임술년(세종 24년, 1442) 여름 어느 날, 세종이 안평에게 "대군의 당명은 무엇이냐?"고 묻자 아직 당명이 없다고 했다. 이에 세종은 "편액을 비해라고 하는 것이 적합하겠다" 하여 당호를 비해당이라고 했다. 비해당은 『시경時經』'증민'에 나오는 시구로, '숙야비해夙夜匪懈하여 이사일인以事一人이로다' 즉, 밤낮으로 게을리하지 않고 한 분 임금만을 섬긴다는 뜻으로, 문종을

● 소식(1036~1101)은 중국 북송시대의 시인이자 문장가, 학자, 정치가로 소동파로 불렸다. 소동파는 당송팔대가의 한 사람으로 중국 문예가에 걸출한 인물로 알려져 있다.

잘 보필하라는 세종의 당부가 들어있다. 이후 안평을 비해당으로 부르게 되었다.

　문종을 거쳐 단종이 왕위에 있었던 시기에도 안평은 이렇다 할 정치적인 행보를 보이지 않았다. 권력에 대한 애착도 집착도 특별히 없었다. 그는 당대 최고의 문인들과 어울리며 교분을 쌓고 시를 짓고 그림을 그렸다. 학문이 높고 글과 그림에서 최고 수준을 자랑했으니 주위에 늘 인재들이 모이는 건 당연했다. 성현成俔의 『용재총화慵齋叢話』에

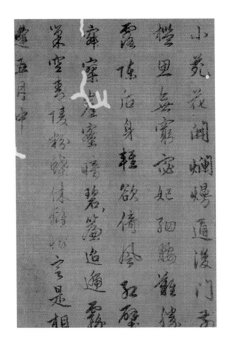

소원화개첩 안평대군, 비단에 행서체, 16.5cm×26.5cm, 국보 제238호, 2001년에 분실
당나라 시인 이상의 56자 시로, 안평대군의 활달한 기품을 느낄 수 있다.
안평대군의 낙관과 도장이 있어 진본임을 확인할 수 있는 유일한 작품이다.

안평에 대한 인물평이 실려 있다. 이 책은 고려부터 조선 성종까지 민간풍속을 비롯한 문화 전반에 대하여 기록해 놓았다.

　　비해당 안평대군은 왕자로서 학문을 좋아하고 시문을 잘했으며, 서법이 기절奇絶하여 천하제일이었다. 또 그림 그리기와 거문고 타는 재주도 훌륭했다. 성격이 부탄浮誕하여 옛것을 좋아하고 경승을 즐겨 북문 밖에다 무이정사를 지었으며, 또 남호에 임하여 담담정을 지어 만 권의 책을 모아두었다. 문사를 불러모아 12경시를 지었으며, 또 48영을 지어 혹은 등불 밑에서 이야기하고 혹은 달밤에 배를 띄웠으며, 혹은 연구를 짓고 혹은 바둑, 장기를 두는 등 풍류가 끊이지 않았고, 항상 술 마시고 놀았다. 당시 이름 있는 선비로서 교분을 맺지 않은 이가 없었고, 무뢰하고 잡업을 하는 이도 많이 모여들었다. 바둑판과 바둑알은 모두 옥으로 만들었고, 또 금니를 글자에 입히고 사람에게 명주와 생초를 짜게 하여, 곧 붓 가는 대로 글씨를 쓰다가 진초眞草와 난행亂行을 구하는 사람이 있으면 모두 내주곤 했다.

담담정은 안평이 지은 정자로 약 만여 권의 책을 보유하고 있었다. 그는 이곳에서 중국의 배와 화포 쏘는 것을 구경하고 문인들과 시서화 모임을 가졌다. 조선후기의 도화서 화원이자 김득신金得臣의 동생인 김석신金碩臣이 그린 「담담장락도淡淡張樂圖」에서 이와 같은 모습을 볼 수 있다. 담담정은 한강을 조망할 수 있는 위치에 있어 풍광이 뛰어났다. 그러나 지금은 안타깝게도 위치만 가늠할 수 있는 표지석만 남아 있

담담장락도 김석신, 종이에 채색, 32.1×46.8cm, 간송미술관

초원蕉園 김석신金碩臣은 조선후기의 화가로 정선과 김홍도의 화풍을 이어받았다.

담담장락도는 마포 인근의 풍광을 그린 것으로, 지금은 준설작업과 도로공사로 정리되었지만

백사장과 선착장이 있어 아름다웠던 당시 한강의 풍광을 엿볼 수 있다.

는데 그마저도 빌딩에 가려 옛날의 멋들어진 풍광을 조망하기는 어렵다. 안평대군이 사사된 후 이곳은 세조의 신하로 돌아선 신숙주의 차지가 되었다. 신숙주는 한때 그와 생사고락을 함께하던 대신이었으나 옛 주인을 버리고 담담정를 얻었다.

안평대군은 당나라의 이백李白, 두보杜甫, 위응물韋應物, 유종원柳宗元을, 송나라에서는 구양수歐陽脩, 왕안석王安石, 소식, 황정견黃庭堅을 뽑아 모범이 될 만한 시를 선정하여 시집 10권을 만들었다. 이 시집을 『팔가시선八家詩選』이라고 했는데, 이계는 시집의 서문에서 간결하면서도 정밀하고 단아하면서도 화려하다고 칭송했다. 또한 후학들에게 많은 도움이 될 것이라고 했다. 단종 복위를 계획하다 발각되어 사사당한 이계는 안평대군의 『팔가시선』에 대하여 다음과 같이 평했다.

아, 비해당은 영걸차고 준수한 자질로 부귀한 처지에 있으면서도 능히 담박한 것으로 몸을 지키고 문장으로 자신을 즐겁게 하여 그 마음 씀씀이가 이러한 데까지 미쳤으니, 천백 년 뒤에도 반드시 이 책으로 말미암아 그 단아한 운치를 감상할 수 있을 것이다.

—『동문선東文選』 제94권.

안평대군은 시서화와 함께 많은 문인들과 두루 교류하면서 유유자적한 삶을 살았다. 당연히 주변에 사람이 모여들었다.

계유정난*이 일어나기 약 한 달 전, 수양대군과 안평대군 사이에 작

• 단종 원년(1453)에 수양대군이 정권 탈취를 목적으로 일으킨 정변으로, 김종서·황보인 등은 피살되고 안평대군은 사사되었다.

은 사건이 하나 있었다. 수양대군이 창덕궁 중수를 지휘하고 있는 이명민李命敏에게 목수를 지원해달라고 했는데 이명민이 일을 핑계로 들어주지 않은 것이다. 그러자 한명회가 발끈하여 "네가 안평대군을 위해 무계정사를 세우고, 또 담담정을 지었으며, 또 김 정승의 별실을 짓는 데에 재목과 기와를 운반해주고, 집을 얽고 담을 바르는 일을 했으면서 같은 왕자인 수양대군에게는 어찌하여 장인 하나를 아까워하는가?"라며 질책했다. 그러자 이영민이 "네가 어찌 알겠느냐? 안평대군은 일국에서 우러러보는 바인데, 어찌 그렇게 하지 않을 수 있으리오. 반면 수양대군 같은 이가 명한다고 따르겠는가?" 하였다. 당시 사람들이 안평대군을 어떻게 생각하고 있는지 엿볼 수 있는 대목이다.

수양대군과 그를 따르는 무리들이 안평대군을 고운 시선으로 바라볼 리가 없었다. 수양대군은 안평대군의 주위에 모여드는 문인들을 경계했다. 어린 단종의 주위를 안평과 교류하는 문인들이 둘러싸고 있음을 알고 있었기 때문이다. 그렇다고 안평이 불궤의 음모를 한 정황은 보이지 않는다. 당대 문인들, 정치 권력자들과 교우했으나 권력 찬탈을 위한 구체적인 정황은 없었다. 도화원기에서 드러나듯이 도원은 은둔자의 세상이요, 세속과 다른 고요하고 적막한 세상이었다. 세상처럼 번잡하지 않으며 권력 암투가 없는 세상이었다. 고요한 강가에 호젓하게 매어 있는 나룻배처럼 세상 사람들의 시선을 의식하지 않고 누구나 와서 노 저어 유랑할 수 있는 그런 곳이었다. 흐드러지게 핀 복사꽃과 녹음이 어우러지는 세상이었다. 그가 꿈꾸었던 세상 역시 이런 것이 아니었을까?

소용돌이는 다가오고

    적자계승이라는 원칙에 의하여 차기 왕권
은 일찌감치 형인 이향^{李珦(문종)}으로 낙점되었다. 세종은 소헌왕후로부
터 대군 8명과 공주 2명을 두었다. 안평은 다섯째로, 위로 정소공주,
정의공주, 이향과 이유가 있었다.

 세종은 이향을 세자로 책봉했으나 항상 걱정이었다. 세자가 몸이
약하여 병치레가 잦았기 때문이다. 세종 자신도 잦은 병치레로 고생
하고 있었으므로 후사가 염려되었다. 또한 수양, 안평과 같이 혈기왕
성한 대군들이 있었기에 염려는 더욱 깊었다. 세종은 부왕인 태종이
다져놓은 안정적인 왕권을 물려받았다. 왕권에 위협이 되는 인물은
설사 친인척이라 하더라도 태종의 칼을 피해갈 수 없었다. 세종의 장
인인 심온^{沈溫}도 태종에 의하여 유명을 달리했다. 세종은 그런 아버지
태종에 의하여 왕권을 위협하는 세력은 제거된 상태에서 왕위에 올
랐다.

 세종은 병약한 문종에게 변고가 생긴다면 왕권이 위태로울 수 있다

는 것을 알고 항상 염려했다. 그래서 기회 있을 때마다 중신들에게 문종을 잘 보필할 것을 당부하면서 대군들을 통하여 친정을 펼쳤다. 특히 수양과 안평대군에게는 왕실 불사와 각종 서적을 간행하는 일을 맡겼다. 왕실 불사는 조정 대신들과 상의하여 진행하기에는 어려움이 많았다. 불교를 배척하고 유교를 숭상한다는 개국이념과도 상충되었고, 유학자들에게 왕실 불사를 논하는 것은 정치적인 불협화음을 불러일으킬 수 있었다. 반면에 대군들은 정치적인 부담도 적고 왕실의 일원으로 수행하는 것이라 부담이 없었다. 조선이 유학을 정치이념으로 한다지만 수천 년 동안 내려온 종교적인 영향도 무시할 수 없었다. 후일 세조도 왕실 불사를 펼쳐 정난의 과오를 씻으려는 노력을 하기도 했다.

그러나 세종이 우려했던 일이 기어이 일어나고 말았다. 병약한 문종이 왕위에 오른 지 불과 3년도 채우지 못하고 승하한 것이다. 문종 2년 5월 14일(1452)이었다. 이후 조선은 격랑의 소용돌이로 서서히 빠져들게 된다. 세종이 중신들에게 누누이 당부하면서 염려했던 일이 현실로 다가오고 있었다. 문종의 주위에는 세종시대의 막강한 노신들이 있었다. 그러나 문종의 죽음으로 세종의 왕업을 계승 발전시킬 수 없게 되었다. 문종의 뒤를 이은 단종은 불과 12살의 어린 나이였다. 단종은 8살인 1448년에 왕세손으로 책봉되었으나 세손으로서 충분한 왕위 수업도 받지 못했다. 왕실에는 수양대군을 비롯하여 7명이나 되는 숙부들이 있었다. 노신과 숙부들 틈바구니에서 단종이 할 수 있는 일은 제한적일 수밖에 없었다.

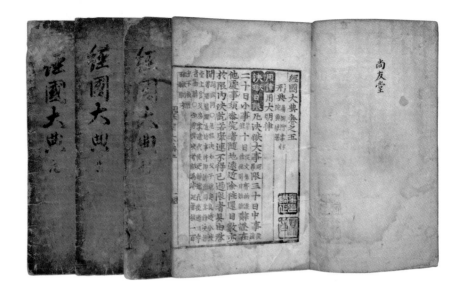

경국대전 서울역사박물관

조선시대 통치의 기본이 되는 법전으로, 1460년(세조 6)에 편찬하기 시작하여 1470년(성종 1)에
완성하였다. 이후 여러 차례 보완하여 1484년(성종 15)에 완성 시행하였다.
행정을 분담하는 육조 체계에 따라 이吏·호戶·예禮·병兵·형刑·공工의 각 전典마다 규정을 정하였다.

　　조선시대는 종친의 정치참여를 엄격히 금지했다. 『경국대전經國大典』
의 종친부에는 위치에 따라 품계가 정해져 있다. 무품인 대군과 왕자
로부터 정6품의 감까지 있으며 위치마다 품계는 주어지나 실권은 없
는 일종의 명예직이었다. 수많은 종친에게 정치참여 기회를 준다면
대소신료들이 소신 있게 국정을 운영하기 어렵기 때문이었다. 그러나
왕의 종친이라는 지위가 지니고 있는 상징성과 권력을 무시할 수 없
었다.

세종은 수양대군과 안평대군에게 높은 지위는 아니지만 궁중의 불사와 경전 간행 등을 주관하는 일을 맡겼다. 문종 2년(1452)에 수양대군은 관습도감도제조에 임명되었다. 관습도감은 예조 산하에 있던 기관으로, 음악인들의 습악을 지휘·감독하는 일과 행정사무를 관장했다. 도제조는 일반적으로 정승이 겸임하거나 정승을 지낸 사람을 임명했다. 그것을 수양대군이 맡은 것이다. 그러자 사간원 조원희趙元禧가 다음과 같이 아뢰었다.

> "지금 수양대군을 관습도감도제조로 삼았는데,『육전』에 이르기를, '종친은 지위만 높이고 봉록만 후하게 하며 일로써 맡기지는 아니하여 친족을 친애하는 도리를 다한다'고 했으니, 이를 고치기를 청합니다."
>
> ―『문종실록』13권, 문종 2년(1452) 4월 24일.

즉, 종친은 국정에 참여해서는 안 된다는 말이었다. 그러나 문종은 조원희의 의견에 음악을 아는 사람이 적은 까닭에 마지못해서 임명했노라고 했다. 궁색한 답변이었다. 그러자 조원희는 일을 맡길 적임자가 종친뿐이겠는가라며 법을 준수할 것을 재차 건의했다. 하지만 받아들여지지 않았고 수양대군은 계속 그 직을 수행했다.

관습도감도제조라고 하는 직위는 정치적으로 큰 권한은 없었다. 그러나 왕실의 일원이며 세종의 아들인 수양대군이 그 자리에 있다면 문제는 달라진다. 어떠한 형식이든 직간접적으로 정치적인 영향력을 행사할 수 있었기 때문이다. 도제조는 정승의 품작으로 의정부 삼정승의 위치였다. 사간원에서는 이러한 점 때문에 반대했으나 받아들여지지 않았다. 수양대군에게 관습도감도제조라는 직위를 부여한 것은 훗날 수양대군이 쿠데타를 일으켜 왕위에 오를 수 있었던 발판이 되었다고 볼 수 있다. 병약한 문종이 자신의 뒤를 이어 왕위에 오를 것을 알고 있었던 세종이 이러한 결과를 미처 파악하지 못했는지 궁금하다. 적자계승을 이어 안정적인 국정운영을 원했다면 대군들에게 『육전』의 원칙을 지키게 해야 했다. 그러나 불안한 후계체계를 염려했던 세종마저도 종친들에게 정치참여 기회를 부여하는 우를 범하고 말았다. 문종과 그 뒤를 이어 나이 어린 단종이 즉위하면서 왕권은 약해졌고, 종친의 정치관여 기회는 더욱 늘어났다. 왕권이 약해지는 정국에서는 이것을 제한하는 것이 쉽지 않았던 것이다.

단종이 왕위에 오르자 어린 왕을 대신하여 영의정 황보인皇甫仁과 우의정 김종서金宗瑞가 국정운영을 맡았다. 황보인과 김종서는 어떤 사람인가? 둘은 태종과 세종 치세 때의 문신으로 세종대에는 6진을 개척하여 많은 공을 세웠다. 문종 재위 시에도 실질적인 국정운영은 의정부 대신들이 했다.

국정운영을 맡은 황보인과 김종서는 어린 단종을 보필한다는 명목으로 관리를 등용하거나 임명할 때 황표정사黃標政事를 시행했다. 의정부 대신들이 낙점한 사람의 이름에 누런 표식(황표)을 붙여 올리면 단종이 그대로 임명하는 방식이었다. 이 때문에 사간원과 의정부가 격돌했다. 결국 이는 수양대군에게 반정을 일으킬 명분을 만들어주었다. 게다가 황보인과 김종서는 안평대군과 친분이 매우 두터웠다.

안견의 붓끝에서

　가도! 내가 너를 어떻게 생각하고 함께했는데 이런 일이 벌어질 수 있단 말이냐? 내가 너의 재주를 높이 사 늘 곁에 두고 수많은 그림을 그리게 했고, 중국의 진귀한 서화를 손에 넣으면 지체하지 않고 너를 불러 보여주었다. 또한 궁중의 중요한 그림은 모두 너에게 맡겼다. 아무리 진귀한 용매묵龍媒墨이라고는 하나 이것을 탐내다니, 내가 너를 잘못 보았다. 어찌하여 그동안 쌓아온 신의를 저버린단 말이냐! 너는 앞으로 내 주위에 얼씬도 하지 말라!

　도대체 두 사람 사이에 무슨 일이 있었기에 안평대군은 이토록 화를 내며 안견을 질책하는 걸까? 안견을 누구보다 아끼고 가까이 했던 안평이 아니었던가. 사건의 전말은 이렇다.

　안평대군이 연시燕市에서 용매묵을 사다놓고 안견을 불러 먹을 갈아 그림을 그리게 했다. 그런데 잠시 자리를 비운 사이 용매묵이 사라졌다. 귀한 것이기도 했지만 감쪽같이 사라진 것이 의아하여 안견에게 물었다. 그러자 "저는 밖에 있어서 대군나리께서 나가신 후 얼씬도 하지 않았습니다"라는 대답이 돌아왔다. 시중을 드는 계집종을 다 그치자 그림을 그리고 있던 안견을 의심하는 듯한 말을 했다. 그리고 정말로 안견이 일어서는데 품에서 용매묵이 떨어졌다. 그동안 안견과 쌓았던 관계가 용매묵 때문에 사라지는 순간이었다.

이후 이 사건은 온 세상에 떠들썩하게 알려지게 되었다. 그런데 안평대군이 역모로 몰려 그와 가까이 지내던 사람들이 모두 죽음을 당할 때 안견은 살아남게 된다. 당시의 상황을 조선중기의 문신 윤휴尹鑴는 그의 문집 『백호전서白湖全書』에 이렇게 기록했다.

아, 덕을 품고서 고의로 더러운 행실을 하여 세리勢利의 화를 스스로 면하는 일은 옛사람도 하기 어려운 일인데 안견이 유독 이 일을 해냈으니, 이 사람이 어찌 또한 기미를 알고 세속을 초월하여 자기 소신대로 처신한 선비가 아니겠는가. 게다가 안견은 기예에만 국한된 사람이 아니라 또 별도로 높은 식견과 원대한 생각과 세상을 탐탁찮게 여기는 지취가 있으면서도 다만 이것으로 이 세상에 처신하면서 이 기예에 몸을 의탁한 자가 아닌가? 이것을 알 수가 없다.

안평대군이 안견에게 더 이상 주위에 얼씬거리지 말라고 언급한 부분은 그의 재주를 높이 샀기 때문이었다. 안견은 안평이 가장 아끼고 오랫동안 서화를 통하여 인생을 논한 사람이었다. 그는 안견이 자신과 계속 교우를 하게 되면 언젠가는 화를 입을 것을 알고 있었다. 수양대군이 권력욕이 강한 사람이라는 것은 세상 사람들이 다 아는 사실이니 세상이 험하게 돌아가게 되면 자신이 어찌해줄 수 없다는 것이 뻔히 보였다. 용매묵을 빌미삼아 높은 화격을 가진 안견을 구하고 후일을 도모하는 것이 가장 최선이라고 안평은 판단했다. 그렇게 그는 시대의 최고 화가인 안견을 살렸다.

안견은 세종대부터 활약한 화원으로, 인물화는 물론이고 산수화에도 능했다. 안견과 도화서 화원으로 활동한 최경崔涇이 있다. 최경 또한 안견 못지않은 실력으로 산수와 고목을 잘 그렸지만, 안견 그림에는 미치지 못했다. 『용재총화』에 두 사람의 이야기가 나온다.

안견·최경이 이름을 가지런히 했는데, 안견의 산수화와 최경의 인물화는 모두 신묘한 경지에 들었다. 요새 사람들이 안견의 그림을 금옥처럼 사랑하여 보관하고 있다. 내가 승지가 되었을 때에 궁중에 감수된 「청산백운도靑山白雲圖」를 보았는데 참으로 훌륭한 보배였다. 안견은 항상 "평생의 정력이 여기에 있다"고 했다. 최경도 만년에는 산수와 고목을 그렸으나 마땅히 안견에게는 양보하여야 한다.

안견도 「청산백운도」를 자신의 모든 정력을 모아 그린 그림이라고 했다. 이 그림은 안견 말년의 작품으로, 그동안 쌓아온 모든 기량을 쏟아낸 그림이라고 해도 과언이 아니었다. 성종은 1479년(성종 10) 2월에 이 그림을 꺼내 대신들에게 보이며 시를 짓게 했다. 왕실에서 보관하고 왕이 친견할 정도의 그림이니 그 수준이 어떠했을지 미루어 짐작할 수 있다. 신숙주의 비해당 화기畵記에도 안견에 대한 언급이 나온다.

우리 조정에서 한 사람을 얻었으니, 안견이다. 자는 가도요, 소자
小字는 득수得守이니, 본래 지곡 사람이다. 지금 호군護軍으로 있는데,
천성이 총민하고 정박하며 고화를 많이 열람하여 그 요령을 다 터
득하고 여러 사람의 장점을 모아 절충하여 통하지 않는 것이 없으
나, 산수는 그에 필적할 만한 것을 얻기 힘들다.

이렇듯 안견은 단순히 많은 서화를 접해 그대로 모사하는 수준을
넘어 여러 사람의 장점을 터득해 자신만의 독특한 화풍을 이룬 화가
였다. 그러나 전해지는 그림은 「몽유도원도」 뿐이다. 조선중기의 문신
인 최립崔岦은 우연히 그림 한 점을 접하게 된다. 그는 단박에 안견의
필치임을 알고 반가움과 동시에 안타까움을 표했다. 그림에 대하여
잘 알지 못하지만 안견의 그림을 많이 보아서 바로 그의 작품이라는
것을 알아보았다고 했다. 그런데 그림의 보존 상태가 좋지 않았는지
색이 바래고 너덜너덜한 것을 못내 아쉬워했다. 그러나 이 그림이 어
떠한 그림인지는 전해 내려오지 않아 알 도리가 없다.

이보다 전에 세종은 안견에게 「팔준마도八駿馬圖」를 그리게 했다. 「팔
준마도」는 태조 이성계가 전쟁에 임할 때 타고 다녔던 8마리 말을 그
린 그림이다. 각각의 말들은 전쟁에서 큰 공을 세워 후대에서도 그 공
을 기리는 행사를 했다. 세종은 완성된 그림을 집현전 여러 신하들에
게 보인 후 찬讚을 짓게 했다. 아쉽게도 이 그림 또한 전해 내려오지
않지만, 현재 전해오는 작자미상의 「팔준마도」에서 안견의 그림을 유
추해볼 수 있다.

안견의 생몰 시기는 정확히 알 수 없으나 세종대부터 문종, 단종, 세

유린청 조선후기, 작자미상, 비단에 채색, 844×1024cm, 국립중앙박물관

이성계가 홍건적과 왜구를 물리칠 때 탔다는 준마 8마리가 그려져 있다. 모두 16폭으로
8폭에는 팔준도가 각각 그려져 있고 숙종·성삼문 등의 팔준도 찬문이 나머지 8폭에 적혀 있다.
태조 이성계의 조선 개창을 정당화하고 이성계를 찬미하는 정치적인 의미가 있다.
세종 28년(1446)에 처음 그려진 팔준마도는 안견이 그리고 집현전 학자들의 찬문이 있었으나
임진왜란 때 소실되었다. 지금의 팔준마도는 숙종 때 그린 것이다.

조대까지 활동한 도화서의 화원이었다. 안견은 그림만 잘 그리는 것이 아니라 성품이 총명하고 민첩하고 정통하면서도 식견이 넓었다. 고화를 많이 보고 그 그림의 핵심적인 요체를 쏙 뽑아냈고 자신만의 독특한 화풍을 만들어냈다. 그 결정적인 영향은 안평대군과의 교유였다. 안평대군은 진귀한 서화를 수집했으며 수집된 서화는 안견을 불러 두루 보게 했다. 안견은 자연스럽게 중국의 다양한 화가의 화풍을 접했고 자신만의 그림으로 만들어갔다. 안평대군이 안견에게 그리게 한 그림 중 「이사마산수도李司馬山水圖」가 있다. 이 그림에 안평대군은 두보의 시를 적어 승지 강희안姜希顔에게 주었다. 강희안은 박팽년朴彭年에게 책의 서문을 쓰라고 했다. 박팽년은 다음과 같이 극찬했다.

이 그림은 이른바 삼절이란 것이니, 안견의 그림, 두보의 시에다 비해당의 글씨로 되어 있다. 대저 두보는 시의 천자이니 그 시는 더불어 비교할 자가 없고, 비해당의 글씨는 왕희지의 필법을 얻어서 마치 용이 천문에서 뛰고 호랑이가 봉각에 누운 것 같으며, 안견 역시 당시에 가장 그림에 뛰어난 사람이니 높은 물결과 무너지는 언덕의 형상과 연기와 구름이 자욱한 모습은 가히 신의 경지에 들었다고 할 만하다.

—『박선생유고朴先生遺稿』

현재 전하고 있는 안견의 작품은 「몽유도원도」밖에 없어 삼절의 경지에 이르렀다고 평가되는 이 그림을 볼 수 없는 게 참으로 안타깝다. 그러나 이런 안견도 안평대군이 수양대군에 의하여 사사되면서 쇠락의 길을 걷게 된다. 목숨은 겨우 부지했으나 집은 적몰당하고 집안이 풍비박산되었다. 그의 그림들도 어디론가 간곳없이 흩어져 사라졌다. 반면에 안견과 같이 도화서의 화원으로 활동한 최경은, 안견의 몰락으로 수혜를 입었다. 안견은 정4품의 벼슬에 올랐으나 최경은 정3품의 벼슬에 올랐다. 안견의 시대는 가고 최경의 시대가 된 것이다. 하나 위로가 된다면 안견은 안평대군이 꿈에서 본 풍경을 그린「몽유도원도」에서 영원히 함께하고 있다는 점이다. 다시는 돌아갈 수도, 볼 수도 없는 도원동의 선경을 꿈속에서나마 볼 수 있을 것인가?

난의 세월 수양대군

그날 밤(단종 1, 1453년 10월 10일)은 달이 을씨년스 럽게 기울어 있었다. 달이 꽉 차려면 아직 며칠이 남아 있었다. 겨울 은 아니었으나 매서운 바람이 기운 달 사이로 몰아쳤다. 수양은 새벽 에 권남權擥·한명회韓明澮·홍달손洪達孫을 불러 말하기를, "오늘은 요망 한 도적을 소탕하여 종사를 편안히 하려고 하니, 그대들은 마땅히 약 속대로 하라. 내가 깊이 생각해보니 간당 중에서 가장 간사하고 교활 한 자로 김종서 같은 자가 없다. 저자가 만일 먼저 알면 일은 성사되 지 못할 것이다. 내가 한두 역사를 거느리고 곧장 그 집에 가서 선 자 리에서 베고 달려 아뢰면, 나머지 도적은 평정할 것도 없다. 그대들은 어떻게 생각하는가?" 하니, 모두들 "좋습니다" 하고 대답했다.

새벽을 가르는 이 한마디는 나라의 어려움을 평정한다는 정난靖難 이라고 위장한 난의 시작이었다. 수양은 휘하에 무사 3인(양정楊汀·홍순손 洪順孫·유서柳溆)을 데리고 길을 재촉했다. 다다른 곳은 김종서의 집이었다. 김종서는 좌의정으로 태종 5년에 문과에 급제하여 세종 15년(1433)에는 함길도 관찰사직을 수행했다. 육진을 개척하는 등 큰 공을 두루 세웠으나, 이제는 고희를 넘긴 노신이었다.

그러나 오늘은 수양대군에 의하여 그의 운명이 결정되는 순간이었다. 권남을 김종서의 집에 보내 염탐하게 한 후 길을 나선 터였다. 김종서의 아들 김승규의 집 근처에는 수십여 명의 무사들이 있었다. 하지만 그들은 수양대군의 호통 한마디에 순식간에 흩어졌다. 김종서의 집에 이르러, "해가 저물었으니 문에는 들어가지 못하겠고, 다만 한 가지 일을 청하러 왔습니다. 정승의 사모뿔을 빌립시다"라고 말하자 김종서는 사모뿔을 빼어 내주었다. 야밤에 사모뿔을 빌리러 왔다는 것 자체가 이상했으나 흔쾌히 주었다. 수양은 영응대군永膺大君의 부인과 관련된 말을 하고는 "또 청을 드리는 편지가 있습니다"라고 말한 뒤 휘하 부하에게 "그 편지가 어디 갔느냐?"라고 했다. 드디어 수양의 신호가 떨어진 것이다. 김종서는 편지를 전해 받고는 달에 비추어 보았다. 그때 수양의 종인 임어을운林於乙云이 철퇴로 김종서를 쳐서 쓰러뜨렸다. 이윽고 김승규도 양정의 칼에 쓰러졌다. 육진을 개척한 천하의 무장 김종서가 수양의 종에게 철퇴를 맞은 것이다. 이 사건은 계유정난이 시작되었음을 알리는 신호였다. 아니, 권력욕에 눈먼 수양대군의 쿠데타가 시작된 것이다.

수양은 반정을 일으킨 명분으로 안평대군이 대역죄를 지었다고 주장했다. 그러면서 단종에게는 일이 워낙 위중하고 황급하여 선발후문先發後聞에 따라 보고도 하지 않고 김종서 부자를 처단했으며 종사의 안녕을 위해 안평대군과 함께 무리지었던 자들을 처단했노라고 아뢰었다. 수양이 말한 위중하고도 황급한 대역죄란 무엇인가? 대역죄라고 하면 왕권을 위협하거나 왕릉을 범하는 행위로 극형으로 다스려야 하는 죄였다. 바로 역모를 꾀했다는 것이었다.

그런데 막상 세조실록에는 안평대군이 지은 대역죄의 구체적인 내용이 없다. 세조실록은 세조가 승하한 후 세조의 정난에 직간접적으로 참여했던 관리들이 편찬한 기록이다. 세조가 세종과 문종의 유지를 무시하고 강제로 왕권을 빼앗았다는 것은 모두가 아는 사실이다. 따라서 후세에 남을 기록인 실록에는 어떠한 형식이든 수양의 정난 행위가 정당하다는 것을 남겨야 했을 것이다. 또한 함께 정난에 참여했던 인물들에게 정당성을 확보하는 것이 중요했을 것이다. 그런데도 실록 어디에도 명분으로 내세웠던 안평대군의 역모 행위에 관한 기록은 보이지 않는다. 이것은 무엇을 뜻하는 것일까?

조선왕조실록 중 세조실록
국보 제151호, 규장각한국학연구원
세조실록의 정식 명칭은
세조혜장대왕실록世祖惠莊大王實錄으로 49권 18책이다.
1471년(성종 2) 음력 12월에 편찬 완료하였다.
세조실록 편찬에는 신숙주·한명회·최항 등 공신들이
참여하였으며 세조의 왕위계승 과정과 공신들의 행적이
객관적으로 기술되어 있지 않다. 공신들의 비리를
기록한 사관 민수閔粹가 후일 사초를 수정하다 발각되어
관련자들은 참형, 유배를 당하였는데 이를
민수사옥閔粹史獄 이라 한다.

세조가 지목한 역모 행위는, 정난 당일 김종서와 그의 아들인 김승규를 살해하고 당일 입직한 승지 최항에게 전달한 말에서 드러난다. "불궤한 짓을 공모하여 거사 날짜까지 정하여 형세가 심히 위급하다" 또, 환관 전균에게는 "황보인과 김종서가 안평대군에게 뇌물을 받고 단종을 경멸하고 무리를 지어 당나라의 절도사와 내통하여 종사를 위태롭게 하려고 꾀했다"고 했다.

이런 말은 수양의 주장일 뿐 구체적인 증거가 없다. 구체적인 역모 행위가 없자 이런저런 말들을 끼워 넣어 역모의 흔적으로 남겨놓은 것이다.

10월 25일, 의정부에서 단종에게 고한 내용에는 안평대군의 죄목이 열거되어 있다. "부안동에 있는 안평대군의 사저인 무계정사가 왕업을 일으킬 땅이다. 그곳에 살면 복을 받을 수 있다는 것을 알고 지은 것이다. 안평대군의 책사인 이현로가 역사 수십 인을 기르고 머지않아 반드시 난이 일어날 것이니 안평에게 힘써 민심을 수습하라고 했다" 즉, 안평대군의 집을 역모의 소굴로, 주변에 모이는 당시 상당한 권력가와 문사들을 역모를 작당하는 무리들로 몰아간 것이다.

하지만 사실은 달랐다. 무릉도원도를 안견에게 그리게 한 후 부암동에 가던 안평대군은 무계동의 풍광이 무릉도원과 닮았다고 생각했다. 거기에 사저인 무계정사를 지었다. 무계정사는 도원의 정경이 그리워 지은 것에 불과했다. 그러나 권력에 대한 야심을 갖고 있던 수양으로서는 안평대군 주위에 모이는 인사들이 거슬렸다. 그 세력이 더 커지기 전에 속히 손을 써야만 했다.

수양의 무리들이 10월 10일에 거사를 감행했던 것은 9월 25일에 황보인의 노복이 권남의 종 계수桂壽에게 한 말이 단초가 되었다. 김종서와 황보인이 안평대군을 임금으로 삼아 10월 12일과 10월 22일에 거사를 일으킬 것이라고 한 것이다. 그 노복은 군사 동원과 병장기의 준비 등 아주 구체적인 사항까지 이야기했다. 이런 중대차한 일에 대하여 노복이 세세한 부분까지 알고 있다는 게 상식적으로 이해하기 어렵다. 수양 측에서 거사를 도모하기 위하여 만들어낸 명분으로 풀이된다.

그동안 안평의 수하로 인식된 인사들은 이날을 마지막으로 수양 일파들에 의해 세상을 등지게 된다. 이들은 김종서를 시작으로 대신들을 하나씩 죽이기 시작했다. 입시하는 모든 문을 봉쇄하고 제3문으로 들어오는 조극관鳥克寬·황보인皇甫仁·이양李穰을 철퇴로 때려 죽였다. 한명회가 작성한 살생부를 토대로 한 명씩 한 명씩 차례로 죽였다. 윤처공尹處恭·이명민李命敏·조번趙藩·원구元矩·김연金衍·민신閔伸 등은 자신들의 집 등에서 주살 당했다. 이 모든 일들이 거침없이 일사천리로 진행되었다. 그리고는 입직 승지 최항에게 안평대군 무리들이 불궤한 짓을 공모하는 바람에 시간적인 여유가 없어 김종서 부자를 베었고, 나머지 무리들을 토벌하고자 한다고 했다. 환관 전균에게는 안평대군이 종사를 위태롭게 한다고 하면서 빨리 단종에게 알리라고 명했다. 일이 워낙 위급하고 위중하여 미처 단종에게 알리지 못했다고 했다.

안평대군은 성녕대군誠寧大君의 집에 있다가 압송되어 강화에 안치되었다. 그의 아들인 이우직李友直도 강화도에 안치되었다. 수양은 안평에게 "너의 죄가 매우 커 베어 죽여야 하나 세종과 문종이 사랑했으니 용서하고 죽이지 않는다"고 했다. 그러나 수양의 이 말은 거짓이었다. 역모의 중심에 있다고 지목된 안평을 살려둘 리 없었다. 단지 형식적인 절차가 필요했을 뿐이었다. 자신은 자애로운 사람이라는 인식을 심어줄 필요도 있었다. 종사를 지켜야 한다는 신하들의 간청에 못이겨 안평대군을 죽일 수밖에 없었다고 자신을 합리화하고 명분이 필요했을 뿐이었다. 『단종실록』에는 수양의 난을 다음과 같이 기록하고 있다.

경복궁 충순당에 이어移御하여 거가가 문에 나오니, 도성 사람들이 의위를 바라보고 놀랍고 기쁨을 이기지 못하여 눈물을 흘리는 자까지 있었다. 이날에 무지개가 백악으로부터 세조의 저사에 이어졌는데, 집현전에서 서로 가리켜 칭탄하기를, "이것은 하늘에서 충신을 믿은 것이다" 했다. 백관이 모두 글을 올리어 시정의 계책을 세조에게 말하니, 백성들이 다함께 환호했다.

집현전 유학자들은 정난 이틀 뒤인 10월 12일, 수양을 구국의 충신이라고 미화했다. 수양의 행위가 백성들을 감동시키고, 이에 집현전 학자들이 앞다투어 칭송했다고 기록하고 있다.

조선은 고려의 지배철학이었던 불교를 배척하고 유학을 기반으로 개창했다. 예나 지금이나 정통성에 문제 있는 정권은 자기 미화에 온갖 방법을 동원하기 마련이다. 미혹한 백성을 현혹하기 위하여 미화하고 신격화한다. 집권세력에 부역하는 관리와 지식인은 시공의 차이만 있을 뿐 언제나 존재한다. 조카를 끌어내리고 왕위를 찬탈한 수양의 행위는 유학의 기본 사상에도 어긋날 뿐 아니라 절대로 정당화

될 수 없는 사건이었다. 그런데도 집현전 학자들은 백성들이 열렬히 지지했다고 기록함으로써 정권찬탈의 정당성을 부여했다. 이보다 앞서 세종 22년(1440)에 기록된 『세종실록』에는 다음과 같은 기록이 있다.

하루는 보현봉에 올라 해가 지는 것을 관측하게 되었다. 산이 높고 돌계단이 험준하여 말이 오를 수 없었다. 사람이 엎어지고 넘어졌으나 수양은 활과 화살을 가지고 올랐음에도 홀로 빠르기가 회오리 같이 빠르고 내려올 때는 평탄한 길을 가는 것과 같아 당할 자가 없었다.

『세종실록』을 편찬한 관리들은 세조의 비범함이 오래전부터 그랬다고 의도적으로 적고 있다. 정통성에 문제 있는 왕에게 쿠데타의 정당성을 부여하기 위한 노력들이 애처롭기까지 하다.

단종은 정난 다음 날인 10월 11일, 교지를 내린다.

위태롭고 의심스러운 때를 당했으니 종친의 도움을 받아야 한다. 수양대군에게 정사를 보좌하게 하여 군국의 중한 일을 모두 위임, 총치(總治)케 하고 본인은 정사를 직접 할 날을 기다리겠노라.

정사를 직접 할 날을 기다리겠다고 했으나 그날이 언제일지 기약조차 할 수 없었다. 이 교지는 사실상의 양위나 마찬가지였다. 왕위를 내려놓은 이상 지존이 아닌 지하의 사람이었다. 물론 수양의 강압에 의한 것이었지만, 이 교지로 단종은 수양에게 모든 권한을 이양한다. 수양에게 제수된 관직은 영의정부사·영집현전·경연예문춘추관 서운관사 겸 판이병조사·중외병마도통사로, 모든 권력이 수양의 손에 들어갔음을 알 수 있다. 문무관의 인사권과 모든 병권을 단숨에 거머쥔 것이다. 단종은 이날 이후 수양의 꼭두각시가 되었고, 수양은 단종의 몸만 빌려 왕권을 행사했다. 그러나 이것도 잠시였을 뿐 하루라도 빨리 본인이 옥좌에 올라 호령하는 날을 손꼽아 기다렸다.

수양은 오래전부터 권력찬탈에 대한 야욕을 갖고 있었다. 그것을 스스로 고백하기도 했다. 수양이 왕에 오른 지 8년(1462) 되던 해, 사정전에서 모든 장수들을 불러 술자리를 가졌다. 세조는 『어제무경御製武經』의 서문을 보여주면서 병법과 도에 대하여 이야기했다. 그러다가 문종대부터 반정을 도모했음을 무심결에 내뱉고 말았다.

"문종께서 내가 병법을 안다고 하여 내게 명하여 구결과 해석을 붙이게 하시었으나, 내가 권남·홍윤성과 더불어 정난에 겨를이 없어 상세히 하지 못했는데, 이제 다시 신숙주·권남·최항·송처관宋處寬·홍응洪應 등과 더불어 구결을 정하고 교주하기를 명했으니, 거의 영재를 길러 사방에 공을 거두는데 도움이 될 것이라고 이른다."

문종이 수양에게 병서에 주석을 달고 해석을 붙이게 한 때는 문종 1년(1451) 10월 24일이었다. 수양은 이 일에 자신의 심복인 권남·홍윤성을 끌어들였다. 이때부터 이미 정난을 위한 사전 준비를 한 것이다. 계유정난이 1453년 10월 10일에 일어났으니 수양은 최소 2년여 동안 준비를 한 셈이다. 이 쿠데타에 가장 큰 공을 세운 한명회를 만나기 1년여

세조어진초본 김은호, 1935년, 종이에 먹선 초본, 186.5×131.8cm, 국립고궁박물관
1935년 일제강점기에 대한제국 황족의 사무를 담당하던 기구인 이왕직李王職의 의뢰로
이당以堂 김은호金殷鎬가 어진을 모사하였다. 왕실에서는 주기적으로 낡거나 훼손된 어진을
모사하였는데 그때 그려진 초본 그림이다. 비록 완성 어진은 아니지만 세밀하게 그려져 있어
세조의 모습을 확인할 수 있다.

전이기도 했다.

단종이 즉위한 9월, 고명사은사誥命謝恩使로 누구를 보낼 것인지 논의한 일이 있었다. 고명사은사는 새 임금이 계승하면 명나라 황제에게 알리고 승인을 받는 외교적인 행위였다. 수양은 자신이 가겠다고 나섰다. 여러 의견들이 오갔으나 결국 수양이 가기로 결정이 났다. 수양은 왜 고명사은사를 자진했을까? 거기에는 고도의 정치적인 계산이 깔려있었다. 바로 자신이 정권을 잡은 후 명으로부터 왕위에 대한 정통성을 인정받기 위한 사전 정지작업이었던 것이다. 수양이 명나라에 방문하여 어떠한 활동을 했는지는 구체적으로 알 수 없다. 그러나 명나라에서 다방면으로 자신을 어필했을 것으로 짐작된다. 명나라도 유교를 지배이념으로 하는 정치체제이므로 정통성을 매우 중요하게 생각했다. 수양대군은 바로 이런 점을 고려하여 고명사은사를 자청한 것이다. 또한 자신이 명나라에 가 있는 동안 안평대군과 그 세력들의 움직임을 파악할 수 있을 것으로 판단했다. 다만 자신이 조선을 비운 사이 안평대군 세력이 어떠한 일도 도모하지 못하도록 김종서와 황보인의 아들을 데리고 갔다. 수양이 안평대군에 대해 어떻게 생각하는지는 다음의 말에서 정확히 드러난다.

"안평이 나의 적수가 아니요, 황보인·김종서도 또한 호걸이 아니니, 어찌 감히 움직이겠는가? 임금만을 보호하면 무사할 것이다."

수양은 안평대군이 자신을 상대로 무엇인가를 할 수 있는 사람이 아님을 이미 잘 알고 있었다. 황보인·김종서 또한 쿠데타를 일으킬 위인들이 아니라는 확신도 갖고 있었다. 그런데도 쿠데타를 일으킨 뒤 안평대군을 강화로 안치하고, 정인지의 주도로 사사했다. 단종은 강원도 영월에 안치되었는데 더욱 비참한 최후를 맞는다. 세조가 권력을 잡은 이듬해인 1456(세조 2)에 단종복위운동이 일어났다. 여기에 금성대군錦城大君이 연루되어 사사되자 수양 일파는 이 때문에 단종이 자살했다고 주장했다. 그러나 단종이 왕위를 빼앗긴 후의 상황을 기록한 『장릉지莊陵志』에는 군졸이 활 끈으로 단종의 목을 졸라 살해했다고 나온다.

계유정난 이후 자신의 정적들을 모두 제거한 수양대군은 이후 무소불위의 권력을 휘둘렀다. 단종의 선위 형식으로 왕위에 오르며 세조가 한 말은 이러했다. 그러나 이 말을 그대로 믿는 백성이 조선 하늘 아래에 몇이나 있었을지 의문이다.

주상 전하께서 선업을 이어받으신 이래, 불행하게도 국가에 어지러운 일이 많았다. 이에 선왕과는 한 어머니의 아우이고, 또 자그마한 공로가 있었기에 장군인 내가 아니면 이 어렵고 위태로운 상황을 진정시킬 길이 없다고 하여 드디어 대위를 나에게 주시니 굳게 사양했으나 이를 얻지 못했고, 또 종친과 대신들도 모두 이르기를 종사의 대계로 보아 의리상 사양할 수 없다고 하는지라, 필경 억지로 여정을 좇아 경태 6년 윤6월 11일에 근정전에서 즉위하고, 주상을 높여 상왕으로 받들게 되었다.

— 『세조실록』 1권, 세조 1년(1455) 윤6월 11일.

끝없는 혼란의 시작

　　세조는 정난을 일으켜 권력을 잡았다. 역모를 꾀했다는 모함으로 안평대군과 단종을 사사하고 수많은 명신들을 처형하고 왕위를 찬탈했다. 유교정치를 기반으로 하는 조선왕조에서 세조의 정난은 명분도 없었다. 관료들도 이것을 잘 알고 있었고, 백성들은 세조를 패륜아로 인식했다. 이러한 상황에서 권력 기반을 다지기 위해서는 무엇보다 지지세력을 결집하는 것이 시급했다. 세조는 즉위 초부터 왕권 강화와 강력한 중앙집권정책을 펼쳤다.

　세조대 정치의 가장 큰 특징은 공신정치와 술자리정치였다. 세조대에는 세 번에 걸쳐 공신책봉이 있었다. 잦은 공신책봉은 정치 상황이 불안정했다는 것을 반증한다. 첫 번째 공신책봉은 단종 원년(1453) 10월에 있었던 정난공신靖難功臣이었다. 수양 자신이 주축이 되어 일으킨 쿠데타에 직간접적으로 공을 세운 인물들을 대상으로 한 공신책봉이었다. 이때 책봉된 공신의 수는 43명이었다. 다음은 세조 즉위년(1455) 9월에 책봉된 좌익공신左翼功臣이었다. 좌익공신은 금성대군의 단종복위운동을 막고 세조가 왕위에 오르기까지 공을 세운 인물들로 46명이 책봉되었다. 그런데 정난공신과 좌익공신의 상당수가 같은 인물이었다. 마지막으로 이시애李施愛의 난*을 진압한 공으로 책봉한 적개공신敵愾功臣이 있다. 적개공신은 이시애의 난을 진압한 직후인 세조 13년(1467) 9월에 45명이 책봉되었다. 공신으로 책봉되면 부와 권력이 한꺼번에 부여되었다. 또한 후대에까지 세습이 가능하여 가문의 세력을 키울 수 있는 절호의 기회이기도 했다.

세조는 왕위에 오르자 자신의 친위세력 구축을 위하여 권력의 중심부에 공신들을 배치했다. 세조로서는 취약한 권력구조를 유지하려면 쿠데타에 협력했던 공신들이 절대적으로 필요했다. 그러나 한편으로는 공신들과 권력을 나누어가져야 하는 상황이었다. 왕위에 오르기 전 수양대군 시절에도 세조는 문무관의 인사권은 물론이요 병권까지 손에 쥐고 있었다. 그러나 즉위한 이후에는 모든 권력을 다 손에 넣을 수는 없었다. 세조는 왕실의 위상을 높이고 왕권을 강화하기 위해 지도체제를 바꾸었다. 세종 때 만들어져 운영되어 온 의정부서사제를 폐지하고, 대신 육조직계제로 바꾸었다. 의정부서사제는 육조의 정사를 의정부에 품의하면 의정부가 심의하고, 심의한 정무를 왕에게 보고하고, 의정부가 다시 왕의 지시를 받아 육조에 명을 하달하여 시행하는 방식이었다. 육조직계제는 6조 판서가 의정부를 거치지 않고 모

• 세조 13년(1467) 5월에 함길도 길주의 토호土豪 이시애가 수령을 중앙에서 임명하는 것에 불만을 품고 일으킨 난이다. 그해 8월 관군에 의해 제압되었다. 세조는 난 이후 길주목吉州牧으로 승격되었던 행정구역을 길성吉城으로 바꾸고 목牧을 현縣으로 강등하였다. 이 반란은 조선초기 최대의 반란 사건으로 기록되었다. 세조가 병으로 타계하기 한 해 전의 일이다.

든 정무를 직접 왕에게 보고하고 지시받는 제도였다. 왕이 직접 정무를 관장하기 때문에 왕권이 강화될 수밖에 없는 구조였다. 또 사육신 사건 과정에서 세조와 정면으로 대치했던 집현전을 해체하고, 국왕의 비서실 격인 승정원의 기능을 보강해 비서실 중심의 측근 정치를 펼쳤다. 특히 공신과 종친과의 결속을 강화하는 데 집중했다.

조선의 왕 가운데 세조만큼 술자리를 많이 가진 왕은 아마 없을 것이다. 세조는 공신과 종친들과의 술자리를 자주 마련하여 자신의 관대함을 보여주기도 하고, 정치적으로 적절히 활용하기도 했다. 세조 4년(1458) 9월, 경회루에서 양로연이 베풀어졌다. 이 자리에서 술에 취한 정인지가 세조에게 "너"라고 지칭하는 일이 벌어졌다. 왕에 대한 불경죄로 당장 물고를 당할 상황이었다. 의정부를 비롯한 충훈부·육조참판에서 정인지에게 죄줄 것을 여러 차례 청했다. 그러나 세조는 훈구는 죄를 줄 수 없다고 하며 너그럽게 넘겼다. 세조 자신이 술을 좋아하기도 했지만 공신들을 자신과 운명을 같이해야 하는 공동체로 인식했던 것이다. 이뿐만 아니라 잦은 술자리는 과음으로 이어져 공신 중에는 사망하는 사람까지 있었다. 정난공신과 좌익공신으로 책봉되고 요직을 두루 역임한 이계전李季甸과 좌익공신에 책봉되었던 윤암尹巖이었다. 그 외 권공權恭·이증李增·홍달손洪達孫 등은 얼굴색이 파리하여 건강상태가 매우 좋지 않았다. 과음으로 인해 간에 이상이 생긴 것이다. 홍달손은 그의 졸기에서 과음으로 인하여 전신마비까지 왔다고 적고 있다. 아마도 그 후유증으로 사망한 것으로 보인다.

세조는 그 이후 공신들 중에 과음하는 자가 있으면 조사하겠다고 했으나 술자리정치는 좀처럼 줄어들지 않았다. 그러다 보니 크고 작은 사건이 자주 일어났다. 세조 8년(1462) 5월, 이날도 세조는 여느 때처럼 사정전에서 대신들과 술자리를 가졌다. 그런데 이 자리에서 영의정 정창손이 실언을 하는 바람에 세자에게 왕위를 물려주겠다는 선위 사건이 벌어졌다. 이날 세조는 공납 문제에 대하여 논의한 후 왕세자의 학문 이야기로 화제를 바꿨다. 세조가 세자와 대신들에게 "크게 통달한 뒤에 국사를 돌려주려고 한다"라고 말하자 영의정 정창손이 "진실로 마땅합니다"라고 답했다. 정창손은 단순히 세조의 말에 동의한 것뿐이었는데, 다음 날 세조는 선위를 하겠노라며 조정을 발칵

경회루 국보 제224호, ⓒGeun Choi
경복궁에 있는 누각으로 정면 7칸, 측면 5칸으로 누각 중 가장 큰 규모이다.
주로 연회를 열던 장소로 임진왜란 때 불타 소실되어 돌기둥만 남아 있었으나
고종 4년(1867)에 흥선대원군이 중건하였다. 경회루라는 이름은 태종이 직접 지었으며
공조판서 박자청이 태종 12년(1412)에 완공하였다.

뒤집어놓았다. 정창손의 대답을 빌미로 선위 파동을 일으키며 대신들의 충성심을 시험한 것이다. 그러자 사간원과 사헌부까지 나서 정창손을 벌하라고 청했고, 정창손은 파직 당하고 외방으로 유배를 갔다. 그 뒤에도 대신들은 정창손을 국문하고 공신에서 삭제하기를 끈질기게 청했다. 이처럼 세조는 왕권 강화를 위해 치밀하게 계산된 정치적 행위를 일삼았다.

그러나 이런 노력에도 세조의 정통성은 인정되지 않았다. 계유정난 때 정적으로 지목된 주요 인사들을 대거 제거했지만 그 정신까지 없앨 수는 없었다. 세조 2년(1456) 6월에 일어난 사육신死六臣 사건이 대표적이다. 성삼문 등이 주축이 되어 상왕으로 물러나 앉은 단종복위를 계획한 사건이었다. 창덕궁에서 명나라 사신과 함께 연회를 베푸는 자리에서 세조를 제거하려고 했다. 그러나 이 거사는 김질과 그의 장인인 정창손의 밀고로 실패하고 말았다. 그렇지만 이 사건은 세조가 왕위에 오른 뒤 함께 국정을 논하던 대신들이 주축이 되어 일으켰다는 점에서 매우 충격적인 사건이 아닐 수 없었다. 자신이 비록 왕의 권좌에 앉아 있지만 왕으로 인정받지 못했다는 것을 보여주었기 때문이다.

이후에도 세조정권의 부당성과 관련한 난언도 계속되었다. 세조 3년(1457) 9월에는 박신朴信이 군기감 앞에 단종복위사건 실패로 처형된 성승成勝·성삼문成三問 등 40여 명이 나타났다는 주장을 하기도 했다. 이러한 이야기들은 억울하게 처형된 연루자들을 대변하며 세조정권의 정통성을 부정하는 것이었다. 다시 계유정난과 같은 난이 또 있을 것이며 가뭄이 심하여 상왕을 세우려는 자가 있다는 말도 나돌았다. 가

묵이 심한데 상왕이 왕위에 오르면 벼농사가 잘될 것이라는 말까지 돌았다. 이 말은 승려 혜명이 거짓으로 꾸몄다고 조사되었지만, 그만큼 민심이 흉흉했음을 알 수 있다.

수양이 양산한 공신과 정치

　　세조대의 대표적인 공신을 꼽으라면 한명회와 신숙주이다. 한명회는 궁지기로 전전하다 권남의 소개로 수양대군을 만나게 된다. 계유정난을 일으켜 수양을 왕위에 오르게 하는 데 주도적인 역할을 했다. 뿐만 아니라 두 딸을 각각 예종비 장순왕후章順王后, 성종비 공혜왕후恭惠王后로 만들었으며 두 왕후의 소생을 왕으로 만들어 영원한 권력을 차지하려고 했다. 한명회의 권력욕은 세조로부터 장량이라고 불리면서부터 시작되었다. 장량은 한나라의 유방을 도와 나라를 세우고 천하를 통일한 인물이다. 한명회에게 장량이라는 칭호가 적합한가의 여부를 떠나 수양이 그렇게 불렀다. 수양의 장량인 한명회는 영원한 권력을 누리기 위하여 끊임없이 모든 방법을 동원했다. 신숙주는 세종대의 천재 학자로 많은 업적을 남겼다. 그러나 선대왕인 세종의 유지를 거부하고 수양의 권력욕과 함께한 인물이다.

　　겸재 정선이 후대에 그린 『경교명승첩』의 「압구정鴨鴨亭」이라는 그림은 한명회가 한때 왕 위의 왕으로 군림하던 흔적을 읽을 수 있다.

겸재 정선은 현재玄齋 심사정, 관아재觀我齋 조영석趙榮祏과 함께 삼재로 불리는 도화서의 화원이다. 우리나라 산수 절경을 마치 실경을 마주 대하는 것처럼 절묘하고도 실감나게 그렸다. 당시에는 중국의 화풍인 남화가 유행했으나 정선은 자신만의 화풍을 이루어내 가장 한국적인 화풍과 필법을 구축했다. 특히 금강산을 유람하고 그린 「금강산전도金剛山全圖」와 비 온 뒤의 인왕산을 그린 「인왕제색도仁王霽色圖」는 그의 화풍을 느낄 수 있는 대표적인 작품으로 꼽힌다. 「금강산전도」는 금강산의 전체 모습을 마치 공중에서 바라본 듯한 부감법俯瞰法으로 그렸는데, 금강산의 전체적인 특징을 잘 살려 한눈에 조망할 수 있다. 많은 문인이나 화가들이 금강산을 그렸지만 정선의 금강산처럼 웅대하고 압도적인 금강산은 일찍이 없었다. 「인왕제색도」는 비 내린 인왕산의 풍경을 그린 것으로, 산 아랫자락에 안개가 몰려와 슬며시 감싸 안은 풍광을 담고 있다. 마치 구름 위에 떠 있는 듯한 인왕산은 평안하고 온화한 느낌마저 들고 암벽을 표현한 붓 자국에서는 세월의 흔적이 느껴진다. 지금도 인왕산의 암벽을 바라보면 정선의 붓 자국이 바위에 그려진 듯하다.

『경교명승첩』은 정선의 나이 64세 무렵에 한강과 한양 일대를 그린 화첩이다. 총 33장의 그림으로 구성되어 있으며 20여 점의 그림에 한강의 풍광을 담았다. 정선의 생애 후반부의 그림인 만큼 완숙미가 돋보인다는 평가를 받는다. 그중 「압구정」은 압구정을 중심으로 그 주위의 풍광을 담았다. 압구정은 물새들이 희롱하는 정자라는 뜻으로, 한명회가 지은 이름이다. 한명회는 반대파의 견제가 심해지자 압구정

인왕제색도 겸재 정선, 종이에 수묵, 79.2×138.2cm, 국보 제216호, 삼성미술관리움

정선이 76세인 1751년(영조 27)에 그린 그림으로, 비 온 뒤 안개가 채 걷히지 않은 인왕산의 풍광을 담았다.
굵은 선으로 표현한 초목과 암벽이 사실감을 더하고 있다. 말년의 원숙미가 돋보이는 작품이다.

압구정, 경교명승첩 중에서 겸재 정선, 비단에 채색, 20.2×31.3cm, 보물 제1950호, 간송미술관
한명회의 별장으로 현재 강남구 압구정동에 있었다. 한명회는 정난공신으로
부와 권력을 한손에 거머쥐었으며 압구정은 그런 한명회를 상징한다.

을 짓고 그곳에서 유유자적하겠노라고 했다. 권력에 초연한 사람으로 비추어지길 바란 것이다. 하지만 실상은 그와 정반대였다.

당시 한명회의 권력은 왕 위의 왕으로 군림할 정도로 위세가 대단했다. 그 한 예로, 성종 12년(1481) 6월, 중국 사신을 위한 압구정 연회를 들 수 있다. 한명회는 사신들을 위해 압구정에서 연회를 갖길 왕에게 청하면서 정자가 협소하니 처마를 덧대어 큰 천막을 치고 연회를 하겠다고 했다. 그것은 왕만이 사용할 수 있는 것이었다. 연회를 빌미로 자신의 권력을 과시하려는 속셈이었다. 그러나 성종은 허락하지 않고 제천정에서 하기를 명했다. 큰 가뭄으로 유희를 할 수 없고, 이후에 오는 사신들이 압구정으로 오려고 할 것이므로 허락할 수 없다고 했다. 또한 제천정과 희우정을 제외한 모든 정자를 헐어버리라고 했다. 이 사건으로 사헌부와 사간원의 탄핵 상소가 끊임없이 올라왔다. 성종은 마지못해 한명회를 유배 보내지만 곧바로 해배했다. 한명회는 훈구원로 대신이자 성종 자신을 왕위에 앉혀준 사람이었다. 또한 자신의 장인이기도 했다. 이렇듯 한명회는 성종의 장인으로, 훈구원로 대신으로 군림하면서 부와 권력을 누렸다. 생전에 네 번이나 공신으로 책봉되면서 엄청난 부를 축적했으며 권력은 하늘을 찌를 듯 높아만 갔다. 계유정난으로 왕위에 오른 수양보다 공신인 한명회가 오히려 더 큰 부와 권력을 누린 것이다.

한명회는 성종 18년(1487), 73세로 천수를 누리고 사망했다. 그러나 그가 사망하기까지 누린 부와 권세는 연산군 10년(1504)에 일어난 갑자사화로 부관참시를 당하며 새롭게 평가된다. 중종반정 이후 신원이 복권되었으나 세조와 함께 왕위계승 질서를 뒤흔든 권신으로 남게 되었다. 또한 한명회를 중심으로 양산된 공신 집단은 훈구세력을 만드는 결정적인 계기가 되었다.

한명회와 함께 훈구세력의 또 다른 주축으로 신숙주를 들 수 있다. 신숙주는 세종대의 학자로 한글창제에 공헌하는 등 수많은 업적을 남겼다. 그러나 세종의 간곡한 유지를 무시한 채 수양 세력에 적극적으로 가세했다. 유학자로서의 근본을 수양의 권력찬탈과 맞바꾸었다. 단종과 금성대군의 처형을 주도했으며 남이南怡의 처형도 주도했다. 또한 한명회와 더불어 네 번이나 공신책봉을 받기도 했다. 단종 원년(1453)에 정난 2등공신에 책봉되었고, 세조 원년(1455)에는 좌익공신으로 세조 즉위의 공로자로 인정되었다. 예종 즉위년(1468)에는 익대공신으로 예종 즉위와 남이 옥사 관련 공로자로 또 공신에 책봉되었다.

수양에 의하여 양산된 공신의 수는 몇 천 명에 달한다. 조선의 공신에는 정공신正功臣과 원종공신原從功臣이 있다. 정공신은 직접적인 공을 세운 자에게 내리는 공신이고, 원종공신은 정공신 이외의 공을 세운 자에게 내리는 공신이었다. 정공신은 대개 10~50여 명을 책봉한다. 그러나 원종공신은 그 수가 몇 천 명에 달한다.

조선왕조 500여 년 동안 28차례나 공신책봉이 있었다. 공신으로 책봉되면 공신이라는 칭호와 함께 엄청난 특혜가 주어졌다. 경제적으로는 전답과 노비 등이 주어지고, 한번 내려진 전답과 노비는 대물림이 가능하여 한 집안의 영속적인 부를 보장했다. 또한 관직을 부여받거나 현직보다 더 높은 관직으로 특진할 수 있었다. 관직이 없는 자는 즉시 관직을 받을 수 있었고, 직계 자손의 경우 3등의 특전을 받았다. 그리고 공신 자신은 죄를 지어도 죄를 묻지 않는 사면권이 주어졌다.

모반대역죄의 중범죄가 아닌 이상 법 위에 살아갈 수 있었다. 공신의 조부모, 부모, 처자식에게는 감형권이 있어 죄를 지어도 공신의 가족이라는 이유로 죄를 물을 수 없었다. 이러한 특권은 정공신뿐만 아니라 원종공신에게도 공신 등급별로 부여되었다.

세조대에는 세 번의 공신책봉이 있었다. 정공신으로 책봉된 사람은 정난공신에 43명, 좌익공신에 46명, 적개공신에 45명이었다. 이들에게 부여된 경제적 사법적인 혜택은 상상을 초월하는 수준이었다. 세조 즉위에 공을 세운 자들은 좌익공신에 책봉되었다. 좌익일등공신은 권남·신숙주·한명회를 비롯하여 7명이었다. 이들에게는 수충위사동덕좌익공신이라는 공신 칭호를 내리고 막대한 부와 권력을 부여했다. 이들에게 내려진 부는 전토 1백50결, 노비 13구, 백금 50냥, 표리 1투, 내구마 1필이었다. 직계 아들에게는 3등을 뛰어넘어 음직을 제수하고, 직계아들이 없는 경우 누나의 아들과 사위에게 1등을 뛰어서 음직을 제수하도록 했다. 이때 세조는 좌명공신의 예를 따라 하라고 전교했다. 좌명공신은 태종의 2차 왕자의난 때 공을 세운 공신에게 내린 것이었다. 좌명공신에 준하여 좌익공신을 포상하라는 것은 자신의 행위를 정당화하기 위한 조치로 볼 수 있다.

세조대에 원종공신의 수는 무려 2,300여 명에 이르렀다. 세조 1년 (1455) 12월에 책봉한 원종공신에게 부여한 혜택은 다음과 같다. 1등 원종공신에게는 벼슬의 1품위를 높여주고, 자손은 과거를 거치지 않고 관직에 오를 수 있는 음직을 부여했다. 후세에까지 죄를 지어도 용서하고 부모에게는 작을 봉했다. 자손 중 한 사람에게 직급만 받고 보직이 없는 산관을 주었다. 원종공신에게 부여할 관직이 부족할 경우에는 녹봉만 받고 하는 일이 없는 검직을 제수하도록 했다. 세조가 세 번의 공신책봉을 하면서 이들에게 과도한 혜택을 준 이유는 자신의 권력을 강화하려는 의도였다. 공신이 되는 순간 권력자와 운명을 같이한다는 것을 의미했다. 세조는 공신책봉을 활용하여 권력의 하수인을 만들어 왕권을 유지하려고 했다. 잦은 공신회맹을 통하여 충성 맹세를 받으며 공신들을 관리했다.

그러나 공신책봉은 과도한 부와 권력을 공신에게 주어 새로운 특권세력을 양산했다. 2,400여 명에 이르는 거대한 공신 집단은 새로운 정치세력으로 등장하게 된다. 이들은 새로운 훈구세력으로 변모했다. 백성들의 나라가 아닌 특권층의 세상이 되었다는 점에서 세조정권의 한계성과 문제점을 보여준다. 부왕인 세종의 위민정치는 수양의 권력 야욕으로 그 빛을 잃어버렸다.

비운의 비해당과 기린교

　　계유정난이 일어난 지 약 300여 년 후 겸재 정선의 붓 끝에서 비해당의 자취가 살아났다. 정선의 『장동팔경첩壯洞八景帖』 중에서 「수성동도水聲洞圖」가 그것이다. 수성동의 지금의 위치는 서울시 종로구 수성동 계곡의 인왕산 초입에 있다. 이곳에 기린교麒麟橋라는 매우 특이한 돌다리가 있다. 비교적 그 원형이 잘 보존되어 있는 이 돌다리는 수성동 좁은 계곡을 따라 올라가다 보면 만날 수 있다. 약 2미터 길이의 긴 자연석을 거칠게 다듬어 두 개를 나란히 놓아 만들었다. 기린은 중국의 전설 속 동물로, 동물 중의 으뜸이며 성인聖人이 나타날 때 보이는 동물로 알려져 있다. 조선시대 관료의 흉배에서도 볼 수 있다.

　　기린교는 많은 의미를 담고 있는 듯하다. 이 다리를 지나 가까운 어딘가에 안평대군의 비해당이 자리하고 있었기 때문이다. 안평대군이 이곳에 집을 지으면서 성현이 나타날 것을 기대했거나 자신이 그러한 사람이 되기를 갈망하지 않았나 생각된다.

수성동도 겸재 정선, 1751년경, 20.5×33.7cm, 간송미술관

인왕산 수성동 계곡 일대를 부감법俯瞰法으로 그린 그림이다. 현재의 수성동 계곡을 복원하는 데
기초 자료가 되었다. 예술적 가치와 더불어 기록화로서의 가치도 크다.

300여 년의 세월이 지난 뒤에 그린 풍경이지만 안평대군의 목소리가 들리는 듯하다.

「수성동도」를 살펴보자. 그림 중앙에 종을 거느린 방문객이 이곳을 둘러보고 있다. 바위산 쪽을 가리키며 무언가를 말하고 있다. 그들이 가리키는 어딘가에 비해당이 위치했으리라 짐작된다. 지금은 비해당이 어느 곳에 위치했는지 가늠조차 할 수 없다. 정선의 그림에서도 비해당의 흔적은 찾기 어렵다. 300여 년이 지난 뒤에 그린 것이라 집터의 흔적을 찾기가 쉽지 않았으리라. 더구나 수양이 권력을 찬탈한 후 안평대군의 흔적을 지우기 위하여 갖은 방법을 동원했으니 더더욱 요원할 수밖에 없다. 위쪽의 바위산은 인왕산 암벽으로, 「인왕제색도」에서 보여준 그대로이다. 거친 붓으로 세월의 흔적을 간결하면서도 사실감 있게 표현했다.

이 비해당 터에는 역사의 아이러니가 숨어 있다. 지금의 수성동 계곡의 비해당 터는 18년 전만 해도 아파트가 들어섰던 자리였다. 1970년대는 군부독재자 박정희의 개발 논리가 온 국토를 들쑤시던 때라 이곳도 비켜가지 못했다. 1971년에 옥인시범아파트가 들어서면서 약 37년간 수성동 계곡의 비해당 터는 흔적도 없이 콘크리트 더미에 묻혀 있어야 했다. 기린교의 모습도 시멘트로 뒤덮여 구분도 되지 않았다. 정난에 의하여 지워진 안평대군의 흔적이 박정희에 의하여 덮여버렸다. 역사의 비극이 두 쿠데타 세력에 의하여 지워지고 뒤덮이는 비극적인 상황을 맞은 것이다. 우리나라 역사에 오점을 남긴 두 쿠데타 세력에 의하여 짓밟혀진 수성동 계곡은 마침내 공원 녹지로 재개발되면서 세상에 드러나게 되었다. 2008년 2월, 옥인동 시범아파트가 철거되고 복원을 위한 공사가 시작되었다. 그러나 옥인동 계곡 주변의 옛 모습을 확인할 수 있는 자료가 없었다. 아파트는 철거되었지만

수성동 기린교 ⓒ홍순대

겸재 정선이 그린 수성동도의 모습이 350여 년이 흐른 지금에도 고스란히 남아 있다.
개발시대의 상징인 시멘트에 눌려 있던 수성동 기린교가 제 모습을 찾은 것은 참으로 다행스런 일이다.

어떻게 복원해야 할지 난감했다. 그때 『장동팔경첩』에 「수성동도」의
옛 모습이 담긴 그림이 있다는 것을 알게 되었고 그것을 자료로 삼아
공사가 진행되었다. 덮여 있던 시멘트를 조심스레 걷어내는 순간 거
짓말처럼 그림에서 보이는 돌다리가 나타났다. 기린교가 세상에 모습
을 드러내는 순간이었다. 「수성동도」에 그려진 그대로였다. 정선이 그
린 당시의 모습을 고스란히 간직하고 있었다. 그러나 끝내 비해당의
자취는 확인할 수 없었다. 그래도 역사 속에서 지워지고 덮인 안평대
군의 흔적을 더듬어 가늠할 수 있으니 크나큰 수확이었다.

　숙종조의 문인이자 정치가인 남구만南九萬은 그의 문집에서 이렇게
읊고 있다.

무계의 깊은 골짝에 새소리 구슬픈데	武溪深洞鳥聲悲
비해당 높은 집터를 분별할 수 없구나	匪懈高堂不辨基
호화롭던 의기 참으로 꿈속과 같으니	意氣豪華如夢裏
다만 유묵을 가지고 당시를 상상하네	只將遺墨認當時

비해당의 자취를 찾을 수 없지만, 그의 마지막이 어떠했을지는 상상하기 어렵지 않다. 자신의 죽음을 재촉하는 사약을 앞에 놓고 그는 두 눈을 지그시 감았다.

"꿈에서 본 무릉도원이 여기가 아닐진대 그날의 무릉도원은 어디에 있는가?"

두 눈에서 뜨거운 눈물이 흘러내린다.

"내가 이곳을 떠나면 정녕 무릉도원을 만날 수 있을 것인가?"

안평은 흐르는 눈물도 닦지 않고 바다를 응시했다.

"이 길을 떠나면 나와 함께했던 벗들을 만날 수 있을까? 부왕께는 무어라고 아뢸까?"

이제 36년간 지고 있던 속세의 짐을 훌훌 털어버리고 초연히 떠날 때가 된 것이다. 사약 그릇에 비친 수양대군의 얼굴이 안평의 목구멍으로 넘어갔다.

3

풍속화에서
백성을 보다

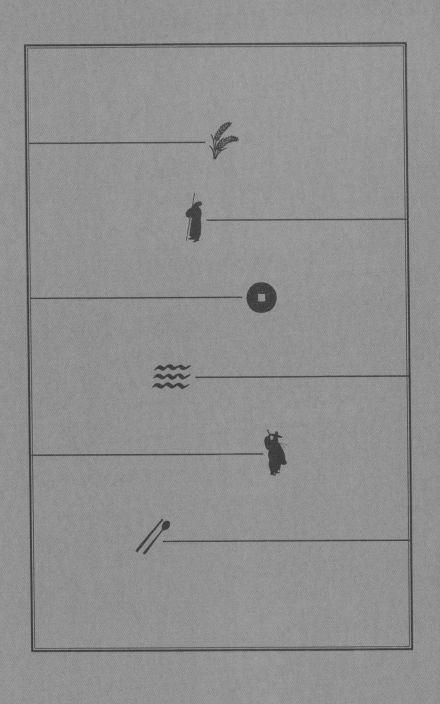

풍속화는 기록화

　　풍속화는 조선후기에 매우 발달한 서화의 한 장르로, 주로 서민들의 삶의 모습을 그렸으며 해학적이고 감각적인 묘사로 친근한 그림이다. 그런데 왜 조선후기에 발달했을까? 그 배경에는 사회적인 변화를 들 수 있다. 성리학을 기반으로 하는 조선에 실학사상이 대두되면서 사회 전반에 크고 작은 변화의 물결이 일었던 것이다. 그림만 해도 이전의 그림이 주로 궁중의 행사를 기록하거나 사대부 양반들의 성리학적 사상을 표현했다면 실학사상이 대두되면서 소재가 다양해졌고, 특히 풍속화가 유행하게 되었다. 대표적인 풍속화가로 단원 김홍도金弘道와 혜원 신윤복申潤福, 그리고 긍재 김득신金得臣을 들 수 있다. 김홍도의 풍속화는 대부분 일반 백성의 생활상을 담고 있어 당시 생활상을 들여다볼 수 있는 귀중한 기록물이기도 하다.

　　김홍도는 일고여덟 살에 표암 강세황姜世晃에게 서화를 배우기 시작했다. 강세황은 영·정조대의 문신으로 서화에 능했다. 전서와 예서에 뛰어났으며 사군자와 산수화에 능했다. 영조대 천추부사로 북경에 갔

표암 강세황 자화상 비단에 채색, 51.0×88.7cm, 보물 제590호, 국립중앙박물관
표암 강세황은 문신이자 서화가로 김홍도의 스승이다.
예조판서까지 올랐으며 중국에서도 그의 그림을 구하고자 하는 자들이 많았다.
터럭 하나 점 하나도 있는 그대로 그렸는데, 이는 성리학적인 사상의 영향이었다.

을 때는 그의 그림을 구하려는 사람들의 발길이 이어졌다고 한다.

　김홍도는 어려서부터 강세황에게 교육을 받으면서 서화의 기틀을 다졌다. 비록 중인 신분의 화원이었지만 그림 그리는 재주가 출중했다. 정조의 문집인 『홍재전서弘齋全書』에 이름이 오를 정도였으니 그의 그림 솜씨가 얼마나 뛰어났는지 짐작할 수 있다. 정조는 어진을 비롯해 그림 그리는 모든 일을 김홍도에게 맡겼다. 어진 제작에 참여한다는 것은 개인에게 크나큰 영광이자 그만큼 실력을 인정받았다는 것을 의미한다.

타작 그림 속 토지소유제

올해 농사는 풍년일세 풍년이야! 작년에는 흉년이라 조상 뵐 면목이 없었는데 올해 추석은 풍성하게 차릴 수 있겠어. 모두들 힘내시게. 길삼아, 그렇게 찡그리지만 말고 어여 끝내자! 근데 저 어르신은 무엇하러 나왔다냐? 우리가 어련히 알아서 할까!

김홍도의 「타작」을 보노라니 그 시대로 훅 들어간 듯 이야기가 술술 나온다. 저마다 다양한 표정과 몸짓으로 바삐 움직이는 장정들의 모습이 생생하면서도 정겹다. 장죽을 물고 느긋하게 누워 감시하고 있는 듯한 저 양반조차도 말이다. 조선후기에는 흉년이 자주 들었다. 이 그림은 오랜 흉년 끝에 모처럼 찾아온 풍년에 들떠 있는 당시 백성들의 모습을 생생하게 보여준다.

김홍도는 몇 해 만에 풍년을 맞아 환한 얼굴로 타작에 여념이 없는 어느 농촌의 가을 풍경을 한 폭의 그림에 담았다. 추수는 젊은 장정들이 도맡아서 해야 하는 고된 작업이었다. 그러나 그림 속 윗도리 고름을 풀어헤치고 볏단을 위로 들어 힘차게 내리치는 장정과 볏단을 묶고 있는 오른쪽 두 사람의 얼굴에서는 연신 웃음꽃이 번진다. 볏단을 지게에 지고 나르는 농부의 얼굴도 환하다. 모처럼 풍년으로 일이 힘들어도 힘든지 모르는 것이리라. 그런데 그림에서 정면으로 보이는 장정은 뭐가 불만인지 심기가 좀 불편해 보이는데, 고단한 농사일을 즐거이 하는 노련한 농부의 모습과 젊은 농사꾼의 불만스런 모습이 대비되어 미소를 짓게 한다.

이 그림 오른쪽 위를 보면 타작하느라 바쁜 장정들과 달리 층층이 쌓아 놓은 볏단 위에 자리를 깔고 비스듬히 누워 있는 사람이 있다. 긴 장죽을 입에 물고 눈을 아래로 지그시 내려다보는 모양이 아주 여유 있어 보인다. 앞에 술병까지 있는 것으로 보아 이미 술도 서너 잔 마신 듯하다. 농부들은 일하느라 정신없이 바쁜데, 그 옆에서 갓 쓰고 비스듬히 누워 유유자적 담배를 피워 물고 있다니, 아마도 이 사람은 지주이거나 마름*일 것이다.

김홍도가 활동하던 조선후기는 특정 계층이 토지를 독차지하며 소유하는 현상이 가속화되던 시기였다. 대부분의 토지는 대지주가 소유했다. 경작 활동은 대지주의 노비나 소작농으로 전락한 농민들 몫이었다. 이 그림은 이런 조선후기 농촌의 현실을 그대로 보여준다. 김홍도는 당시의 부조리한 현실을 그림에 담아 표현했다.

• 마름은 사음舍音이라고도 불렸으며 조선중기 이후 등장한다. 양반은 아니나 지주를 대신하여 토지와 소작농을 관리, 감독하는 역할을 했다. 조선후기에는 마름의 횡포가 심했는데 지주의 권세를 믿고 소작농을 착취하는 사례가 빈번하게 일어났다.

타작 김홍도, 종이에 채색, 27.0×22.7cm, 보물 제527호, 국립중앙박물관
18세기 조선시대 농촌 풍경을 사실적으로 그린 그림으로 기록화로도 가치가 높다.
그림에는 당시 시대상뿐 아니라 김홍도가 바라보는 세상도 알 수 있다.

김홍도의 「타작」은 수확한 곡식을 타작하는 모습을 간결한 선으로 표현했는데, 여느 농촌에서나 흔히 볼 수 있는 풍경이었다. 이 그림은 『단원풍속도첩檀園風俗畵帖』에 있는 것으로, 한지에 간결한 선과 먹의 농담으로 명암을 처리했다.

조선시대에는 휴대하면서 감상할 수 있도록 화첩을 만들었다. 여러 장의 그림을 책의 형태로 붙이고 중앙을 접어 부피를 줄여 휴대하기 편하도록 한 것이었다. 간혹 전시장에서 세로로 접힌 자국이 있는 그림을 볼 수 있는데, 바로 첩의 형태로 제작되면서 접혔던 흔적이다. 『단원풍속도첩』은 1918년 당시에는 27점으로 구성되었으나 1957년에 군선도 2점이 족자로 꾸며지면서 지금의 25점으로 남게 되었다.

「타작」은 단원이 30대 중후반에 그렸을 것으로 추정된다. 김홍도 풍속도의 특징은 주변 배경이 없는 것이다. 배경 그림이 있더라도 거의 생략하여 형태만 그렸다. 그만큼 그림 속 인물들에 대한 집중도가 높으며 간결하면서도 생동감이 넘친다.

긍재兢齋 김득신金得臣도 도화서 화원으로 인물화와 풍속화를 잘 그렸다. 겸재 정선, 현재 심사정과 함께 삼재로 일컬어지는 화원이다. 김득신의 풍속화 역시 주로 일반 백성들의 생활상을 그렸다. 언뜻 보면 김홍도의 그림을 보는 듯하다. 그러나 김홍도 그림이 백자의 허리선처럼 말끔한 선으로 표현되었다면, 김득신의 그림은 투박한 질그릇을 보는 듯하다. 이 투박함이 오히려 백성들의 희로애락을 닮아 있어 정감이 간다.

김득신도 「타작」을 그렸다. 8폭 병풍 그림인데 제1폭에 농촌에서 타작하는 모습을 그렸다. 여러 명의 농부들이 열심히 타작하고 있고,

왼편에 시주하는 스님의 모습이 보인다. 오른쪽 중간에 마름으로 보이는 사람이 농부들을 바라보고 있는데 주변에 여지없이 술병이 놓여 있다. 김홍도의 그림과 동일하게 두 인물 군이 대조적인 모습으로 배치되어 있다. 열심히 가을걷이에 여념이 없는 농부들과 그런 농부들을 바라보는 지주이거나 마름으로 보이는 인물, 김홍도의 그림에서와 같이 조선후기 토지소유에 따른 노동의 차이를 극명하게 표현한 작품으로 볼 수 있다.

토지소유의 문제는 이성계의 대표적인 혁명 공약이었다. 이성계는 토지개혁과 개인이 소유한 군대를 혁파함으로써 왕권을 강화하고 백성의 지지를 얻었다. 일부 세력과 집단에 집중된 토지를 회수하여 토지소유에 대한 일대 개혁을 단행했다. 그러나 세월이 지나면서 배출된 공신*의 수는 점점 많아졌고, 이들이 소유한 대토지와 그 지위가 자손에 대물림되면서 또 다른 문제를 야기했다. 태종은 형제간 피의 권력다툼을 통하여 왕위에 올랐다. 그러기에 권력투쟁의 비정함을 누구보다 잘 알고 있었다. 자신의 뒤를 이을 왕은 이런 비정한 권력다툼을 하지 않도록 해야 했다. 그것이 세종의 권력구도에 장애가 된다고

---

* 건국 초인 태조에서 태종 연간에는 왕조의 건국과 더불어 '왕자의 난'과 관련하여 3차에 걸쳐 공신책봉이 있었다. 1392년(태조 1)의 개국공신, 1398년 제1차 왕자의난 직후의 정사공신, 1401년 제2차 왕자의난 후의 좌명공신이 그것이다. 이를 3공신이라고 했다. 세조가 집권의 기틀을 마련했던 1453년(단종 1)부터 1471년(성종 2)의 좌리공신 책봉까지 20년도 채 안 되는 기간에 5차례나 되는 공신책봉이 있었으며, 이 과정에서 공신이 된 사람이 무려 연 인원 250명에 달했다. 조선시대에는 이를 포함하여 1728년(영조 4) 이인좌의 난을 토벌한 뒤 내린 분무공신까지 모두 28차례의 공신책봉이 있었다.

사계풍속도, 8폭 중 제1폭 타작 긍재 김득신, 비단에 채색, 95.2×35.6cm, 삼성미술관리움
김홍도의 그림과 같은 주제로 그렸다. 김홍도의 타작은 배경이 없으나 이 그림에는 배경을 함께 그렸다.
김홍도의 그림보다 후대에 그려진 것으로, 김홍도의 그림을 보고 그린 것으로 추정된다.
백성들의 노동과 신분제도의 한 단면을 알 수 있다.

판단된 자들을 미리 제거하는 것이었다. 심지어는 세종의 장인 심온과 외척들도 사사되거나 심한 견제를 받았다. 이 덕분에 세종은 권력 투쟁을 하지 않고도 왕권 중심의 권력 기반을 이어갈 수 있었다. 집권 초기를 권력 기반을 다지기 위해 소모하는 대신 안정적인 국정운영을 펼쳤고, 그 결과 사회·경제·문화·과학·국방 등에서 괄목할 만한 업적을 남길 수 있었다.

　그러나 세종 이후의 조선 정국은 매우 불안정했다. 권력욕에 눈먼 수양대군이 무력으로 조카인 어린 단종을 끌어내리고 왕위에 올랐다. 이때 세종대 충신이자 실질적인 실세였던 김종서, 황보인이 참혹하게 살해당했고, 단종마저 유배지에서 쓸쓸한 죽음을 당했다. 왕위를 차지한 세조는 자신의 지지세력을 규합하기 위하여 수많은 공신을 양산했다. 공신들은 어마어마한 물질적, 정치적인 혜택을 부여받아 누렸다. 이후 조선의 역사는 혼란 속에 빠지게 되었으며 백성들의 삶은 더욱 어려워지게 되었다. 연산군 즉위 이후 일어난 무오사화와 갑자사화는 정국을 더욱 혼란에 빠뜨렸으며 중종반정 이후 이어지는 사림파와 훈구파 간의 갈등으로 정치권은 극도로 혼란에 빠지게 된다. 사림은 이성계와 타협하지 않았던 길재 등이 지방에 내려가 후학들을 길러내면서 시작되었다. 사림이 정계에 등장한 것은 김종직이 중앙에 진출하면서부터였다. 이들은 주자학적 원칙을 강조하며 정권의 물갈이를 요구하였다. 성종대에는 훈신과 사림 간의 정치적 입장은 달랐어도 직접적인 충돌은 없었으나, 성종 이후 대립이 격화되면서 사림세력이 많은 피해를 입는 사화가 발생하였다. 연산군 4년에 일어난 무오사화는 유자광을 비롯한 훈구대신들이 사림세력을 견제하기 위해 일으킨 사건이었다. 당시 사관이었던 김일손이 그의 스승 김종직의 「조의제문」을 사초에 기록한 것을 계기로, 유자광 등이 연산군을 충동하여 김종직 계열의 사림파를 제거했다. 갑자사화는 임사홍 등이 연산군을 부추겨 연산군의 생모를 폐위하는데 앞장섰던 세력들을 제거한 사건이다. 이 사건으로 훈구대신의 상당수가 제거되었지만, 사림세력 역시 큰 타격을 입으며 연산군 폐위 때까지 중앙정계에 진출하지 못했다. 거기에 엎친 데 덮친 격으로 임진왜란과 병자호란까지 발발하여 전 국토는 초토화되었고 백성들의 삶은 도탄에 빠졌다. 그런데도 정국은 주도권을 차지하기 위한 정쟁으로 몹시 불안정했다.

황폐한 토지와 전세제도

　　김홍도가 활동했던 때는 임진왜란과 병자
호란을 겪은 지 100여 년이 지난 후의 시기였다. 전란으로 황폐화된
토지가 양난 이전 수준까지 복구되었으며 급격히 줄어든 인구도 임
진왜란 전 수준으로 회복된 시기였다.

　조선시대 전국 전결 수에 대하여 조사한 기록을 보면 시기별로 전
결 수의 변화를 확인할 수 있다. 조선개국 초기인 태종 4년(1404)에 실
시한 토지조사에서는 전국의 전결 수가 931,835결結(농토의 면적 단위로 등급에
따라 면적 다름)이었던 것이 세종조에 와서 거의 두 배 가까이인 1,709,136
결로 늘었다. 농업진흥정책으로 농사법의 개량과 토지의 개간이 이루
어졌기 때문이다. 그러다가 임진왜란 이후 급격히 감소하였다. 수많
은 백성들이 왜군에게 희생되었고 토지가 황폐화되어 농사를 지을 수
없었기 때문이다. 전란의 피해가 얼마나 컸는지는 임진왜란 이후의
전국 전결 수의 감소를 보면 금방 알 수 있다.

　임진왜란 이전 전국 전결 수는 1,708,000결이다. 그것이 선조 34년

⁽¹⁶⁰¹⁾『선조실록』기사에는 300,000결로 줄었다고 기록되어 있다. 전란으로 경작 가능한 땅이 무려 1/6로 줄어든 것이다. 그러나 점차 황폐화된 토지를 복구하고 농업기술 향상에 힘입어 숙종 45년⁽¹⁷¹⁹⁾『증보문헌비고^{增補文獻備考}』에 의하면 1,395,333결로 증가했다. 그 후에도 전국의 전결 수는 점차 증가하여 순조 7년⁽¹⁸⁰⁷⁾에는 임란 이전의 면적으로 회복되었다.

조선시대 토지에 대한 단위는 오늘날과 같이 면적 기준으로 정한 것이 아니고 생산량에 따라 정하는 방식이었다. 소출량에 따라 면적에 차등을 주는 제도였다. 1파^把는 곡식 한 주먹이 생산되는 토지 면

조선시대 전국 전결 수의 변천

시 기	전결 수	전 거
태종 4년(1404)	931,835결	『증보문헌비고』 권 141, 田試考 1
세종 32년(1450)	1,632,006결	『세종실록』 지리지, 각도 총론
	1,709,136결	『세종실록』 지리지, 각읍 통계
임란 이전	1,515,591결	『반계수록』 권 6, 田制政說 하
	1,515,500결	『증보문헌비고』 권 141, 田試考 1
	1,708,000결	『증보문헌비고』 권 148, 田試考 8
선조 34년(1601)	300,000결	『선조실록』 권 140, 선조 34년 8월 무인
광해군 3년(1611)	542,000결	『증보문헌비고』 권 148, 田試考 8
인조 13년(1635)	895,491결	『인조실록』 권 31, 인조 13년 7월 임신
숙종 45년(1719)	1,395,333결	『증보문헌비고』 권 142, 田試考 2
영조 2년(1726)	1,220,366결	위와 같음
순조 7년(1807)	1,456,592결	『만기요람』 재용편 3, 田結

출전: 박종수, 1993, 「16·17세기 田稅의 定類化 과정」, 『韓國史論 30』, 서울대학교

적이고, 1속束은 10파를 생산하는 면적이었다. 이보다 더 큰 단위는 1 부負로, 10속의 곡식을 생산하는 면적으로 곡식 한 짐 정도였다. 가장 큰 단위는 1결結로 100부의 곡식을 생산하는 면적이었다. 일정하지는 않지만, 1결은 대략 3만 평에서 약 15만 평 정도의 토지로 보았다. 이 러한 토지 단위의 기원은『삼국사기三國史記』와 일본 정창원正倉院의『신 라장적新羅帳籍』에서 유래된 것으로 그 역사가 오래되었다.『신라장적』 은 신라시대 청주지방 4개 촌락의 경제생활 등을 파악할 수 있는 귀 중한 자료이다. 이 자료에는 촌락의 인구수, 연호수煙戶數는 물론이고 토지에 대한 종류와 그 넓이가 기록되어 있다.

조선시대에 토지의 단위를 생산량에 따라 정한 것은 조세를 화폐가 아닌 곡물로 거두어들였기 때문이다. 세종 이전까지 조선의 조세제도 는 고려 때의 제도 그대로 토지를 3등급으로 나누어 조를 거두어들였 다. 토지의 비옥도에 따라 생산량에 많은 차이가 나는데도 전국적인 조사를 거치지 않고 일괄적으로 시행한 것이다. 당연히 조세 형평성 에 대한 불만이 커질 수밖에 없었다. 상식적으로 토지가 비옥한 땅에 서는 많은 곡물이 생산되고 상대적으로 척박한 땅에서는 비록 그 넓 이가 넓을지라도 생산량이 적을 수밖에 없다. 그런데도 조세는 토지 의 상태와 상관없이 거두어들였기 때문에 부자는 더욱 부자가 되고 가난한 자는 더욱 가난해지는 현상이 일어났다. 그것이 세종조에 와 서야 개선하게 된다.

세종 26년(1444), 새로운 조세제도를 마련하여 고려 때부터 사용된 전 품 3등전을 폐지하고 전품 6등급으로 정했다. 토지를 1등급부터 6등 급으로 나누어 등급을 나누는 것이었다. 매해 흉년과 풍년을 고려하

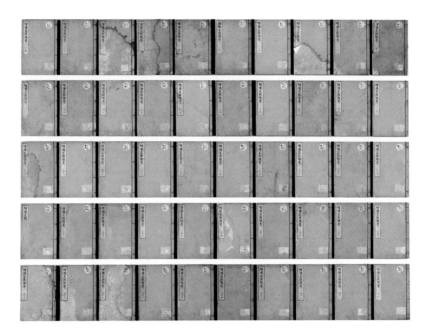

증보문헌비고 국립중앙박물관
구한말에 간행된 문물·제도를 분류하여 날짜 순으로 기록 정리한 책으로 일종의 백과사전이다.
16분야 250권으로 구성되어 있다. 1770년(영조 46)에 『동국문헌비고東國文獻備考』를 처음 편찬하였고,
1782년(정조 6)에 수정을 거쳐 『증보동국문헌비고增補東國文獻備考』로 편찬하였다.
구한말 1903년(광무 7)에 추가 수정을 거치게 되는데 당시 문물제도에 맞게 박대용 등이
수정 및 보완하여 『증보문헌비고』로 편찬하였다.

여 상상년, 상중년, 상하년, 중상년, 중중년, 중하년, 하상년, 하중년, 하하년의 9가지 연분年分으로 나누었다. 이렇게 나누어진 전품과 연분은 해마다 고을별 흉년·풍년에 따라 연분이 결정되면 각 전품에 따라 조세부과 기준을 달리하는 식이다. 즉, 단위 고을별로 흉년과 풍년에 따라 상중하로 나누고 나누어진 상중하에서 다시 각 등급을 상중하로 나누었다. 또 나누어진 9등급에서 6단계로 세밀하게 구분하여 조세를

부과했다. 상상년 1등급에서는 30말을 조세로 거두고, 흉년에 해당하는 가장 낮은 등급인 하하년 6등급에서는 1말5되를 거두었다. 곡물로 조세를 징수하던 당시의 상황에서 보면 토지의 비옥도와 흉년·풍년을 고려한 소출량에 따른 합리적인 기준을 마련한 것이었다. 그러나 연분구등법은 일일이 토지 비옥도를 조사해야 하는 번거로움이 있었다.

이후 전세제도는 여러 차례 수정되어 인조 13년(1635)에는 대규모 토지조사인 양전을 실시하여 토지의 비옥도에 관계없이 고정된 기준에 의하여 조세를 부과하는 영정법永定法을 시행했다. 수세지와 전세율 감소로 재정수입이 감소함에 따라 부족분을 채우기 위하여 각종 부가세에 따른 부담만 늘어가게 되었다. 영정법에 의하여 조세 징수가 부족한 부분은 다른 조세 명목으로 걷어갔기 때문에 실효성은 없는 제도였다.

백성들의 삶

임난 이후 전국 전결 수는 늘었으나 실질적인 소유자는 대부분 일부 지주와 세도가였다. 이 시기는 전세계적으로 소빙기에 해당한다. 자연재해로 인한 피해가 끊임없이 발생하던 시기였다. 조선왕조 시기 중 소빙기에 해당하는 시기는 1480년(성종 11)부터 1770년(영조 46)까지로 볼 수 있다. 이 시기 『조선왕조실록朝鮮王朝實錄』을 살펴보면 이상기후에 의한 자연재해 기록이 상당히 많다. 우박이 내린 기록이 2,000여 회이고, 서리가 내린 기록이 약 600여 회, 겨울철이 아닌 시기에 눈이 내린 기록이 약 400여 차례 기록되어 있다. 대부분 소빙기 시기에 집중적으로 나타났으며 이러한 이상기후 때문에 농업 생산량이 현저하게 감소했다. 21세기인 지금도 자연재해로 인한 농작물의 피해를 막을 방법이 제한적임을 감안한다면 이 시기는 어떠했을지 충분히 추측할 수 있다.

그런데 자연재해로 인한 피해는 고스란히 농민들의 몫이었다. 『조선왕조실록』에는 기근과 관련된 기사가 약 1,800여 건, 가뭄 관련 기사가 약 3,500여 건, 흉년과 관련된 기사가 약 6,500여 건 기록되어 있다. 조선시대 경제적인 기반인 농업 생산력이 현저히 감소했음을 알 수 있다.

농업 생산력의 감소는 백성들이 먹고살아야 하는 곡물량이 줄어들었다는 의미이고, 그만큼 백성들의 고통이 컸다는 것을 시사한다. 당시 백성들의 처참한 광경을 기록한 기사에서 농업 생산력의 중요성을 확인할 수 있다. 영조와 정조 시기에도 이러한 기사는 빈번하게 나타난다.

조선후기인 숙종대부터 순조대까지 『조선왕조실록』에 기록된 기사 중에서 몇 개의 키워드 검색을 하면 흥미로운 사실을 알 수 있다. 바로 "기근", "가뭄", "흉년", "구휼"이 숙종과 영조 그리고 정조 재위 시기에 유독 많이 나타난다는 것이다. 이 기록에 의하면 이 시대에 가뭄과 홍수 등의 자연재해로 흉년이 빈번하게 발생했고, 구휼을 실시했음을 알 수 있다.

영조는 82세까지 살아 조선 왕들 가운데 가장 장수했으며 52년이라는 긴 재위 기간을 자랑한다. 천수를 누림과 동시에 절대 권력인 왕위에도 가장 오래 있었다. 그러나 영조 재위 52년 동안 거의 한 해도 거

『조선왕조실록』 중 "기근", "가뭄", "흉년", "구휼" 기사 건수

구분 (재위)	숙종 46 (1674~1720)	경종 4 (1720~1724)	영조 52 (1724~1776)	정조 24 (1776~1800)	순조 34 (1800~1834)
기근	173	11	121	89	51
가뭄	227	25	256	152	53
흉년	551	44	453	422	175
구휼	138	9	155	167	70

르지 않고 수해와 가뭄 등 자연재해가 일어났고 이로 인한 기근으로 백성들의 고통이 막심했다. 영조 즉위 이듬해인 1725년에 이의천李倚天이 올린 글에는 공채와 사채의 처리 문제가 나온다. 매년 기근이 들어 피폐해진 백성들이 공채나 사채를 갚지 않고 죽는 경우 그 처리가 문제인데, 이런 경우 그 자손에게 징수하는 것을 금해 달라고 청하는 내용이었다.

조선시대의 공채는 현재의 공채와 개념이 다르다. 현재의 공채는 국가가 재원을 마련하기 위하여 발행하는 채권이지만, 조선시대의 공채는 백성들에게 현물을 빌려주고 돌려받는 형식의 제도를 말한다. 공채를 갚지 못하는 경우 엄격한 규정에 따라 관노비로 귀속시키거나 유배에 처하는 형벌이 내려졌다. 사채는 이보다 더 혹독하여 갚지 않을 경우에 상당한 대가를 치러야 했다. 기근으로 피폐해진 백성들은 오히려 구휼을 받아야 할 처지였으므로 공채와 사채를 갚을 길이 요원했다. 영조 1년(1725) 11월 3일, 영조는 검토관 권적으로부터 김제에서 벌어진 충격적인 사실을 듣게 된다.

신이 지난번에 남중南中에 가 보니 농사가 큰 흉년이 들어 백성이 모두 이리저리 흩어져서 옛날에 100가구였던 것이 지금은 10가구만 있었습니다. 또 듣건대 김제에 고씨 성을 가진 선비가 굶주림을 견디지 못하여 아내와 서로 헤어져 살기로 하자 아내가, '이런 참혹한 흉년을 만나 이제 앞으로 빌어먹고 다녀야 하니, 이제 무엇을 더 돌볼 것이 있겠습니까? 집에 키우던 개가 있으니, 청컨대 당신과 같이 잡아서 먹을까 합니다' 했습니다. 남편이 '나는 차마 손으로 잡을 수가 없다'고 하자, 아내가 '제가 부엌에서 목을 매어 놓을 테니까 당신은 밖에서 그것을 당기세요'라고 했습니다. 남편이 아내가 시키는 대로 하고 들어가 보니, 개가 아니고 바로 그의 아내였다고 합니다. 아주 감내하기 어려운 일이 없었다면 어찌 남편을 속이면서까지 자결을 했겠습니까?

영조는 이 소식을 듣고 관찰사에게 구휼을 지시했다. 그러나 기근으로 굶주림을 겪는 백성은 영조 10년(1734)에도 적지 않았다. 실제로도 그 수가 경상도 대구 등 28개 읍과 충청도 태안 등 11개 읍, 강원도 삼척 등 9개 읍, 평안도 정주 등 8개 읍에서 71,900여 명이라고 구체적으로 기록되어 있다. 영조 9년(1733)에는 함경남도와 강원도 지역인 고원·북청·문천·단천 지역에 진휼을 했는데, 다시 기근이 겹쳤다. 영조는 네 고을에 대하여 노비가 납부하는 신공身貢을 감하라고 하교했다. 또한 진휼청을 통하여 기근으로 굶어죽는 일이 없도록 하고 세를 감하거나 노역을 최소화하는 방안을 시행하게 했다. 그러나 백성들의 고통은 이러한 대책으로는 해결될 수 없는 상황이었다.

진휼청은 중종대부터 고종대까지 근 370년 동안 설치된 관청으로 곡물 가격을 조절하고 기근으로 어려움을 겪는 백성들을 구제하는 일을 담당했다. 진휼청에서는 풍년이 들어 곡물 가격이 내리면 비싼 값에 사들였다가 흉년이 들면 싸게 공급하는 역할을 했다. 물가안정 대책과 백성들을 구휼하는 역할을 동시에 한 것이다.

영조를 이어 왕위에 오른 정조 재위 기간에는 이상기후가 완화되어 가는 시기였다. 그렇지만 여전히 크고 작은 재해와 기근이 겹쳐 백성들이 어려움을 겪었다. 정조는 기근으로 허덕이는 백성을 구제하기 위하여 진휼청을 설치했다. 정조 1년(1777) 12월 10일에는 경기관찰사 권도權導가 장계를 올려 경기·경상·강원·충청도에 진제곡賑濟穀과 상진모常賑牟를 지급했다. 진제곡은 구휼 차원에서 곡식을 무상으로 나누어주는 것을 말하며, 상진모는 보리를 지칭하는 말이다. 흉년에 백성에게 무상으로 쌀과 보리 등을 지급하여 굶어죽는 일이 없도록 한 조치였다.

그러나 진휼청만으로는 광범위하고 많은 수의 백성들의 굶주림을 해결하기에는 역부족이었다. 조선후기 실학자 다산茶山 정약용丁若鏞(1762~1836)은 굶주림에 허덕이는 백성들의 참상을 시로 남겼다. 저서 『여유당전서與猶堂全書』의 시문집에 수록된 「굶주리는 백성들飢民詩」이 그것이다. '굶주림에 목은 따오기 목처럼 가늘어지고 살결은 닭 가죽처럼 변했고 밥 지을 곡식이 없어 우물물도 무용지물이니 몸의 형체는 유지하고 있으나 기력이 없어 제대로 가눌 수도 없다'고 읊고 있다.

야윈 목은 늘어져 따오기 모양　　槁項頹鵠形
병든 살결 주름져 닭 가죽일세　　病肉縐雞皮
우물 두고 새벽 물 긷지를 않고　　有井不晨汲
땔감 두고 저녁밥 짓지를 않아　　有薪不夜炊
사지는 그런대로 움직이지만　　　四肢雖得運
걸음걸인 맘대로 못하는 형편　　　行步不自持
너른 들판 매서운 바람 부는데　　曠野多悲風
슬픈 기러기 저물녘 어디로 가나　哀鴻暮何之

영조와 정조대뿐 아니라 조선후기에는 자연재해로 인한 기근이 여러 차례 있었다. 그중에서도 조선 역사상 최악의 대기근으로 기록된 것은, 경신대기근庚申大飢饉과 을병대기근乙丙大飢饉이었다. 경신대기근은 1670년(현종 11)~1671년(현종 12) 약 2년여 동안 지속되었고, 을병대기근은 1695년(숙종 21)~1699년(숙종 25)간 무려 5년여 동안 조선을 휩쓸었다. 두 재난 기간 동안 사망한 백성만 50만 명이 넘었다. 이상이었다. 특히 재난이 5년여 동안 지속된 을병대기근 때는 전염병으로 사망한 공식적인 사망자만 33만여 명이 넘었으니 그 실상이 얼마나 참혹했을지 짐작하고도 남는다. 사간원 헌납 윤경교尹敬敎가 올린 기근과 전염병

여유당전서 다산 정약용
정약용이 저술한 문집을 총 정리한 것으로 154권 76책의 활자본이다. 여유당은 정약용의 당호이며 1938년 신조선사新朝鮮社에서 발행되었다. 제1집은 시문집詩文集, 제2집은 경집經集, 제3집은 예집禮集, 제4집은 악집樂集, 제5집은 정법집政法集, 제6집은 지리집地理集, 제7집은 의학집醫學集이다. 『목민심서牧民心書』·『흠흠신서欽欽新書』·『경세유표經世遺表』·『아언각비雅言覺非』·『이담속찬耳談續纂』· 『강역고疆域考』·『마과회통麻科會通』 등은 전서 간행 이전에 단행본으로 출판되었다.

관련 상소를 보면 그 폐해가 어느 정도인지 가늠할 수 있다. 상소에는 임진왜란의 참혹함도 이보다 지나치지 않다고 하며 굶거나 전염병으로 사망한 백성의 수가 백만여 명에 이른다고 나온다. 정확한 통계는 아니었지만 그만큼 많은 백성이 죽었다고 볼 수 있다.

정약용은 기근의 참상을 강진 유배지에서 목도했다. 기사년(1809, 순조 9)과 갑술년(1814, 순조 14)의 대기근이었다. 공식적인 기록은 없으나 이 기근으로 인한 피해는 엄청났을 것으로 짐작된다. 영조 재위부터 순조 재위 기간 동안 굶주리는 백성들의 구휼 대책으로 사용한 곡물의 양은 적지 않았다. 그러나 지방 관아들의 부정으로 진휼미가 제대로 백성들에게 전달되지 않았고, 부유한 자는 재력을 이용하여 땅과 집을 매집하여 재산을 늘리는 일도 벌어졌다. 이러한 환경에서 백성들의 삶이 복구되기란 쉽지 않았을 것이다.

양반 사대부, 경화사족의 삶

여봐라! 악공들은 어서 흥겨운 곡을 연주해라! 어디 가야금 산조 한번 들어볼까? 주변에 꽃이 만발하고 벗들이 함께하니 이 어찌 즐겁지 않은가! 참 좋은 날이로다!

「상춘야흥賞春野興」이라는 제목의 이 그림은 사대부 양반들의 유희 광경을 그린 그림이다. '봄을 맞아 들판에서 여흥을 즐기다'는 제목처럼 그림으로도 그 흥이 전해질만큼 더할 나위 없이 즐거운 광경이다. 야트막한 뒷산 언덕에 핀 꽃은 봄을 알리고, 따스한 봄볕을 받은 땅은 푸근하기도 할 것이다. 산과 들에 겨우내 움츠렸던 생명의 싹들이 파릇파릇 돋아나는 계절, 봄. 따뜻한 봄기운 완연한 어느 집 후원에서 지체 높아 보이는 두 양반이 한판 여흥을 즐기고 있다. 두 양반 사이에 앉은 여인들은 차림새로 보아 기녀가 틀림없고, 그 앞에는 거문고, 아쟁, 대금을 연주하는 악공들이 보인다. 거의 모든 사람들의 시선이 거문고를 연주하는 악공에게 쏠려 있는 것으로 보아 거문고 연주를

상춘야흥, 혜원풍속도첩 중에서 신윤복, 종이에 채색, 28.2×35.6cm, 국보 제135호, 간송미술관
혜원 신윤복은 김홍도와 동시대의 도화서 화원으로 풍속화를 비롯하여 다양한 화제의 그림을 남겼다.
도탄에 빠진 백성들의 삶과 유리된 양반 사대부들의 삶을 엿볼 수 있다.

시작으로 본격적인 여흥이 시작될 모양이다. 아쟁을 연주하는 악공도 거문고를 연주하는 악공과 맞추어 연주하려고 주시하고 있다. 술상을 가지고 들어오는 아녀자도 거문고에 시선이 고정되어 있다. 악공들 뒤, 그림 맨 아래 축석이 보이는 것으로 보아 아마도 여흥을 즐기고 있는 장소는 야외가 아니고 두 양반 중 어느 한 사람의 집 후원 연못 가로 짐작된다. 따스한 봄날에 기녀와 함께 악공의 연주를 들으며 즐기니 얼마나 흥겹겠는가. 연못이 있는 후원에서 기녀와 악공을 대동하고 여흥을 즐길 정도면 상당한 지위의 고관대작이거나 대부호일 것이다. 차림새로 보아 대부호라기보다는 고관대작으로 보인다.

18세기 말 조선은 이상기후로 인하여 극심한 흉년이 들어 백성들의 피해가 상당했다. 구휼청을 설치하는 등 백성들을 살리기 위해 갖은 방법을 동원하던 시기였다. 당장 먹고살 곡식도 없어서 그해 농사는 꿈도 못 꾸는 상황이었다. 봄철은 일 년 중 먹을 것이 가장 없는 춘궁기이다. 또한 환곡還穀으로 백성들에게 빌려주는 곡식의 양이 급격히 증가하는 시기이기도 했다. 환곡은 각 고을의 사창에 곡식을 저장했다가 춘궁기인 봄철에 꿔주고 가을에 이자를 더하여 거두던 구휼제도 중 하나였다. 이렇게 일반 백성들은 먹고사는 문제로 생과 사를 오가고 있는데, 고관대작들과 사대부들은 전혀 다른 세상에서 살고 있었다.

단원 김홍도와 혜원惠園 신윤복申潤福은 조선후기 대표적인 풍속화가이다. 김홍도는 주로 일반 백성들을, 신윤복은 사대부와 중인계급의 사람을 그렸다. 곡식을 거두어 타작하는 모습, 소 두 마리가 끌며

쟁기질하는 농부들의 모습, 부인은 아이를 업고 남편은 지게에 짐을 가득 지고 어디론가 장사 떠나는 모습, 나무가 가득한 지게를 한쪽에 눕혀놓고 고두놀이에 빠져있는 젊은이들의 모습 등 김홍도는 백성들이 살아가는 모습을 익살과 해학을 담아 생동감 넘치게 그렸다. 반면 신윤복의 그림은 김홍도의 그림과는 사뭇 다르다. 신윤복의 그림을 보면 그가 살았던 동시대 선비들의 생활 모습을 엿볼 수 있다. 어느 산중에 삼현육각三絃六角을 불러 기녀와 어울려 춤추는 모습, 당시 궁중과 일부 계층에서만 즐겼던 투호를 기녀와 함께 즐기는 광경, 한잔 걸치고 무슨 이유에서인지 시비가 붙어 웃통을 벗고 싸울 듯한 기세로 호기를 부리는가 하면, 기녀들을 말에 태우고 어디론가 꽃놀이 가는 모습 등이 그것이다.

신윤복은 김홍도 못지않게 산수화와 풍속화를 잘 그렸다. 도화서 화원이면서 종3품 서반 무관인 첨절제사까지 지냈다. 신숙주의 10대 방계 후손으로 집안이 대대로 도화서의 화원이었다. 신윤복 또한 아버지 신한평의 뒤를 이어 화원이 되었다. 18세기 말 사대부의 생활상을 풍자한 풍속도는 『신윤복필풍속도화첩申潤福筆風俗圖畫帖』에서 볼 수 있다. 신윤복이 그리고 짤막한 글이 곁들여진 이 화첩은, 특히 화려한 채색의 여인을 등장시켜 유명하다.

신윤복의 사망 연대는 정확히 알려진 바가 없으나 마지막 작품 활동 시기가 1813년(순조 13)으로 알려져 있다. 영조 중반기부터 정조, 순조 중반기까지 생존하여 활동했으니 이 시기는 소빙기로 인한 자연재해로 백성들이 끼니조차 제대로 때우지 못하던 때였다. 감당하기 어려운 세금과 지방관들의 횡포에 못 이겨 대대로 살아오던 터전을 버리고 떠나는 백성들이 줄을 잇던 시기이기도 했다. 각 지역에서 굶어 죽는 백성들을 구휼하기 위하여 노력했으나 백성들은 기아에 허덕이고 세금에 내쫓기고 있었다. 그러나 사대부 양반들의 삶은 이와는 딴판이었다. 그런 삶의 단면을 신윤복의 『풍속도화첩』에서 볼 수 있다.

『정조실록』 17년(1793) 10월 15일자 기사에는 다음과 같은 기록이 있다. 정조가 황해도 관찰사 이조승李祖承의 관직을 삭탈하라고 명령한 것인데, 그 이유는 이조승이 백성을 구휼하는데 소홀했다는 것이었다. 그가 관찰사로 있던 황해도 연안 백성들 가운데 떠돌며 돌아오지 못한 백성의 수가 591호나 되었다. 영조대 호당 인구수가 4.2명을 감안하면 약 2,370여 명의 백성이 유랑한 것이다. 당시의 인구수를 감안하면 결코 적지 않은 수였다. 정조는 백성을 제대로 돌보지 않은 이조승을 버슬명부에서 삭제하고 새로운 관찰사를 파견했다. 백성의 어려움과 아픔을 알고 이를 해결해야 함을 강조한 것이다.

정조 2년(1778), 사간원 송전宋銓은 일부 관리들이 놀이에 거액을 사용하는 실태를 상소로 올렸다. 구휼책으로 쓸 곡식의 양이 날로 줄어가고 있어 조정에서도 근검절약하고 있던 차였다. 그런데 일부 관리들은 평상시에도 풍악을 울리며 자신의 세를 과시하고 있었다. 한 장소에서 놀이 비용으로 3,4만 전이라는 거액을 쓰기도 했다. 3,4만 전이면 오늘날 화폐가치로 어림잡아 환산하여도 4,5천만 원이니 당시로는 어마어마한 거액이었다.

18세기 후반 조선사회는 향락적인 문화가 성행했다. 자연재해로 피해가 막심하던 18세기 후반의 조선에서 향락을 일삼은 계층은 권력과 경제력을 거머쥐고 있던 양반 사대부와 일부 중인 계층뿐이었다. 사대부 양반들은 대대로 물려받은 전답과 노비를 기반으로 부를 계속해서 축적했다. 일부이긴 했으나 중인 계층에서도 상업을 통하여 상당한 부를 쌓은 자들이 나오기도 했다.

신윤복의 『혜원풍속도첩』 중 「납량만흥納凉漫興」(피서지에서 흥이 오르다)은 이를 잘 보여준다. 어느 산 넓은 평지에서 양반 셋이 기생과 함께 흥겨운 춤판을 벌이고 있는 장면이다. 네 명의 악공까지 동원되었다. 주변이 바위로 둘러싸여 있어 악공의 연주 소리가 더욱 선명하게 들릴 것 같다. 기생과 춤을 추고 있는 선비는 흥에 취한 듯 도포자락을 휘날리며 리듬을 타고 있다. 악공과 기생을 동반한 이러한 여흥은 일반 백성들은 상상도 할 수 없는 사치요, 향락이었다.

신윤복이 그린 사대부들의 향락적인 문화는 이것 말고도 여럿 있다. 『혜원풍속도첩』 중 「주유청강舟遊清江」(맑은 강에서 뱃놀이를 하다)은 귀족적인 향락문화를 잘 보여준다. 양반 셋이 배를 띄우고 기녀들과 뱃놀이를 하는 모습을 담고 있다. 왼쪽의 갓 쓴 양반은 턱을 괸 채 강물에 손 씻고 있는 기녀를 지그시 바라보고 있다. 오른쪽 양반은 담뱃대에 불을 붙여 기녀에게 건네주고 있는데, 한 손은 기녀의 어깨를 감싸 안고 얼굴을 응시하고 있다. 배는 기녀의 생황 연주와 젊은 악공의 피리 소리가 한데 어우러져 잔잔한 물결을 따라 흐르고 있는 듯하다. 이 그림의 오른쪽 위 신윤복이 직접 써 넣은 짧은 글은 그 정취를 더한다.

笛晚風聽不得	피리 소리는 바람을 타서 아니 들리는데
白驅飛下浪花前	흰 갈매기가 물결 앞에 날아든다

납량만흥, 혜원풍속도첩 중에서 신윤복, 종이에 채색, 28.2×35.6cm, 국보 제135호, 간송미술관
혜원풍속도첩은 30점으로 되어 있으며 1934년 간송 전형필 선생이 일본 현지 야마나카 상회에 가서
2만5천 원(현재 화폐가치로 약 75억 원)의 거금을 주고 구입하였다.
간송이 당시 국내에 들여오지 않았다면 지금쯤 일본 땅 어딘가에 있었을 것이다.

주유청강, 혜원풍속도첩 중에서 신윤복, 종이에 채색, 28.2×35.6cm, 국보 제135호, 간송미술관

백성들은 기아에 허덕이며 생사를 오가는 시기에 양반 사대부들은 거액을 들이며 사치와 향락을 일삼았다.

무척이나 낭만적인 이 짧은 화제는 백성들의 삶과는 유리된 세계를 대변하고 있다. 양반 사대부들의 이러한 향락적인 유희에는 상당수의 노비와 기생이 동원되었다. 유희 비용도 상당했을 것으로 추측된다. 백성들은 등골이 휘도록 일해도 가뭄이 들어 굶주리고 있는데, 지배층인 양반 사대부들은 향락을 즐기며 거금을 소비하고 있었다. 송전이 올린 장계에서 언급된 관리들의 향락 비용이 3,4만 전이었으니 뱃놀이는 이에 못지않은 비용이 들었거나 더 많이 들었을 것이다. 조선후기의 화가로, 추사체를 잘 썼으며 그림에도 능한 우봉又峰 조희룡趙熙龍이 남긴 글은 그 규모를 구체적으로 전한다. 조희룡은 뱃놀이에 어마어마한 돈을 사용한 뒤 후회하는 자신의 모습을 한탄하는 시를 썼다.

서호에서 뱃놀이를 했는데 3일 동안 먹고 마시고 기생에게 뿌린 돈이 무려 3만 전이었다.

한양을 기반으로 생활하던 양반들을 경화사족京和士族이라고 불렀다. 경화사족들과 관료들은 호화롭고 사치스러운 생활을 영위했다. 뿐만 아니라 값비싼 골동품과 서적을 사들여 집을 꾸미고 과시하는 데에 몰두했다. 특히 중국의 서책, 서화, 골동품 수집에 열을 올렸는데, 이로 인해 문제가 일어나기도 했다. 정조 16년(1792), 정조가 박종악朴宗岳과 김방행金方行을 불러 중국에서 수입되는 잡서의 수입을 금하고 사행에서도 반드시 필요한 서적만을 가지고 오라는 하교를 내렸다. 무분별하게 수입되는 서적으로 인한 폐단을 막고자 내린 조치였다.

경화사족의 대표적인 인물인 풍고楓皐 김조순金祖淳은 집안에 약 100여 명의 식솔을 거느릴 수 있는 경제력을 갖고 있었다. 실제로 김조순의 경제력을 알 수 있는 부분이 기록에 남아 있다. 1819년 12월, 태원사泰元寺에서 시회를 열어 인사들을 초청하고, 당대 바둑의 명인, 성악가, 악공들을 동원했다. 경제적인 여유와 권력을 갖고 있던 경화사족들은 시회 모임을 자주 가지면서 결속을 다졌다. 이러한 모임에 동원되는 인원만 3,40명이 넘었고 매우 호화로웠다. 경화사족들은 일반 백성들의 고통 따위는 아랑곳하지 않았다. 오직 자신들이 소유하고 있는 막강한 권력과 부를 극대화하고 누리는데 치중했다. 김조순을 비롯한 경화사족들은 이후 조선후기의 세도정치를 이끌면서 조선 정국을 위태롭게 몰아갔다. 백성들을 위한 정치보다는 자신들의 안위를 도모하는 정치를 함으로써 백성들을 도탄에 빠지게 했다. 세도정치는 태생적으로 권력의 집중으로 이어지고 권력의 집중은 노론으로 대표되는 특정 집단과 척신으로 구성된 인물을 중심으로 이루어졌다. 이들은 겉으로는 위민정치를 표방했지만 실제로는 특정 집단과 자신들의 이익을 취하는 데 몰두했다.

영조 승하 이후 정치권력은 척신들의 소유가 되었고 이들은 마음껏 권력을 향유했다. 영조와 정조는 재위 동안 검약과 절약정신을 끊임없이 강조했다. 왕실의 제사나 능침을 손보는 경우에도 백성들에게

● 김조순(1765~1832)은 노론 시파時派로, 대제학을 지냈으며 딸인 순원왕후가 순조의 왕비로 책봉되면서 안동 김씨 세도정치의 기반을 마련했다. 문장에 능하고 죽화를 잘 그렸다. 저서에는 시가와 산문을 엮어 1854년에 간행한 『풍고집楓皐集』이 있다. 종묘에 배향된 96현 중 한 명으로 종묘 배향공신이 되었다.

피해가 가지 않도록 조심했다. 조정의 신하들에게도 백성들의 어려움을 몸소 느끼고 일상생활에서 검약할 것을 강조했다. 그러나 고관대작들은 이를 비웃기라도 하듯 정치권력을 토대로 막대한 부를 축적하고 자신들의 안위만을 챙기며 향락을 일삼았다. 이로 말미암아 이후 조선의 정치권력은 걷잡을 수 없는 혼돈을 거듭한 뒤 집단적으로 나라를 팔아먹기에 이른다.

토지 집중화는 양극화로

———————————————

일재一齋 김윤보金允輔는 구한말의 화가로 풍속화첩과 영모화翎毛畵, 산수화가 전해지고 있다. 기록이 남아 있지 않아 구체적인 행적은 알 수 없지만, 풍속화첩에 조선후기 농촌의 모습을 담은 그림 몇 점이 있어 그의 그림 세계를 들여다볼 수 있다.

김윤보의 풍속화는 김홍도, 신윤복과는 다른 그만의 특징이 있다. 김홍도나 신윤복의 풍속화는 선이 부드럽고 간결하며 세련된 느낌을 준다면, 그의 풍속화는 약간 거친 선으로 사물과 인물을 표현했다. 매끄럽지도, 세련되지도 않은 필선은 김득신의 필치와 비슷하다. 거친 선과 인물의 순간 동작에 대한 표현력이 다소 미숙하여 생동감도 떨어진다. 그렇지만 오히려 그런 거친 느낌이 당시 백성들의 삶과 잘 어울리는 묘한 매력이 있다.

김윤보도 「타작」을 그렸다. 이 그림에서는 김홍도의 「타작」에서는 볼 수 없었던 매우 흥미로운 광경을 볼 수 있다.

어느 집 마당에서 타작하는 모습을 그렸는데, 장정 셋이 도리깨질

을 하고 있고, 한 사람은 빗자루로 이리저리 튄 낟알을 쓸어 모으고
있다. 그런데 빗자루질을 하고 있는 사람의 차림새가 다른 세 명하고
다르다. 옷차림새와 머리에 쓴 탕건으로 보아 분명 농민은 아니고 글
깨나 읽은 양반으로 보인다. 김홍도의 「타작」에서는 마름으로 보이는
사람이 비스듬히 누워 장죽을 물고 타작하는 농부들을 감시하고 있었
다면, 김윤보의 「타작」에서는 양반이 직접 노동에 참여하고 있다. 조
선시대에 양반이 직접 노동에 참여한다는 것은 정말로 파격적인 일이
아닐 수 없다. 이 그림을 통해 조선후기 이후 급격하게 변했던 신분
동요와 농업 환경의 변화를 파악할 수 있다.

조선은 철저한 신분사회였다. 처음에는 양인과 천민으로 신분을 구
분한 양천제良賤制였으나 점차 양반과 상민으로 구분되는 반상제班常制
신분사회로 바뀌었다. 양반은 문관과 무관을 가리키는 말로, 왕을 중
심으로 동쪽에는 문관이, 서쪽에는 무관이 도열해 있어 양반이라 했
다. 양반은 조선사회를 지배하는 계층으로 실질적인 권력을 쥐고 있
었다. 그리고 그 권력을 기반으로 부를 축적하고 대토지와 노비를 소
유했다.

조선시대 토지제도의 변천 과정을 살펴보면 권력층의 변화와 함께
대토지소유의 흐름을 확인할 수 있다. 태조 1년(1392)에 과전법이 시행
되었다. 관료에게 지급하는 월급에 관한 법으로, 일정 토지에 대한 관
리 감독과 세금을 거두어들일 수 있는 권한인 수조권收租權을 부여했
다. 수조권은 토지에 대한 소유권은 없고, 생산된 작물에 대하여 생산
량의 10분의 1을 세금으로 거둘 수 있는 제도였다. 따라서 수조권은
세습이 불가했다. 그러나 불법적으로 세습하는 일이 많았고, 급기야

벼 타작, 풍속도첩 중에서 일재 김윤보, 종이에 채색, 19세기, 개인소장

농민층의 붕괴로 지주층도 가벼운 노동이나 직접 생산활동에 참여해야 하는 당시 현실이 반영되어 있다.
김윤보는 근대 화가로 산수·인물·풍속화 등에서 뛰어난 실력을 인정받았다.
1922년 제1회 조선미술전람회에 「하당독서夏堂讀書」라는 작품을 출품하여 입선하였다.
그러나 천황에게 그림을 헌상하고 1937년 조선총독부 법무국 행형과에서 발간한 『형정도첩刑政圖帖』을
발간하는 등 친일 논란이 있다.

거듭된 세습으로 인해 관료에게 지급할 토지가 부족한 지경에 이르게 된다. 토지제도의 붕괴로 개혁의 대상이 되었던 고려말의 상황이 조선에서도 똑같이 나타난 것이다.

이러한 과전법의 문제점을 보완한 제도가 직전법職田法이다. 세조 12년(1466)에 시행된 이 제도는, 현직 관료에게만 수조권을 지급하는 것이었다. 과전법 하에서 벌어진 불법적인 세습으로 관료에게 지급할 토지가 부족해지고, 국가재정이 어려워지자 이를 방지할 목적으로 만들어졌다. 그러나 무엇보다 세조의 정치적인 의도가 다분히 깔려 있었다. 세조는 계유정난으로 왕권을 차지한 후 공신에 대한 예우를 철저히 했다. 비정상적인 방법으로 권력을 차지한 만큼 왕권 확립과 지지기반을 튼튼히 하기 위한 조치가 필요했던 것이다. 그러나 관리들 입장에서 직전법은 현직에서 물러나면 경제적인 기반을 상실하는 것과 같았다. 이러한 점을 모를 리 없는 관리들은 자신들의 경제적인 기반을 다지기 위하여 수조지에서 과도한 세금을 거두어 부를 축적했다. 그만큼 농민들의 고통이 커질 수밖에 없었다. 가혹한 수탈로 농민들의 삶은 점점 벼랑으로 몰렸다.

이러한 문제점을 보완하기 위해 성종은 1470년(성종 1)에 관수관급제官收官給制을 시행했다. 수조권은 유지하되 관청이 수조지에 직접 관리를 파견하여 생산량을 조사한 후 생산량의 10분의 1을 거두어 수조권자인 관리에게 지급하는 제도였다. 나라에서 직접 수조권을 관리하면 수탈을 막을 수 있을 것이라고 생각하여 시행한 제도였으나 이를 비웃기라도 하듯 수탈은 여전히 지속되었다. 관리들은 자신들이 직접 거둘 수 있는 수조권이 없어지자 농민으로부터 불법적으로 과도한 수

조를 거두었다. 거두어들인 수조를 토지 매입에 사용하며 경제적 이득을 취하는데 혈안이 되었다. 관수관급제는 수조권으로 인한 폐해를 없애고자 했으나 오히려 지배층의 토지소유 증가를 가속화시키는 결과를 가져오고말았다. 농민들은 과도한 조세로 삶이 더욱 피폐해지고 소작농으로 전락되어갔다.

그러자 명종 11년(1556), 직전법을 폐기하고 관리들에게 녹봉, 즉 화폐로 급여를 지급하게 된다. 그동안 운영된 토지제도로는 수조권을 행사할 수 있는 토지가 절대적으로 부족하게 되어 국가재정이 점점 궁핍하게 되었기 때문이다. 이로써 태조 이성계가 개혁의 제1 목표로 삼았던 토지개혁은 과전법을 시작으로 어느 정도 성과를 거두었다고 할 수 있다. 그러나 농업생산의 가장 중요한 요소인 토지에 대한 근본적인 개혁이 지속적으로 이루어지지 못해 조선후기로 갈수록 뿌리 깊은 문제로 남게 된다. 토지제도 개혁은 원칙에 의하여 시행하는 것이 가장 중요하다. 그러나 개혁안을 만들 때마다 권력자들의 입김에 따라 이런저런 예외적인 조항을 두어 원래의 취지에서 벗어났고 결국 제도의 근본마저 흔들렸다.

조선후기 토지와 관련된 가장 큰 문제점은 토지소유와 관련된 것이었다. 토지소유는 곧 경제적인 부와 권력을 의미했다. 중앙권력과 손닿은 권문세도가들은 대토지를 소유한 지주로서 토지를 농민들에게 소작을 주어 대리 경작하게 했다. 대지주는 소작농으로부터 생산량의 절반 또는 일정 비율을 거두는 방식으로 부를 축적했다. 중소지주들은 노비를 통하여 경작했다. 그러나 노비가 없는 경우에는 품앗이나 일용 노동, 또는 자신이 직접 노동에 참여하는 수밖에 없었다.

김윤보의 「타작」은 중소지주층이 직접 생산활동에 참여하는 모습을 보여준다. 조선사회는 엄격한 신분사회이나 조선후기에는 경제적인 능력에 따라 점차적으로 신분질서가 무너지고 있었다. 토지의 사유화가 꾸준히 진행되면서 부를 축적한 계층은 양반계층에 편입할 수도 있었다. 이와 반대로 권력에서 멀어지면 부도 약화된다. 이런 경우 소유하고 있던 토지를 매각하거나 직접 경작을 하기도 했다. 토지를 소유하지 못한 계층은 자신의 노동력을 제공하고 그 대가로 임금을 받는 노동자층으로 전락했다. 이들은 품을 팔아서 생계를 이어갔는데, 조선후기에 들어서면서 점차 증가하는 추세였다.

조선후기 신분제의 변동을 불러온 가장 큰 요인은 공명첩空名帖 제도였다. 임진왜란 때 공을 세운 사람이나 곡식을 바친 자에 대한 보상책으로 공명첩(이름이 적히지 않은 임명장)을 발행하여 관직에 임명했는데, 일종의 명예직이었다. 공명첩은 국가가 변란을 당했을 때 논공행상이나 국가재정을 확충하기 위해 발행했다. 사찰의 중수 비용 또는 구휼자금 마련에도 활용했고, 기근이 심했던 시기에는 집중적으로 발행했다. 숙종 16년(1690)에는 백성들을 구휼할 목적으로 2만여 장을 발행하여 전국 각지에 팔았고, 자하문 밖에 있는 곳간과 북한산에 있는 절을 건축한다고 500여 장을 발행하기도 하였다. 영조·정조 시기에는 주로 구휼 목적으로 발행했다. 순조 시기에는 기록상으로 25,000여 장이 넘는다. 고종대에는 화재로 소실되거나 중건이 필요한 사찰에 주로 발행되었다. 함흥의 귀주사歸州寺, 수원의 용주사龍珠寺, 대구의 동화사桐華寺, 고성의 유점사楡岾寺 등이었다.

그러나 공명첩의 남발은 지방 관리들의 폐단으로 이어져 재정 확충

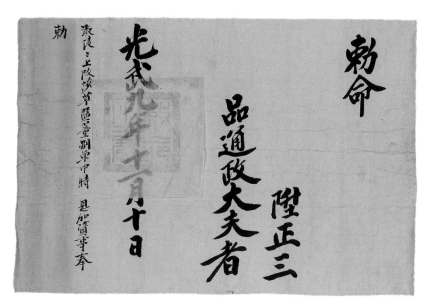

공명첩 1905년(광무 9), 대한제국, 38.8cmx57.9cm, 국립중앙박물관
고종에 의하여 발급된 공명첩이다. 이름을 적는 난이 비어 있으며 정3품 통정대부에
올려준다는 것과 숙릉(淑陵, 조선 태조의 증조모인 정숙왕후貞淑王后 최씨의 능)의 잡초 제거를
감독한 자에게 특명으로 품계를 올려준다는 내용으로, '칙명지보勅命之寶'가 찍혀 있다.

이라는 미명하에 매관매직이 성행했다. 오늘날까지 전하는 공명첩
을 보면 이름이 적혀 있지 않은 문서가 상당히 많다. 공명첩을 발행
할 때는 누구에게 발행했는지 구체적으로 기록해야 하는데 남발하
다 보니 제대로 관리가 되지 않았던 것이다. 조선후기 농·공·상업의
발달로 부를 축적한 각 계층들은 자신의 신분상승을 위해 공명첩을
사들였다. 신분상승이 필요한 계층의 욕구와 재정 확충이라는 정부의
이해관계가 맞아떨어진 것이다.
　이렇듯 조선후기 이후 토지소유에 변화가 생기면서 신분질서도 점

차 파괴되어 전통적인 신분사회 구조가 무너지고 있었다. 경제력의 이동에 따라 신분 변화가 가속화되는 현상이 일어난 것이다. 이 과정에서 주목해야 할 것은 어떠한 계층이 대토지를 소유하게 되었고, 그 과정이 어떻게 이루어졌는지 확인하는 일이다. 오늘날에도 끊임없이 사회적인 문제로 제기되고 있는 부의 편중을 알 수 있기 때문이다.

조선후기에는 신분이동이 가능할 정도로 부를 축적한 상민이나 중인들이 등장했다. 그러나 당시의 토지소유 현황을 보면 부의 편중이 심각하게 진행되었음을 확인할 수 있다. 당시 부의 편중은 토지소유의 집중으로, 특정 계층과 특정 집단이 거대 토지를 소유하는 현상으로 나타났다. 오늘날 부의 축적은 다양한 재화를 통하여 가능하지만 이 시대에는 토지와 생산수단인 노비의 소유 여부였다. 그중에서도 토지는 가장 중요한 부의 축적 수단이었다. 조선의 토지제도의 흐름을 분석해보면 제도 자체의 허점이 보인다. 과전법을 시작으로 녹봉제 시행까지 약 160여 년 동안 몇 차례 토지제도 개혁안이 만들어졌으나 제대로 시행되지 못했다. 권력층에게 과도하게 지급된 토지가 문제였다. 이들은 수조권만 있었으나 불법적으로 규정 이상의 세금을 거두어 농민들을 수탈했으며, 관수관급제를 시행할 때에도 갖은 방법을 동원하여 부를 축적했다. 농민들이 과도한 세금을 감당하지 못하면 그것을 빌미로 불법적으로 토지를 매입하기도 했다. 국가가

• 조선후기에는 장시場市가 발달하여 전국에 약 1,000여 개가 열렸다. 시장경제가 활발해지면서 화폐 유통도 증가하였다. 또한 대외무역도 활발히 일어나 청과의 무역이 증가하였다. 이 과정에서 부를 축적한 계층이 등장하였다. 이들은 축적한 부를 기반으로 공명첩을 사들여 자신과 자손의 면역이나 지방 양반으로의 신분상승을 꾀하였다.

관리에게 지급하던 토지는 경기도 일대의 비옥한 땅이었다. 그 땅에서는 생산되는 곡물도 많았고 경제적 가치도 높았다. 세습을 금지했으나 예외 조항이 많아 수신전·휼양전·공신전·군전 등을 통하여 합법적으로 세습을 했다. 세습은 권력자와 그들과 관련 있는 사대부들이 부를 축적하는 데 악용되었다. 조선후기의 토지소유와 관련된 변동을 보면, 사대부 양반들이 소유하고 있는 토지는 급격히 증가하고 그 외의 계층이 소유하고 있던 토지는 급격히 감소하는 것을 확인할 수 있다.

「대지주 소작료 납입」이라는 김윤보의 그림은, 소작인들이 소작료로 내는 쌀가마니를 나르고 있는 광경을 그렸다.

그림 중앙에 있는 소작인은 지주에게 무엇인가를 설명하고 지주는 그 설명에 어떤 응대를 하고 있다. 다른 한 사람은 소에서 내린 쌀가마니를 지고 어디에 놓을까 앞을 살피고 있다. 그림 우측 상단에 쓰여 있는 화제는 소작료 납입을 주제로 하고 있다. 그런데 이 그림에서 주인공은 지주와 소작인이 아니라 마당에 있는 닭과 소인 듯한 느낌이 든다. 소의 입꼬리는 한껏 위로 올라가 있고 눈은 웃음주름을 한 채 닭을 바라보고 있다. 화들짝 놀라 홰치며 도망가는 닭을 보면서 즐기는 표정이다. 소작인들과 소의 방문에 닭은 어지간히도 놀랐나 보다. 양 날개를 활짝 펼치고 두 다리를 쭉 뻗어 필사적으로 도망가려는 모습이 우스꽝스러울 만큼 과장되어 보인다. 그러나 이 움직임으로 불청객의 등장이 갑작스럽게 일어났음을 보여주기도 한다. 평화롭던 마당에 장정 두 명과 소까지 들이닥쳤으니 닭의 입장에서는

대지주소작료납입, 풍속도첩 중에서 일재 김윤보, 종이에 채색, 19세기, 개인소장
이 그림은 우화적인 요소가 가미되어 시사성이 강조되었다.
무거운 쌀가마니를 옮기는 소작인과 가축의 묘한 대조가 그림에 생기를 불어넣고 있다.

화들짝 놀랄 만하지 않은가. 어쩌면 대낮 볕에 꼬박꼬박 졸고 있었는지도 모른다. 미소 띠고 있는 소와 필사적으로 도망치는 닭이 이 그림에 생동감을 불어넣고 있으며 풍속화 특유의 정겨움과 해학을 느끼게한다. 투박하고 간단한 필치로 그린 그림이지만 조선후기 대지주와소작인의 관계, 당시 농촌의 현실을 엿볼 수 있는 소중한 자료이다.

소작농은 지주로부터 일정 면적의 경작지에 대한 경작권을 받아 경작 후 사전에 약정된 양만큼의 소작료를 납입했다. 소작료로 납입하는 양은 소출양의 절반을 납부하거나 소출량과 무관하게 고정된 양을 납부하는 방식이었다. 풍년이 들어 소출량이 많은 해에는 소작료를 내고도 여유가 있었다. 그렇지 못한 해에는 소작료를 내지 못해 빚을 지는 경우가 허다했다. 농민들은 경작할 땅이 없어 대지주가 소유한 경작지에 의존하여 먹고사는 문제를 해결했다.

조선후기 사회는 토지소유와 관련하여 많은 변화가 일어난 시기이다. 이정수·김희호의 「조선후기 토지소유 계층과 지가변동」의 연구 결과에 의하면, 조선후기 토지소유는 특정 계층에게 집중되어 있었다. 1590년~1900년까지 거래된 경상도, 전라도의 8개 양반가의 토지매매 자료를 분석한 결과에 의하면, 이 기간 동안 양반층의 토지는 약 47% 증가했으나 상민층의 토지는 32% 감소했다. 노비의 경우에는 약 38% 정도의 토지가 감소했다. 중인이 소유하고 있던 토지는 무려 80% 정도 감소했다. 이에 반하여 문중과 서원의 토지는 약 86% 증

• 중인은 신분으로 보면 양반과 양인 사이의 위치에 있으며 주로 기술직이나 사무직에 종사한 벼슬아치이다. 전체 인구에서 차지하는 비중은 적었다. 중인이 소유하고 있던 토지의 감소 원인이 명확하지는 않으나 신분 변화 때문인 것으로 보인다.

가했다. 특권계층인 양반과 그 문중, 그리고 향촌사회에서 학문권력을 잡고 있는 서원의 토지가 대폭 늘었음을 알 수 있다. 서원의 학문권력은 곧 정치권력을 의미하므로 매우 중요했다. 이러한 현상은 중인·상민·노비들이 소유했던 토지가 양반 등 지배 세력으로 이동했음을 뜻한다.

토지의 이동은 곧 경제력의 집중이며 해당 지역의 지배권력을 더욱 공고히 할 수 있는 기반이 된다. 양반에게 집중된 토지는 어느 날 갑자기 소유권이 바뀌게 된 것이 아니다. 백성들은 겨우 먹고살 수 있는 정도의 토지를 소유하고 있었다. 그러나 이마저도 반복되는 자연재해로 인해 유지할 수 없었다. 농토가 황폐해져 소출양이 형편없이 적었기 때문이다. 거기에 임진왜란을 겪으면서 거의 모든 국토가 황폐화되어 경작할 수 있는 면적이 현저히 줄어든 것이 결정적이었다. 이러한 상황에서 농민들은 소유하고 있던 토지를 지주, 즉 양반에게 팔 수밖에 없었다. 일반 백성이 소유하고 있던 토지 면적이 극히 작았음에도 양반과 대부호들은 무차별적으로 매입했다. 정조 2년(1778)에 윤면동尹冕東이 올린 상소에 의하면, 당시 양반과 대부호들의 무분별한 토지 매입이 얼마나 심각했는지 알 수 있다.

전에 권흥權凞이 이리 같은 탐욕을 부리자, 온 세상이 모두 이를 본받게 되었습니다. 수십, 수백만의 돈을 팔로八路에 두루 흩어 한 구역이라도 점유할 만한 토지나 세낼 만한 전장畎庄은 문득 반드시 값을 올려서 사들였기 때문에 값이 수배로 뛰어올라 가세가 미약하고 재산이 적은 사람들은 애당초 감히 손을 댈 수가 없습니다. 이렇게 다투어 온 나라의 전지를 사들였기 때문에 토지는 가세가 치성한 집에 거의 다 들어가게 되었습니다. 그리고 또 흉년이 들면 향곡의 부호 무리가 헐값으로 강제로 사들였기 때문에 민간에 남아 있던 약간의 전지마저 모두 이들의 소유가 되었습니다. 이는 진실로 겸병하여 이익을 독점하려는 폐해인데, 그 해가 평민에게 미치게 된 것입니다.

경제적으로 막강한 힘을 갖춘 대부호들은 흉년을 틈타 토지를 집중적으로 매입했다. 토지의 매입은 토지의 집중화 현상을 더욱 심화시켰다. 토지 집중화로 농업 기반을 상실한 평민들은 소작농으로 전락하거나 임금노동에 종사할 수밖에 없었다. 이러한 현상은 부의 양극화를 더욱 부채질했다.

토지 문제는 경제력과 권력을 독점하려는 집단의 탐욕 때문에 비롯된 문제였다. 근본적인 제도개혁이 절대적으로 필요했다. 그러나 제도개혁은 정치 지형의 변화가 수반되어야만 가능하다. 다산 정약용이 추구한 토지개혁은 극소수가 토지의 대부분을 차지하는 것을 막고 백성들이 피땀 흘려 경작한 결과는 백성에게 돌아가도록 해야 한다는 것이었다. 전지 10결 중 한 결은 공동경작하여 세금으로 거두어들이고, 9결은 농민들에게 나누어주어 평생 동안 경작하도록 하여 안정적인 경제기반을 만들자는 제도였다. 원칙적으로 토지는 국가가 소유하지만 사유지의 성격을 띠게 했다. 농사를 짓는 사람은 땅을 얻고, 농사를 짓지 않는 사람은 땅을 얻지 못하게 되며, 농사를 짓는 사람은 곡식을 얻고, 농사를 짓지 않는 사람은 곡식을 얻지 못하는 사회를 만들자는 것이었다. 경작을 해야만 토지를 가질 수 있다는 의미는 무위도식無爲徒食하는 계급을 타파하자는 의미이기도 했다. 신분제도의 변화를 꾀할 수 있는 파격적인 개혁안이었다. 공동경작하는 공전으로 안정적인 세금징수의 길도 마련했으니 열심히 일한 사람에게 그 결과가 돌아가게 하면서도 국가재정은 튼튼해지고 중간 관리의 수탈을 막는 획기적인 제도였다. 바로 여전법閭田法과 정전법井田法이었다. 그러나 안타깝게도 이 개혁안은 정조의 갑작스런 죽음으로 실현되지 못했다.

4

세한도,
풍상의 세월

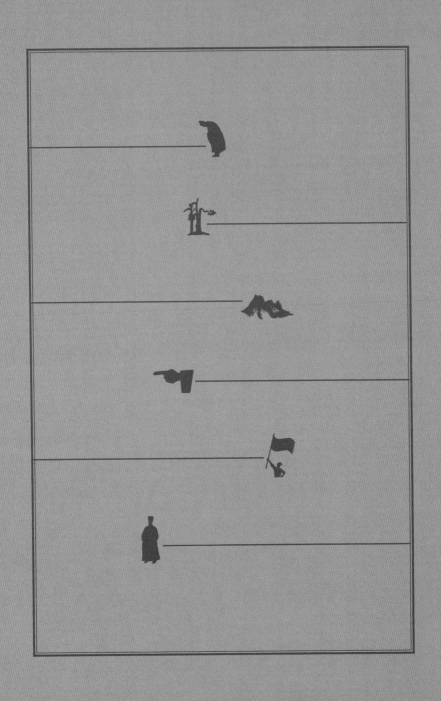

그대는 어찌 이리하는가?

어찌하여 그대는 이 늙은이에게 이토록 정성을 쏟는가? 모진 돌바람이 부는 이곳은 더 이상 희망이 없다네! 어렵게 구한 이 귀한 책을 그곳의 권세가들에게 주는 것이 낫지 않은가? 그곳의 권세가 더 그립지 않던가? 자네의 더하지도 덜하지도 않은 변치 않는 마음이 아름답네! 소나무와 전나무의 푸름은 변함이 없네! 자네에게 이 그림을 보내네.

붓은 마르고 거칠었다. 거친 붓은 추사의 희고 가느다란 손가락 사이에 끼어 힘겹게 움직였다. 일필휘지의 추사였건만 마른 붓은 거친 걸음을 하고 있었다. 그 걸음은 너무 쓸쓸하고 추웠다. 그림을 그리고 있는 자신의 모습이 종이 위에 그대로 투영되고 있었다.

「세한도歲寒圖」는 추사秋史 김정희金正喜가 제주도 대정현에 유배 중

• 김정희(1786~1856)는 조선후기의 서예가이자 금석학자, 화가로 호는 추사이며 이외에도 약 100여 개의 호를 사용했다. 추사체라는 글씨로 널리 알려졌다. 왕실과는 외척관계이며 늦은 나이에

(1840~1848)에 그린 그림이다. 이 그림을 그린 해는 대정현에 머문 지 4년
여의 시간이 흐른 뒤였다. 추사는 제자인 이상적李尙迪이 자신을 유배
전이나 후에도 변함없이 대하는 마음이 고마웠다. 그 마음을 이 그림
에 담아 보냈다. 유배지에서는 육지의 소식도, 중국 연경의 소식도 알
수 없었다. 육지에서 전하지 않으면 그 어떠한 소식도 들을 수 없었고
책을 구하기는 더더욱 어려웠다. 자유롭게 연경의 지식인들과 서신을
주고받았던 때가 아득하기만 했다.

　이런 상황에서 이상적은 역관으로 연경에 갈 때마다 그곳의 소식과
함께 진귀한 서책을 모아 보내었다. 그렇지만 자신은 해줄 수 있는 게
아무것도 없었다. 오직 언제인지 모를 해배解配를 기다리는 것만이 유
일한 희망이었다. 그런 유배지 늙은이에게 한결같은 마음으로 돌보

등과하였다(1819년 순조 19). 증조부는 김한신이다. 김한신은 영조의 서녀 화순옹주와 결혼하여 왕
실의 일원이 되었다.
● 이상적(1804~1865)은 조선후기의 서예가이자 문인으로 호는 우선藕船이다. 역관 집안 출신이며
벼슬은 지중추부사에 이르렀고 시문과 글씨에 뛰어났다. 청나라에 열두 번이나 다녀왔으며 오숭
량, 유희해 등 당대 문인들과 교유하여 서화, 고완, 묵적, 금석 등을 가져왔다. 저서에 문집『은송
당집恩誦堂集』이 있다.

아주는 이상적이 추사는 너무나 고맙고 기특했다. 세한도는 이러한 마음을 담은 그림이었다. 추사는 발문을 통해 자신의 심경을 표현했다. 세한도의 발문은 세로 20칸, 가로 15칸의 칸을 치고 해서체楷書體로 정갈하게 적었다. 한눈에 보아도 정성스런 마음이 전해진다.

지난해(1843. 헌종 9)에 『만학집晩學集』과 『대운산방집大雲山房集』을 보내왔고, 금년에 또 우경이 지은 『황청경세문편皇淸經世文編』을 보내왔다. 이 책은 세상에서 쉽게 구할 수 있는 것이 아니니, 천만리 먼 곳에서 여러 해 동안 어렵게 구한 것이리라. 일시적으로 할 수 있는 일이 아니다. 세상의 도도한 풍조는 권세가와 재력가를 좇는다. 이 책을 구하려고 마음을 쓰고 힘을 썼을 터인데 권세가한테 바치지 않고 바다 건너 초라하고 보잘 것 없는 나에게 보내주었다. 태사공이 이르길, 권세나 이익을 좇는 자들은 권세와 이익이 다하면 관계도 멀어진다고 했다. 자네 역시 세속의 거센 풍조 속에서 살아가는 한 인간이다. 그런데 그대는 초연히 그 도도한 물결에서 벗어나 권세와 이익의 잣대로 나를 대하지 않는구나. 태사공의 말이 틀렸단 말인가? 공자가 말씀하시기를, 추운 시절이 되어야 소나무와 잣나무가 푸르름을 간직하고 있음을 알게 된다고 하셨다. 소나무와 잣나무는 사시사철 시들지 않는다. 추운 시절 이전에도 송백이요, 추운 시절 이후에도 송백이다. 그런데 추운 시절이 된 이후에 그것을 칭찬하셨다. 지금 자네가 나를 대하는 것을 보면 그 전이라고 더 잘 대해주지도 않았고, 그 후라고 소홀하게 대하지 않았다. 내가 곤경에 처하기 이전에는 자네를 칭찬할 만한 것이 없지만, 지금은 성인으로부터 칭찬받을 만하지 않은가? 성인이 특별히 칭찬한 것은 추운 시절을 겪고도 푸르른 송백의 굳은 절개와 정조만이 아니다. 추운 세월에도 그러한 사람이 있음을 보고 느낀 바가 있어서이다. 아! 전한前漢의 급암˙과 정당시˙˙ 같은 어진 이들에게도 빈객들은 부침에 따라 좇거나 돌아섰다. 하규의 방榜은 박절한 인심의 극치라 하겠다. 슬프다! 완당 노인 씀.

「세한도」는 황량한 들판에 덩그러니 지어진 집 한 채, 그리고 소나무와 잣나무밖에 없다. 주변엔 어떠한 것도 그리지 않았다. 멋진 산하도 아니고 절경을 그린 것도 아니다. 그러나 이 그림은 문인화(사대부 선비들이 취미로 그린 그림)의 정수로 평가받는다. 문인화의 특징은 사물을 보이는 대로 그리지 않고 그리는 사람의 정신을 강조했다. 정신세계를 중요시했던 선비들의 회화적 표현법으로 특별한 법칙도, 화제의 제한도 없었다. 누가 어떠한 정신세계를 표현하여 의미를 부여했느냐가 작품의 가치를 좌우했다.

추사의 「세한도」 또한 자신의 정신세계를 담아 그린 그림이다. 그림 자체만으로는 그다지 추앙받을 만한 작품은 아니다. 그런데도 이 작품이 국보급 대열에 오른 것은 당대 최고의 지식인이자 추사체를 개발한 김정희의 그림이기 때문이다. 거기에다 그림을 그리게 된 연

• 중국 전한 무제 때의 간신諫臣(?~B.C.112)으로 성정이 엄격하고 직간을 잘하여 무제로부터 '사직社稷의 신하'라는 말을 들었다.
•• 중국 전한 중기의 관료로 진군 사람이다. 협객을 자처하며 살다가 장우를 위기에서 구출한 후로 그 명성이 양나라와 초나라에까지 퍼졌다. 이후 경제 때 태자사인이 되었다.

去年以晚學大雲二書寄來今年又以藕畊文編寄來此皆非世之常有購之千萬里之遠積有年而得之非一時之事也且世之滔滔惟權利之是趨為之費心費力如此而不以歸之權利乃歸之海外蕉萃枯槁之人如世之趨權利者太史公云以權利合者權利盡而交疏君亦世之滔滔中一人其有超然自拔於滔滔權利之外不以權利視我耶太史公之言非耶孔子曰歲寒然後知松柏之後凋松柏是毋四時而不凋者歲寒以前一松柏也歲寒以後一松柏也聖人特稱之於歲寒之後今君之於我由前而無加焉由後而無損焉然由前之君無可稱由後之君亦可見稱於聖人也耶聖人之特稱非徒為後凋之貞操勁節而已亦有所感發於歲寒之時者也烏乎西京淳厚之世以汲鄭之賢賓客與之盛衰如下邳榜門迫切之極矣悲夫阮堂老人書

세한도 중 발문

추사 김정희, 1844년, 종이에 먹, 24.7×108.2cm, 국보 제80호, 국립중앙박물관(손창근 기탁)

추사는 제자인 이상적에게 자신에게 베풀어준 배려에 깊은 감사의 말을 전하였다.
정갈하게 써내려간 서체에서 인간 추사와 세상살이가 보인다. 그의 말대로 문자향文字香이 올라온다.

세한도

추사 김정희, 1844년, 종이에 먹, 24.7×61.2cm, 국보 제80호, 국립중앙박물관(손창근 기탁)

세한도는 김정희의 인생 역정만큼 파란만장한 세월을 겪고 우리 곁에 왔다.
일제강점기 때 추사 연구가인 일본인 후지즈카 지카시에게 넘어갔던 것을
서예가 손재형孫在馨이 거금을 주고 들여온 것이다.

유를 함축적인 글로 남겼다. 이 그림은 추사가 가장 어렵고 힘들었던 유배지에서의 생활과 황량한 마음이 그대로 묻어난다. 늙은 소나무는 추사 자신을 표현한 것으로 보인다. 오랜 세월을 인내하며 대지에 뿌리박혀 있다. 몸통은 굳건하나 나뭇가지가 하나뿐이다. 긴 세월 동안 풍상을 겪은 듯 이리저리 구부러져 있다. 하나뿐인 나뭇가지에 붙어 있는 소나무 잎은 가늘지만 선명하고 생기가 있다. 비록 늙은 선비의 몸으로 유배지에 있지만 지식인으로서의 자신은 살아있음을 말하는 듯하다. 하늘로 뻗은 큰 줄기는 점차 가늘어진다. 그동안 무성했던 줄기는 사라지고 그 흔적만 남은 상태이다. 지나온 세월에 온갖 풍상을 겪으면서 하나둘 줄기도 꺾이고 떨어져 나갔으리라. 반면에 소나무 옆에 있는 전나무는 생기 있고 하늘을 향해 쭉 뻗어나갔다. 옆으로 기운 소나무를 받치고 있는 듯한 형상으로 힘 있고 튼실해 보인다.

이상적은 추사가 유배를 간 뒤에도 추사를 도왔다. 유배지인 대정현 집에도 들러 함께 지냈던 적도 있다. 한양에서 유배지인 제주도까지는 매우 험난한 길이다. 자칫하면 풍랑을 만나 목숨을 잃을 수도 있었다. 제주에 도착해도 대정현까지는 7, 80여 리는 더 들어가야 하는 여정이었다. 더구나 유배지에 있는 죄인을 찾아가 만난다는 것은 위험을 감수해야 하는 일이었다. 그런 정성을 한양의 권문세도가에게 쏟았다면 출셋길이 열릴지도 모를 일이었다. 그런데도 유배 당한 채 아무런 힘도 도움도 안 되는 늙은 추사를 한결같이 보살펴주었으니 얼마나 고맙고 위안이 되었겠는가?

발문에는 나타나 있지 않지만 왼편의 두 그루의 전나무는 추사를 찾아주는 두 사람을 표현한 것으로 추측된다. 그 두 사람은 그림 제자인 허련許鍊과 친구인 초의선사艸衣禪師일 것이다. 초의선사는 동갑내기 스님으로, 대정현에 한동안 머물며 귀양살이의 고단함을 함께 나누기도 했다. 허련은 초의선사의 소개로 추사의 제자가 되었는데, 처음 그의 그림을 본 추사는, "화격畵格은 높으나 경험이 부족하여 시급히 지도가 필요하다"고 했다. 이후 장동에 있는 추사의 월궁댁月宮宅에 기거하며 지도를 받았다. 초의선사는 추사가 불교에 귀의할 정도로 영향을 미친 인물이다. 이들은 스승과 제자로, 친구로 연을 이어가며 정신적인 버팀목이 되어주었다.

「세한도」 발문 다음에는 연경 문인들 16명의 제시가 남아 있다. 이상적은 추사로부터 전달받은 「세한도」를 가지고 1844년, 동지사冬至使 이정응李嶐應 일행과 함께 연경에 갔다. 이연경이 베푼 연회 자리에서 이상적은 이 그림을 꺼내 보였다. 그 자리에는 19인의 인사들이 있었는데, 16인이 세한도에 제시를 남겼다. 그 내용은 스승에 대한 이상적의 변함없는 마음을 칭송하고, 추사의 높은 학식에 대하여 더없는 존경을 표현한 것이었다.

추사 김정희는 천재인가?

        김정희의 글씨는 어렸을 때부터 남달랐다. 번암^{樊巖} 채제공^{蔡濟恭}은 김정희 집 앞에 붙어 있는 입춘대길이란 글씨를 보고 장차 글씨로 큰 인물이 될 것을 예견하면서 글로 어려움을 겪을 수도 있으니 잘 지도하라고 당부했다. 추사의 수학 과정은 백부인 김노경^{金魯敬}의 양자로 들어가면서부터 시작되었다. 김노경은 북학자인 담헌^{湛軒} 홍대용^{洪大容}과 6촌 형제의 딸 남편이었다. 홍대용은 실학자로 천문과 율력 등에 뛰어났으며 혼천의^{渾天儀}를 만든 인물이다. 『열하일기^{熱河日記}』의 저자인 연암 박지원과도 교유하여 오래전부터 실학사상과 청 문물에 많은 관심을 보였다.

        추사는 『북학의^{北學議}』를 펴낸 초정^{楚亭} 박제가^{朴齊家}로부터 가르침을 받았다. 『북학의』는 박제가가 청나라에 수행원으로 다녀온 후 저술한 책이다. 이 책은 내·외편으로 구성되어 있으며 생활도구의 개선과 정치제도의 개혁방안을 담고 있다. 청나라의 문물을 도입해야 한다는 북학론을 선도하는 저서였다.

김정희 초상 소치 허련, 36.5×26.3cm, 국립중앙박물관

허련은 남동화의 대가로 대흥사大興寺 초의선사草衣禪師와 김정희의 문하에서 서화를 익혔다.
시詩 · 서書 · 화畵에 능하였다. 말년에 전라남도 진도군 의신면에 정착하여
운림산방雲林山房이라는 화실을 만들어 작품 활동과 후진 양성에 힘썼다.
한국 화단계의 한 주축을 이루고 있는 호남 화단을 일구었다.

옹방강 Baidu百科
중국 청나라 때의 학자로, 금석학과 법첩학에 능했다.
추사는 옹방강과의 교유로 금석학에 눈을 뜨고
학문의 경지를 끌어올렸다.

이러한 집안 분위기와 스승들의 가르침으로 추사도 자연스럽게 청 문물과 학문을 접하게 되었다. 1809년(순조 9)에 부친이 동지겸사은부사로 연경에 가게 되자 추사도 군관자제의 자격으로 따라 갔다. 이미 스승인 박제가로부터 연경의 문물과 인물에 관하여 익히 듣고 수학한 터라 당대 지식인들과 관련된 내용을 훤히 꿰고 있었다. 새로운 학문과 문물을 접할 수 있게 되었다는 사실에 연경을 가기 전부터 몹시 들뜨고 설레었다. 실제로도 이때의 연경행은 추사 인생의 전환점이 되었다.

추사는 연경의 지식인들과 필담으로 지식을 교환했다. 그가 가장 만나고 싶었던 인사는 옹방강翁方綱●이었다. 하지만 조선으로 돌아갈 날짜는 점점 다가오는데 좀처럼 옹방강을 만날 수 없었다.

● 옹방강(1733~1818)은 청 중기의 학자로 금석학金石學, 경학經學 등에 통달했으며 예서의 대가로 알려졌다. 금석문과 탁본 연구를 하였으며 조선의 유명한 비석의 탁본도 수집하였다. 추사가 연경에 갔을 때 이미 나이가 78세인 노학자였다.

그러다가 마침내 휴식을 취하러 들른 그를 만날 수 있었다. 말이 통하지 않아 필담으로 주고받는 대화였지만 둘은 동시에 서로를 알아보았다. 이 필담은 지금도 전해온다. 돌아갈 날이 다가오나 좀처럼 만날 수 없었던 옹방강을 극적으로 만나 나눈 필담이었다. 이때 옹방강은 그의 비범함에 탄복하며 칭송했다.

또한 이 자리에서 옹방강의 제자인 완원阮元ᴼ도 만날 수 있었다. 이 만남을 계기로 추사는 옹방강과 사제지간을 맺고 조선에 돌아와서도 서신을 통해 연을 이어갔다. 추사가 떠날 날이 되자 주학년朱鶴年이 송별회를 열었다. 그 모습을 담은 그림이 「추사전별도秋史餞別圖」이다.

이후 추사는 학문에 정진했다. 당시 별 관심을 두지 않았던 금석학을 연구하여 학문의 경지로 끌어올렸다. 북한산진흥왕순수비北漢山眞興王巡狩碑ᴼᴼ로 알려진 비문을 학문적으로 고증하고 밝혀낸 것은 우리나라 금석학에 큰 획을 그은 업적이다. 국보 제3호로 지정된 북한산진흥왕순수비는 경복궁으로 옮겨졌다가 지금은 국립중앙박물관에 보관되어 있다.

북한산진흥왕순수비 측면에는 김정희가 두 번 올라 기록한 비문이 있다. 이 비 부근에 승가사가 있고 조선 태조 때의 국사였던 무학無學의 탑비가 있어 종래 '무학의 비' 또는 '도선道詵의 비'로 알려져 왔다.

• 완원(1764~1849)은 청나라 고증학을 집대성한 인물로, 당시에는 47세의 젊은 나이였다. 후일 추사는 완원과 서신을 교환하면서 서로의 학문을 익히게 된다.

•• 비가 세워진 연대는 명확히 알 수 없으나 창녕비가 건립된 561년(진흥왕 22)부터 568년(진흥왕 29) 황초령비와 마운령비가 건립되기까지의 기간 중 어느 한 시기일 것으로 보는 견해가 있다. 이 비는 윗부분이 일부 마멸되어 현재 남아 있는 비신은 높이가 154cm, 너비가 69cm이다. 비문은 모두 12행이며 행마다 해서체로 32자가 새겨져 있다.

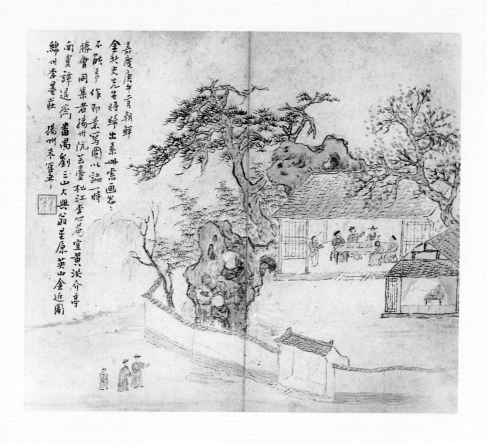

추사전별도 청 주학년. 종이에 채색. 30.0×26.0cm, 소장처 미상

추사의 귀국을 앞두고 기념하기 위하여 옹방강의 제자이며 화가인 주학년이 남긴 그림이다.
1810년 2월 1일. 북경의 법원사에서 송별연을 열었다. 당대 학자들과 연을 맺고
그들의 환대를 받았으니 추사에게는 영광스런 자리였다.
이후 서신을 주고받기는 하였으나 추사의 연경 방문은 이것이 처음이자 마지막이었다.

그러나 1816년(순조 16) 7월에 추사가 김경연金敬淵과 함께 이 비석을 조사하고, 그 이듬해 6월에 조인영趙寅永과 같이 비문의 68자를 자세히 조사하여 비로소 진흥왕순수비임을 확인하게 되었다. 추사가 금석학을 연구하게 된 것은 개인의 관심사였을 수도 있지만, 집안의 학풍과 그동안 수학한 결과물로 볼 수 있다. 연경에서 사제지간의 연을 맺은 옹방강 역시 금석문에 조예가 깊은 인물이었다. 당시의 지식인들이 거들떠보지도 않던 금석문까지 연구했다는 것은 그의 학문의 폭이 그만큼 넓고 깊었음을 말해준다.

추사는 주류사회에서 벗어나 있는 중인계급의 인사들과 주로 교유했다. 청나라 문물에 대한 관심이 높아지던 시기였다. 요즘은 외국 유학이 보편화되었지만, 그때는 쉽지 않았다. 당시 청나라는 학문과 문물이 앞선 선진국이었다. 새로운 학문과 사상을 접하려면 청나라를 자주 왕래하는 수밖에 없었다. 역관은 중인 신분이었지만 임무상 정기적으로 청나라를 왕래했다. 추사는 이들을 통하여 자연스럽게 연경과 교류했다. 옹방강을 비롯한 연경의 문사들과는 이들을 통해 전달되는 서신으로 이루어졌다.

추사는 학문 정진에 철저한 사람이었다. 천재의 기질도 있었지만 부단히 노력하고 검증하는 학자였다. 대정현 유배 시절, 친구인 권돈인權敦仁에게 보낸 편지에서 추사의 이런 면을 엿볼 수 있다.

> 70년 동안 10개의 벼루를 갈아 닳게 했고,
> 천여 자루의 붓을 다 닳게 했다.
> 七十年 磨穿十研 禿盡千毫

먹을 갈아 벼루를 닳게 하는 것이 어느 정도의 글과 그림을 그려야
가능한지 가늠이 되지 않는다. 그것을 10여 개나 닳게 했고, 천여 자
루의 붓을 닳게 했다니 그저 놀라울 따름이다. 추사의 학문적인 업적
과 추사체 완성은 그의 천재성과 더불어 이러한 노력의 결과가 아니
었을까?

추사의 엄청난 연습량은 단순히 붓에 먹물을 묻혀 놀리는 것이 아
니었다. 한 자, 한 획을 그을 때마다 온 정신과 마음을 가다듬어야 한
다고 강조했다. 그가 서화 제자인 조희룡趙熙龍에게 보낸 편지에서 이
런 그의 정신세계를 엿볼 수 있다. 조희룡이 예서체의 예법과 관련한
질문을 하자, 이제 겨우 두어 글자를 쓸 뿐인데 글자가 따로 노니 마
음을 가라앉히고 힘써 꾹 참고 이 관문을 넘어야 한다고 답했다. 자신
은 60년이 다 되어도 아직 글이 가지런히 되지 못했다는 말도 덧붙였
다. 조급해하는 제자를 달래는 엄하면서도 자상한 스승의 면모가 드
러난다. 그리고 예법에 관하여 『완당전집』에 다음과 같이 남겼다.

예법은 가슴속에 청고고아淸高古雅한 뜻이 들어 있지 않으면 손에
서 나올 수 없고, 가슴속의 청고고아한 뜻은 또 가슴속에 문자향文
字香과 서권기書卷氣가 들어 있지 않으면 능히 완하腕下와 지두指頭에 발
현되지 않으며, 또 심상한 해서 같은 것에 비할 바가 아니다. 모름지
기 가슴속에 먼저 문자향과 서권기를 갖추는 것이 예법의 장본張本
이며, 예를 쓰는 신결神訣이 된다.

또, 난을 그리는 데도 일침을 가한다.

그림에 능한 자는 있으나 난에는 능하지 못하니, 난을 그릴 때에는 특별한 화도가 있어야 한다. 즉, 서권기를 지녀야 붓을 댈 수 있다. 그래서 자신은 난 그림을 그려달라고 부탁하면 거절한다고 했다. 난은 높은 경지에 이른 자만이 그릴 수 있기 때문이라는 것이다. 그림을 대하는 그의 자세를 엿볼 수 있는 대목이다. 어쨌든 추사는 붓이 지나가는 것은 단지 휘두른다고 되는 것이 아니고 문자향과 서권기를 지녀야 한다고 강조했다. 추사가 말하는 문자향과 서권기는 무엇일까? 글자대로 풀이하면, 문자에서 향기가 나야 하고, 서책에서는 그 기운이 느껴져야 한다는 뜻이다. 형식미와 더불어 부단한 정진을 강조하는 말로 풀이된다. 정신적인 기운을 높이 샀던 문인화의 특성이기도 하다.

한편 허련은 『소치실록』에서 초의선사의 소개로 추사의 제자가 되어 가르침을 받은 부분을 상세히 기록했다. 그런데 여기에서 고개를 갸웃하게 하는 부분이 나온다. 정선과 심사정의 그림은 안목만 흐리게 할 뿐이니 들추어 보지도 말라고 해놓고 청나라 화가의 그림을 모방한 그림은 한 폭마다 열 번씩 그리게 했다는 것이다. 정선과 심사정은 조영석과 함께 삼재로 일컬어지는 당대 최고의 화가였다. 정선은 금강산을 비롯하여 우리나라의 명산을 두루 다니며 화폭에 담은 최고의 화원이고, 심사정은 초충도草蟲圖와 영모도翎毛圖에 뛰어난 그림을 남겼다. 이 점을 잘 알고 있는 추사가 그들의 그림은 보지도 못하게 했다는 것이 의아하다. 어쩌면 추사 자신이 연경의 새로운 사조를 받아들이면서 그림도 청나라의 화풍을 익히라는 주문이 아니었을까 짐작해 본다. 화격은 되었으나 견문이 좁아지는 것을 경계해서 한 말일 수도 있다. 그렇다면 그들의 그림을 기반 삼아 새로운 화풍을 접목해보라고 하는 것이 더 맞는 가르침이 아니었을까 하는 아쉬움이 남는다. 추사도 어쩔 수 없이 청의 사조에 경도된 것이 아닐까? 청나라 화가의 그림이 문자향과 서권기가 충만했음인지 알 길이 없다.

세도정치의 한가운데에서

이성계와 함께 조선을 개창했던 급진개혁
파는 그 공을 인정받아 권력의 요직을 차지했다. 그러나 이들 역시 오
랜 세월 동안 공신이라는 명분으로 온갖 특혜와 특권을 누리면서 훈
구세력이 되어 점차 부패해갔다.

온건개혁파는 지방으로 내려가 학문을 닦고 후학 양성에 힘썼는데,
사림파라고 불리는 이들 세력이 선조대부터 중앙 정계에 진출하게 된
다. 사림파의 등장으로 권력층은 사분오열 분열된 채 권력투쟁에 돌
입하게 되고 결국 사화로 비화된다. 권력의 이동에 따라 자신들의 목
숨이 걸려 있었기 때문에 당파싸움은 매우 치열했다. 국론보다는 당
론을 중시하는 붕당朋黨정치˙가 시작된 것이다. 이때 숙청되어 목숨을

˙ 붕당정치는 학문적 정치적 견해에 따른 정치집단 간의 정당정치였다. 붕당정치는 소론·노론·
남인·북인 등으로 갈라져 혼전을 거듭하였다. 순조가 11세에 즉위하면서 정당정치의 기능을 상
실하고 세도정치의 시대가 되었다. 정파적으로 노론계 인사들이었던 이들은 세도정치로 국정을
농단했으며 1910년 한일병합조약韓日倂合條約에 적극 협력하여 나라를 팔아먹은 대가로 일제로부
터 은사금과 작위를 수여받았다.

잃은 사람의 수는 실로 엄청났다. 하지만 그 틈에서 가장 큰 피해를 입은 건 백성들이었다. 조선의 왕들은 위민정치를 가장 큰 덕목으로 삼았다. 가뭄이 들어 비가 내리지 않으면 자신의 부덕함으로 돌려 기우제를 지내며 치성致誠을 드렸고, 자연재해로 백성이 굶주리면 먹는 음식의 가짓수를 줄여 고통을 나누고자 했다. 국정을 논하는 신하들 또한 이러한 마음가짐으로 국정에 임했다. 하지만 조선중기에 이르면 이러한 국정운영도 서서히 무너지고 만다.

추사가 살아온 시기는 붕당정치의 시대에서 세도정치의 시대로 전환된 격변기였다. 추사가 태어난 해는 1786년(정조 10)으로 붕당정치가 절정을 이루던 시기였다. 정조의 아버지 사도세자思悼世子는 왕위에 오르지도 못한 비운의 세자였다. 사도세자는 대리청정을 통하여 원만한 국왕 수업을 받고 있었으나 정치적인 공세의 희생양이 되고 말았다. 아버지로서의 정보다는 권력을 선택한 영조는 정치적인 공세를 이기지 못하고 아들을 처참하게 죽음으로 내몰았고, 사도세자는 뒤주에 갇힌 채 죽음을 당했다.

이런 혼미한 정국 상황에서 왕이 된 정조는 탕평책蕩平策을 실시하여 고르게 인재를 등용하였다. 즉위 후 정약용, 채제공, 안정복 등 권력에서 배제된 소론과 남인계 인사들을 등용하는 한편 아버지 사도세자의 죽음과도 연관이 있는 노론 벽파의 당수인 김종수, 심환지 등을 측근으로 두었다. 사도세자와 자신에게 끊임없이 위해를 가한 반대세력에게 칼을 휘두르기보단 끌어안으려는 노력을 했던 것이다. 전향적으로 정국의 주도권을 잡기 위한 정치적인 전략이었다. 그 결과 어느 정도 균형 잡힌 정국운영을 할 수 있었다. 이제 개혁의 고삐를 틀어쥐면 되는데, 안타깝게도 정조는 뜻을 이루지 못하고 뜻하지 않은 죽음을 맞게 된다. 노론 시파가 수차례 암살을 시도했고 그 외에도 권력을 쥐고자 하는 무리들에게 재위 내내 암살에 시달렸던 정조였기에 그의 죽음은 의문을 남겼다.

정조의 뒤를 이어 순조純祖가 즉위했다. 이때 순조의 나이 겨우 11살이었다. 어린 왕을 대신하여 영조의 계비인 정순왕후貞純王后가 대리청정을 하게 되지만, 실질적인 권력 행사는 정순왕후를 등에 업은 김귀주를 비롯한 경주 김씨 일족이었다. 이들이 가장 먼저 한 것은 자신들 벽파의 정적이었던 시파 인사들을 대거 숙청하는 일이었다. 그러다가 1804년 순조의 친정이 시작되면서 순조의 장인인 안동 김씨 김조순으로 권력이 기울기 시작했다. 김조순은 벽파 출신들을 제거하고 자신의 아들 김유근 및 족친族親 세력들과 권력을 나누었다. 안동 김씨의 세도정치가 시작된 것이다. 이렇게 정조 이후 우리 역사는 노론 일당의 독재와 권문일족의 세도정치로 이어졌다.

붕당정치는 세도정치라는 노론 일당 독재로 변질되었다. 특정 집안의 권력에 따라 국정이 좌지우지되는 세도정치는 파행으로 치달을 수밖에 없었다. 조선조 당쟁사를 저술한 조선후기의 학자인 영재寧齋 이건창李建昌은 그의 저서 『당의통략黨議通略』에서 이렇게 설파했다.

"붕당이 심해진 이유 중 하나는 문벌이 너무 성대한 때문이었다."

문벌은 대대로 내려오는 집안의 사회적 신분이나 지위를 갖은 가문을 말한다. 붕당과 세도정치는 정치 주체가 당파적 입장이나 가문의 입장이냐의 차이였다. 노론 일당 독재는 시파와 벽파로 나뉘어 가문의 이해관계에 따라 정치를 했다. 이들의 정치는 당론에 의한 것도 아니었고 성리학적인 도를 추구하는 것도 아니었다. 한 가문의 영달을 위한 권력과 부의 추종일 뿐이었다. 개혁적인 정책보다는 수구적인 정책으로 일관했고 외세 문물을 수용하기보다는 배척했다. 청의 문물을 수용하여 실학적인 사상을 숭상한 일부 인사들만이 개혁을 주장했다. 하지만 이들의 개혁적인 사상은 빛을 보지 못하고 세도정치의 그늘에 가려졌다.

정치보다 정쟁

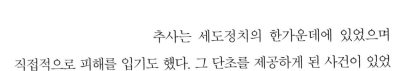

　　추사는 세도정치의 한가운데에 있었으며 직접적으로 피해를 입기도 했다. 그 단초를 제공하게 된 사건이 있었는데, 바로 추사의 암행어사 보고서였다.

　김조순 일파의 세도정치 시기인 순조 26년(1826)에 추사는 충청우도에 암행어사로 파견되었다. 충청우도는 충청도의 서쪽 지방으로 주로 충청 서해안 지방인 지금의 충청남도 지역을 말한다. 추사는 충실히 암행어사 직을 수행한 뒤 각 지방 관리들의 직무수행 결과를 순조에게 보고했다. 이 암행어사 보고서에 비인현감 김우명金遇明의 직무수행 평가가 포함되어 있었다. 현감은 지방수령 중 가장 낮은 직위로, 중앙정부를 대신하여 조세와 역을 효과적으로 수취하기 위하여 파견한 지방관리였다. 추사는 김우명의 무능함과 비리를 신랄하게 고발했다. 김우명이 현감으로 부임한 이래로 업적이 전혀 없으며 사리사욕만을 채우고 있다고 했다. 세금을 과다하게 걷고, 진휼자금을 착복하여 백성의 원성이 자자하며 현감으로의 직무수행 능력은 고사하고 어찌나 부정부패가 심한지 일일이 다 열거할 수 없을 정도라고 했다. 암행어사로서 성실히 보고 듣고 조사한 내용을 보고한 것이었다.

그런데 이 보고서 때문에 후일 정치적인 보복을 당하게 된다. 추사의 보고를 받은 순조는 1826년(순조 26)에 김우명을 비롯하여 11명에게 벌을 내렸다. 이 일로 김우명은 앙심을 품고, 1830년(순조 30)에 전 평안도 감사였던 추사의 양부 김노경을 처벌하라고 상소를 올렸다. 김우명이 주장한 김노경의 죄상은, 오랫동안 관직에 있으면서 능력도 없이 권력에 기대어 높고 화려한 요직에 있다는 것이었다. 그러면서 탐욕스럽고 행동이나 성질이 추저분하다고 했다. 이에 순조가 직접 보고 들은 것이냐고 물어보고는 어찌하여 그리 심하게 미워하냐며 나무라며 도리어 김우명의 관직을 삭탈했다. 그러자 이번에는 대신들이 나서서 김노경의 주변 인물을 거론하며 벌을 내려달라고 끈질기게 상소했다. 심지어는 효명세자˙의 발인 기일을 하루 남겨놓고도 상소가 올라왔다. 순조는 무엄함이 극도에 이르렀다고 진노했다. 그 후 10여 년 뒤, 윤상도尹尙度가 상소를 올렸다. 이 상소로 추사는 제주도 대정현으로 유배를 가게 된다. 윤상도가 올린 상소의 탄핵 주체는 박종훈朴宗薰·신위申緯·유상량柳相亮이었다. 순조는 이 상소를 올린 윤상도를 추자

˙ 순조의 아들로, 19세기 초 안동 김씨 세도정권에 맞서 개혁을 추진했다. 안동 김씨 세력이 정권을 장악한 조선의 현실은 암울하기 짝이 없었고 양반들의 도덕성은 땅에 떨어졌으며 관리들의 학정이 극에 달했다. 엎친 데 덮친 격으로 자연재해와 사회불안이 겹치면서 백성들은 정든 고향을 떠나 유랑자가 되었다. 그런 상황에서 무기력한 국왕을 대신해 3년 동안 정사를 도맡은 효명세자는 정조시대의 영광을 꿈꾸며 다양한 방법으로 개혁을 추진했다. 그러나 1830년(순조 30)에 갑작스럽게 숨을 거두었다. 22세의 창창한 나이였다. 그가 정치적으로 미묘한 상황에서 요절했으므로 일부 학자들은 독살설을 거론하기도 하지만 전해지고 있는 기록으로는 근거를 찾아볼 수 없다.

도로 유배 보낸다. 상소의 내용이 너무나 황당하고 무례하다는 이유였다. 윤상도가 이 같은 탄핵을 요구하는 것은 분명 배후가 있을 것이나 윤상도만을 유배 보낸다고 했다. 순조가 말한 배후라는 것이 안동 김씨 일족이었음은 물론이다.

꾸준히 상소를 올려도 김노경이 어떠한 처벌도 받지 않자 이번에는 대사헌과 대사간에서 상소를 올렸다. 이 상소의 내용도 김우명이 올린 상소와 다르지 않았다. 구체적인 죄목은 없이 아첨과 이익만을 좇

제주도 대정현 대동여지도 중 제주도

대정현은 오늘날 제주도 서귀포시로 통합된 지역으로 조선시대에는 사람과 물자의 왕래가 쉽지 않았다.
대정현까지 가려면 산길을 넘어가야 했다. 그만큼 추사의 유배생활이 험난했음을 알 수 있다.
대정현은 1416년(태종 16)에 붙여진 이름으로 평안하다는 의미이다.

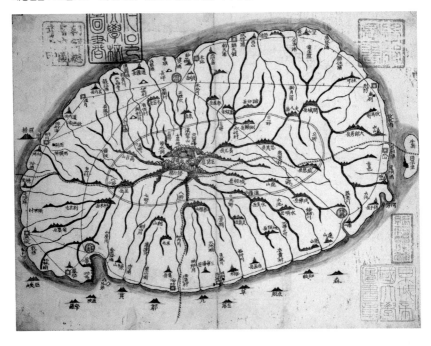

는 비루한 인물이므로 벌을 주어야 한다는 주장뿐이었다. 집요하고도 끊임없는 요구에 결국 순조는 김노경을 고금도로 유배를 보냈다. 당시 상황을 순조는 다음과 같이 토로했다.

> 6, 7개월 동안 조정에서 한 일이라고는 날마다 시끄럽게 다른 사람을 탄핵하거나 죽이도록 논의하는 것 말고는 한 가지도 들은 것이 없다. 이 얼마나 한심한가!
>
> —『순조실록』, 순조 30년(1830) 11월 12일.

순조는 안동 김씨 세력에게 수차례 경고를 보냈다. 그런데도 아무런 소용이 없자 귀양을 보내 탄핵 정국을 마무리 지으려고 했다. 그러나 그들은 이미 왕 위에 군림하는 세력으로 성장하여 자신들만의 권력 유지를 위한 길로 나아가고 있었다.

한동안 탄핵 정국이 소강 국면에 드는 듯했다. 그런데 이번에는 추사가 부친의 억울함을 호소하기 위하여 격쟁擊錚*을 했다. 김노경의 유배가 억지로 만들어진 것임을 너무도 잘 알고 있었던 순조는 추사의 격쟁을 받아들였다. 하지만 김노경을 방면하라는 순조의 명은 시행되지 않았다. 승정원이 왕의 명령을 거역한 것이다. 승정원이 명을 받고도 여러 날 시행하지 않자 순조가 죄를 묻겠다고 했다. 그러자 홍문관과 사헌부, 사간원의 관리들이 나서서 김노경의 방면을 취소하

---

* 격쟁은 억울한 일을 당했을 때 그 억울함을 국왕에게 알리기 위하여 국왕이 지나가는 길에 징 또는 꽹과리를 쳐서 호소하는 방법이었다. 그러나 이 격쟁이 자칫하면 엄한 형벌로 이어질 수도 있었기 때문에 위험을 감수하고 해야 했다.

라고 압박했다. 신하들이 단체로 왕에게 반항한 것이다. 그래도 순조
가 뜻을 굽히지 않자 의금부에서 김노경을 석방했다. 그제야 사헌부
와 사간원은 전계(傳啓(죄인의 성명, 죄명을 기록하는 문서)에서 김노경을 지웠다.

돌아올 수 없는 유배길

당시 권력의 정점에 있던 안동 김씨 세력들은 순조의 이러한 처사가 매우 못마땅했다. 결국 또 다른 탄핵 정국으로 이어졌다.

헌종 4년(1838)에 추사는 부친상을 당했다. 그런데 헌종 6년(1840)에 사헌부 대사헌 김홍근이 또다시 윤상도와 김노경의 처벌을 요구하는 상소를 올렸다. 이미 10년도 지난 일을 또다시 거론한 황당한 상소였다. 그때 윤상도는 추자도에 유배 간 상태였고, 김노경은 해배되었으나 이미 이 세상 사람이 아니었다. 그들이 탄핵을 요구하는 이유는 다른 데에 있었다. 이 시기는 순원왕후의 수렴청정이 끝나고 헌종이 친정을 시작할 즈음이었다. 순원왕후는 그해 12월, 수렴청정을 끝내고 헌종의 친정을 선언했다. 바로 이러한 정국 상황에서 벌어진 것이다. 그것은 안동 김씨 세력이 자신들의 권력을 공고히 하기 위한 사전 정지 작업이었다. 헌종이 친정을 하게 되면서 헌종 주변 인물들에게 권력이 쏠리게 될까 봐 미리 막으려는 것이었다. 김노경은 이미 저세상 사람이지만 윤상도와 엮어 역적으로 몰아가는 작업이 필요했다. 추사를 정치권에서 완전히 배제하려는 계책이었다.

이제 탄핵의 칼끝은 추사를 향했다. 10년 전 부친인 김노경을 고금도로 유배 보냈던 윤상도의 탄핵 상소가 자신을 겨누게 된 것이다. 이 사건으로 위리안치圍籬安置되었던 윤상도는 대역부도大逆不道로 능지처사陵遲處死되었고, 추사는 윤상도가 올린 흉악한 상소의 배후 인물로 지목되었다. 추사는 자신의 무고함을 호소하며 항변했으나 아무 소용이 없었다. 근거도 없는 죄로 인하여 그의 목숨은 바람 앞에 등불처럼 위태로워졌다. 다행히 추사와 막역한 사이인 조인형의 구명으로 목숨은 부지한 채 헌종 6년(1840), 제주 대정현에 위리안치되었다. 이 과정에서도 사헌부·사간원·홍문관에서는 연일 들고일어나 끊임없이 추사를 국문하라고 상소했다. 유배형에 처했지만 어떠한 방법을 써서라도 그의 목숨을 끊어놓으려는 정치적인 계산이었다.

추사는 8년여 뒤인 헌종 14년(1848)에 유배지에서 풀려났다. 추사의 오랜 친구인 권돈인이 전계에서 추사의 이름을 뺀 것이다. 이로써 제주 대정현에서 벗어날 수 있었다.

그러나 또 다른 정치적인 보복이 기다리고 있었다. 헌종이 갑자기 훙서薨逝했던 것이다. 이 시기는 헌종의 친정체계가 무르익은 시점이었다. 그런데 헌종에게는 후사가 없었다. 헌종의 뒤를 이어 왕위에 오른 이는 '강화도령'이라고 알려진 철종이었다. 철종의 할아버지 은원군(이인李裀)은 사도세자의 서자이고, 아버지(전계대원군 광全溪大院君 壙)와 철종(이원범李元範) 자신도 서자였다.

할아버지 은원군은 홍국영과의 역모사건(정조 10년, 1786)에 연루되었고 형 회평군 명懷平君 明은 민진용閔晉鏞이 왕으로 추대하려는 역모에 연루되었다. 그렇게 왕족의 일원이었지만 집안이 몰락하면서 강화도에 유배되어 평민으로 살고 있었다. 체계를 밟아 공부한 선비도 아니었고 주위에 어떠한 세력도 존재하지 않았다. 그의 왕위는 왕실의 최고 어른인 순원왕후에 의하여 주도적으로 이루어졌다. 당연히 안동 김씨 세도가들의 안정적인 정권 유지를 위한 계산이 깔려 있었다.

철종은 순조와 순원왕후 김씨의 아들로 입적되어 왕위를 이어받았다. 이러한 비정상적인 왕위계승은 예송 논쟁으로 비화되었다. 종묘 본전에 모신 선대왕의 위패 중 5대조의 위패를 영녕전으로 옮겨 모시는 오묘제도伍廟制度가 있다. 즉, 철종의 5대조인 효명세자인 진종의 위패를 영녕전에 모셔야 했는데, 철종의 경우 왕통은 헌종의 뒤를 이었으나 혈통은 순조의 아들로 입적되어 왕통과 혈통이 일치하지 않는 문제가 발생했다. 왕통 계승으로 보면 진종의 위패가 영녕전永寧殿에 모셔져야 하지만 혈통으로 본다면 그렇지 않았다. 철종 2년(1851) 6월, 예조에서 진종의 위패를 영녕전으로 옮겨 모시는 논의를 공론에 붙였다. 영부사 정원용이 진종에서 헌종까지 5대이므로 진종의 위패를 영녕전으로 모셔야 한다고 했다. 그러자 영의정 권돈인은 승통으로 보면 맞으나 혈통으로 보면 맞지 않으므로 불가하다고 맞섰다. 대부분의 모든 신하들은 승통으로 보아야 하므로 진종의 위패를 옮겨 모시자는 쪽으로 기울었다.

하지만 이 문제는 그렇게 간단하게 마무리되지 않았다. 권돈인과 반대 의견을 주장했던 관리들이 안동 김씨 세력이었기 때문이다. 그들은 이번에야말로 반대 세력을 제거할 수 있는 절호의 기회로 인식하여 총력전에 나섰다. 그들은 권돈인이 철종의 정통성에 문제가 있다고 제기한 부분을 문제 삼으며 그를 국문하여 처단할 것을 주문했다. 정통성을 부정하는 것은 곧 대역죄와 다름없다는 논리였다. 이 요구는 철종 2년⁽¹⁸⁵¹⁾ 2월부터 그해 10월까지 이어졌다. 그들의 목적은 단 하나였다. 권돈인을 비롯하여 김정희와 그의 형제 김명희, 김상희를 정치에서 완전히 몰아내는 것이었다. 김정희 등은 헌종이 즉위하자 지근에서 보좌하던 측근이었다. 헌종이 23살에 훙서했지만 안동 김씨 세력은 헌종의 측근 세력이 조정에 있는 한 자신들 뜻대로 꾸려가기가 불편했다. 사헌부를 비롯하여 사간원 등의 관리들은 연명으로 상소를 올려 권돈인의 처벌을 요구했다. 안동 김씨 세력들이 총동원되어 공격을 개시했다. 철종은 권돈인이 주장한 것은 예론에 따라 자신의 의견을 피력한 것일 뿐인데, 이것을 불경으로 다스리면 누가 충언을 하겠냐며 거부했다. 그런데도 삼사의 관원을 비롯한 대신들은 몇 개월 동안 권돈인의 처벌을 집요하게 물고 늘어졌다. 결국 궁여지책으로 문외출송^{門外黜送}(관직을 박탈하고 도성 밖으로 내쫓는 일)을 명했다.

그러나 그들은 여기에 만족하지 않았다. 이번에는 추사와 그의 형제들의 처벌을 요구했다. 추사가 대정현으로 유배 갈 때처럼 죄목도 명확하지 않았고 근거도, 명분도 없었다. 오직 자신들의 반대 세력을 숙청하는 데 혈안이 되어 있었다. 사헌부와 사간원에서 연명하여 올린 상소에 이런 그들의 의도가 드러나 있다. 그들은 추사와 형제들이 권돈인과 붕당을 형성하여 국법을 어지럽히고 조천을 논의하는 과정에 참여했다고 주장했다. 철종은 이러한 요구에 쟁집을 그치지 않으면 관직을 박탈하고 모두 다른 사람으로 바꾸겠다고까지 했지만 아랑곳하지 않았다. 그들은 이미 왕의 신하가 아니었다. 왕 위에 군림하며 특정 가문의 영달을 위하여 충성하는 권문세도가의 신하였을 뿐이었다. 더구나 철종은 자신을 왕위에 앉혀준 세력에 대항할 지지기반이 없었다. 이런 상황에서 그들의 끈질긴 요구를 이겨낼 방도가 없었다.

철종 2년(1851) 7월, 김정희는 함경남도 북청으로 유배를 가게 된다. 그의 형제들인 김명희, 김상희는 지방으로 추방되었다. 이로써 안동 김씨 세력이 그토록 제거하기를 원했던 반대 세력은 완전히 사라지게 되었다. 이제 조정은 그들의 세상이 되었으며 추사 집안은 모두 유배를 당하는 비운의 가문이 되었다. 정치적으로 더 이상 재기하기 어렵게 된 것이다.

민란, 세도정치의 극복

추사가 살았던 시기는 정치적으로 비정상
적인 시대였다. 위민정치가 근본이며 조선사회를 지탱하고 있던 유교
적인 사상도 고갈되었다. 백성과 함께 고통을 같이하고 백성의 편안
함을 최우선으로 했던 개창 초기의 상황과는 전혀 다른 모습의 세상
으로 변해 있었다.

조선의 붕당정치는 개창 후에도 그 폐해가 분명히 존재했다. 당론
이 우선시되는 시기도 있었다. 그러나 붕당정치는 대화와 타협이 존
재했고 백성을 위하는 정치가 있었다. 그러나 세도정치는 국가의 모
습을 완전히 바꿔놓았다. 백성을 위한 정치는 소멸되고 모든 시스템
은 특정 가문을 위해 움직였다.

국가를 경영한다는 것은 공동의 삶을 영위하는 것이다. 특정 집단
의 삶을 위한 정치권력은 국가권력으로 볼 수 없다. 세도정치는 노론
일당 독재 속에서 피어난 독버섯이었다. 세도정치 시기의 백성들의
삶을 들여다보면 그 폐해가 얼마나 심각했는지 금방 알 수 있다. 결국

곪을 대로 곪은 갈등과 폐해는 민란으로 표출되었다. 세도정치 시기인 순조대부터 철종대까지 크고 작은 민란이 무려 60여 차례 이상 일어났다. 민란이 발생하게 된 직접적인 이유는 관료들의 탐욕과 잘못된 정치였지만, 그로 인한 민중의 분노가 더 큰 원인이었다. 세도가들이 중앙의 주요 벼슬자리를 독점함으로써 지방 선비들이 중앙 관직으로 진출할 수 있는 길이 사실상 막혔고, 지방 관리들은 이런 폭력적인 권력을 등에 업고 백성들을 수탈했다.

이런 체제가 가속화되고 심화되는 상황을 견뎌내기 어려웠던 백성들은 분연히 일어났다. 홍경래의 난˙은 지방정부는 물론이고 중앙정부에까지 위협적인 사건이었다. 과거제도의 부패로 인하여 '조선왕조 개국 이래 서북인 가운데 높은 벼슬을 한 사람이 아무도 없다'라는 말이 공공연하게 떠돌 만큼 홍경래의 난은 지역 차별에 대한 불만이 짙게 깔려 있었다. 이후 여기저기에서 민란이 일어나기 시작했다.

철종 13년(1862)에 진주에서 일어난 민란은, 삼정三政의 문란 등 국내 정치의 혼란과 탐관오리들의 가혹한 탄압을 견디지 못한 농민들이 일으킨 난이었다. 당시 정권을 장악하고 있던 안동 김씨 세도가들은 정치를 농단하고 매관매직을 일삼았다. 당연히 국가의 기강은 흐트러지고 국가재정의 근간인 전정田政, 군정軍政, 환곡還穀 삼정이 부정부패의 온상이 되었다. 삼정 문란에 따른 피해와 고통은 고스란히 농민에게 전가되었다. 특히 뇌물로 자리를 산 향리들은 수단과 방법을 가리

• 순조 11년(1811)에 평안북도 가산군에서 홍경래가 일으킨 농민항쟁으로, 서북인에 대한 차별 철폐와 안동 김씨 세도정권의 타도를 외쳤다. 이듬해 관군에게 진압되었으나 19세기 중엽 삼남지방을 중심으로 일어난 전국적인 민중항쟁의 원동력으로 작용했다.

지 않고 농민들을 수탈했다. 자연재해로 인해 농업생산량도 급격하게 감소한 상태였다. 이런 상황에서도 이들은 백골징포白骨徵布라 하여 죽은 이에게까지 세금을 부과했다. 그렇지 않아도 파탄 지경에 다다랐던 농민들은 더 이상 견딜 수 없었다. 약 3개월에 걸친 이 민란은 비슷한 처지에 놓여 있던 다른 지방의 농민을 자극해 이 해에만 전국에 걸쳐 30여 개 지역에서 농민이 봉기하였다.

다산과 추사의 유배

다산 정약용은 추사보다 약 20여 년 앞선 인물이지만 추사와 동시대를 살았던 학자이다. 다산과 추사의 공통점은 정치적인 탄압으로 유배생활을 했다는 것이다. 다산은 남인으로서 노론의 정치적인 공세를 받아 유배생활을 했고, 추사는 노론이었지만 같은 노론인 안동 김씨 세도가들한테 탄압을 받았다. 다산은 천주교 탄압을 명분으로 내세운 벽파 세력에 의하여 정치적인 탄압의 대상이 되었고, 추사는 세도가들의 정적 제거의 대상이 되어 탄압 받았다.

하지만 삶의 궤적은 너무나 달랐다. 당파적인 입장도 달랐다. 다산은 남인 계열 집안의 학자였으나, 추사는 노론 계열로 왕족과 외척관계였다. 추사가 유배지에서 쇠잔해가는 자신을 바라보며 외로워하고 한탄할 때 다산은 기약 없는 유배생활에서도 개혁을 위한 이론적인 토대를 만들어갔다. 추사는 청으로부터 최신 학문을 배우고 서신을 통하여 쟁쟁한 학자들과 교유한 당대 최고의 지식인이었다. 하지만 당대 최고의 지식인으로서 특별한 업적을 찾기는 어렵다. 다산은 실학자로서 실사구시實事求是를 주장하고 실천한 지식인이었다. 경세치용론經世致用論에 기반을 둔 이용후생利用厚生을 주장하며 실천했다. 당시 학자들이 주자학을 신봉하며 이기설理氣說이니 예론禮論 등의 논쟁에 매몰되어 있을 때 그는 새로운 학문을 적극 수용하고 실천했다. 다산 또한 불운한 삶을 살았지만 그 행적은 추사와는 사뭇 달랐다. 순종은 다음과 같이 다산을 평가했다.

> 고 승지 정약용은 문장과 나라를 운영하는 재주가 일세에 탁월했다. 응당 조정에서 포양하는 거조가 있어야 하니 모두 정2품 규장각 제학에 추증하며, 시호를 내리는 은전을 시행하라.
>
> — 『순조실록』, 4권, 순종 3년(1910) 8월 19일.

다산은 실사구시의 정신을 실천한 인물이며 주자학에 매몰되지 않고 실학자로서 현실 개혁을 주도했다. 비록 정치적인 탄압을 당해 강진으로 유배되었지만 현실정치에서 실현하지 못한 사상들을 집대성하여 세상에 널리 알렸다. 그는 노론과 소론의 목숨을 건 정쟁의 한가운데에 놓여 있었다. 당시의 정쟁은 삶과 죽음을 놓고 한판 벌이는 전쟁이었다. 권력의 주도권을 어느 당파에서 잡는가에 따라 그들의 삶이 결정되었다. 특히 그의 집안은 천주교를 일찍이 받아들여 유일사상 주자학에 반기를 들었다. 이런 행동은 반대 세력인 노론의 표적이 되기에 충분했다. 그는 후에 천주교를 부정하여 목숨은 부지하게 되었으나 유배형에 처해졌다. 반면 그의 형 정약종*은 끝까지 굴하지 않아 결국 죽음을 당했다.

다산 정약용 초상화 작자미상

다산의 형제들은 신유박해辛酉迫害 사건으로 어려움을 겪었다. 둘째 형 정약종은 순교하였으며 다산과 첫째 형 정약전은 유배에 처해졌다. 정약전은 유배지에서 「자산어보兹山魚譜」라는 해양생물학 사전을 편찬하였으며 다산은 장기와 강진 19년간의 유배생활 동안 약 500여 권을 저술하였다. 그러나 다산의 저술은 빛을 보지 못했다. 윤치호는 그의 일기에서 노론계 인사들은 다산이 남인이었다는 이유만으로 그의 책을 읽지도 사지도 않는다고 개탄하였다.

그런데 유배형은 다산에게 오히려 새로운 전환이 되었다. 19년이라는 긴 유배생활 동안 학문과 저술에 집중하여 그의 학문체계를 완성했다. 『경세유표經世遺表』, 『목민심서牧民心書』, 『흠흠신서欽欽新書』, 『아언각비雅言覺非』, 『이담속찬耳談續纂』, 『강역고疆域考』 등 500여 권의 저서를 이때 저술했는데, 문집을 비롯하여 역사·지리·경제·정치 등 모든 분야를 망라하고 있다. 저술의 양도 양이지만 개혁적인 사상에 기반을 두고 있다는 점에서 높이 평가된다. 그중에서도 가장 빛나는 업적은 소수 권력층이 독점하고 있는 토지제도의 문제점을 거론하며 혁신적인 토지개혁안을 제시했다는 점이다. 그는 토지개혁 없이는 미래도 없다는 확고한 신념을 갖고 있었다.

그는 피폐한 농촌에 관심을 갖고 정치개혁과 사회개혁에 대해 체계적으로 연구했다. 그 결과 기본 생산수단인 토지 문제의 해결이 곧 사회정치적인 문제해결의 근본임을 인식하게 되었고 경작지는 경작하는 사람이 소유해야 한다고 주장하기에 이른다. 달리 말하면 경작하지 않는 사람은 경작지를 소유할 수 없게 하자는 주장이기도 했다. 경작을 하지 않는 양반들은 능력에 따라 별도로 대우하면 된다고 했다. 기존의 토지제도는 물론 신분제도를 개혁하고 경제적으로 평등화를 지향하는 가히 혁명적인 개혁론이었다. 1799년에 저술한 『전론田論』의 여전법閭田法은 이 같은 논리가 가장 강렬하게 반영된 것이었다.

● 정약종(1760~1801)은 조선후기의 학자이자 천주교인이다. 정약용의 둘째 형으로, 이승훈과 함께 청나라 신부 주문모를 맞아들이고, 천주교회장이 되어 전교에 힘쓰다가 신유박해辛酉迫害로 체포되어 순교하였다. 한문으로 쓰여 있던 천주교 교리를 발췌하여 『주교요지主敎要旨』라는 한글로 된 교리 해설서를 저술하였다. 신유박해는 시파와 벽파 간의 정치투쟁 중 벽파가 일으킨 천주교 탄압 사건이다.

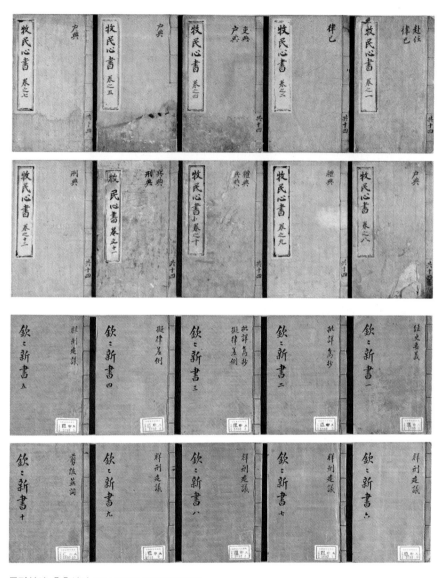

목민심서, 흠흠신서 다산 정약용, 국립중앙박물관

『목민심서』는 관리가 지켜야 할 지침서로 1818년(순조 18)에 저술하였다.

『흠흠신서』는 그 다음해인 1819년(순조 19)에 편찬하였는데 형사사건을 다루는 전반적인 지식과 마음가짐을 정리하였다.

여전법은 소수 양반지주들이 독점 소유하고 있는 토지를 실질 경작자에게 돌려주거나 국유화하자는 것이었다. 이 제도는 부의 분배효과와 더불어 신분제도까지 개혁할 수 있는 내용이었다. 모든 백성에게 군역의 의무를 지우자는 호포제戶布制와도 맞물려 있었다. 구체적인 내용을 살펴보면, 마을을 30가구를 1여로 하여 재편성한 다음, 그중 3분의 1의 성인 남성에게 군역을 지우고 나머지 가구가 공동으로 경작하여 생산물을 분배하는 방식이었다. 이 제도의 보급을 위해서 여내閭內 농민은 자유롭게 이동할 수 있도록 하고, 무위도식하는 선비들에게는 실생활에 필요한 직업을 갖도록 유도하고자 했다. 토지개혁과 정치개혁을 동시에 이룰 수 있는 혁신적인 개혁안이었다. 하지만 현실적으로 실현되지는 못했다.

이와 달리 추사 김정희는 집안과 주위 인사들의 영향으로 일찍이 청의 학문을 받아들였고 청의 지식인들과 친밀하게 교유했다. 왕의 외척이라는 특별한 집안 배경으로 세도정치의 소용돌이 속에서도 고위 관직을 역임했다. 부친인 김노경은 이조·예조·병조판서와 대사헌을 지냈고, 자신은 규장각대교·성균관대사성·병조참판·형조참판을 역임했다. 세도정치 시기였지만 당시 부와 권력을 갖은 소수 가문 가운데 하나였다.

그러나 그는 정치적인 관심보다는 예술적인 재능에 뛰어난 문신이었다. 그런데도 저술로 남긴 책이 거의 없다. 써 놓은 글을 두 번에 걸쳐 불살랐기 때문이기도 하지만 저술에 크게 의미를 두지 않았던 것으로 보인다. 이는 그의 편지에서도 확인할 수 있다. '나는 저술한 것을 스스로 나타내고 싶지 않아 문자를 남겨두지 않는다'고 했다. 보낸 편지도 항아리 덮개로 쓰거나 즉시 찢어버리라고 할 정도였다. 전해지는 저술이 없다 보니 전 생애를 파악하기가 쉽지 않다. 후일 추사의 글과 편지를 모아 편찬한 『완당전집』을 통해 그나마 그의 삶을 유추해 볼 수 있다.

『완당전집』은 전체 글의 절반 정도가 편지글로 되어 있다. 편지로 소식을 전하거나 학문 관련 토론을 했던 것으로 보인다. 부인에게 보낸 한글 편지에는 유배지 생활의 고단함이 묻어난다. 장맛이 입에 맞지 않고 보내온 민어가 썩어 먹을 수 없으니 연한 민어를 가려서 보내달라고 당부하기도 하고, 겨자는 맛난 것이 따로 있으니 골라서 보내고, 어란도 먹을 만한 것을 구하여 보내달라고 했다. 제주도 풍토병으로 인한 질병으로 하루하루가 너무 괴롭다는 호소도 들어 있다. 두 동생에게 보낸 편지에는 장기가 발작을 일으켜 아마도 더 이상 지탱할 수 없을 것 같다고 하소연했다. 그는 유배 전부터 눈과 코에 질병이 있었다. 그런 상태에서 유배를 오니 풍토병에 더욱 시달리고 종기와 혹까지 났다면서 그저 실낱같은 목숨을 구차하게 연장하면서 소식이나 전할 뿐이라는 체념적인 내용을 보냈다. 어릴 때부터 풍족하게 살아왔으니 먹는 것, 입는 것, 자는 것 하나하나가 다 고단하고 불편했을 것이다. 그런 유배생활의 실상을 편지에 적어 가족과 지인에게 호소하고 도움을 청했다. 이렇듯 그의 편지는 유배지에서의 고단한 삶과 일부 논쟁의 글이 대부분이었다. 당대 명문가의 지식인으로서 세상에 대한 성찰과 고민의 흔적은 찾기 어렵다.

유배되기 전 관직에 있을 때에도 이렇다 할 업적이나 정치적인 견해가 없었다. 세도정치 시기의 혼란한 정국에서도 규장각대교·성균관대사성·병조참판·형조참판 등 비중 있는 고위 관직을 역임했다.

그러나 이런 위치에 있었던 관료로서 자신의 정치적인 견해나 현실 타파를 위한 노력의 흔적을 찾을 수 없다. 실록에도 유배 중인 부친 김노경의 억울함을 호소하기 위하여 격쟁한 것과 관직에 제수된 것 말고는 특별한 기록이 없다. 굳이 찾는다면 충청우도에 암행어사로 다녀온 것 정도이다. 이것은 그가 정치적인 면에서 매우 소극적인 태도를 취하고 있었음을 알게 한다. 게다가 당시 세계정세는 하루가 다르게 급변하는데, 고위 관리로서 정세를 읽고 적극적으로 대처하기는커녕 극히 배타적인 입장을 견지하고 있었다.

헌종 5년(1839)에 프랑스 앵베르 주교를 비롯하여 샤스탕·모방 신부 및 천주교 신자 다수가 처형당한 사건이 일어났다. 기해박해己亥迫害라 불리는 이 사건으로 헌종 12년(1846)에 프랑스 해군이 군함 3척을 몰고 충청도 외연포에 들어와 천주교 탄압에 항의하는 국서를 전달하는 일이 일어났다. 추사는 이 사건에 대하여 천만 번 통분할 일이라고 하며, 그들이 다시 올 것을 두려워하고 겁내는 것은 가소로운 일이며 다시 온다 하더라도 적은 규모로는 소란을 일으킬 수 없으니 전혀 문제될 것이 없다고 단언했다. 그리고 요즘 서양의 배들이 자주 출몰하는 것도 깊이 걱정하지 않아도 된다고 했다. 만 척에 가까운 배들이 세계를 다니고 중국에도 수시로 드나드는데 대수롭지 않게 여긴다는 게

• 신유박해 이후에도 천주교도들은 혹독한 탄압을 받았다. 그러면서도 꾸준히 신앙과 전도생활을 이어갔다. 그러던 중 1839년(헌종 5)에 세도가문끼리 정권 다툼을 벌이는 과정에서 천주교가 희생양이 됐다. 안동 김씨 세력으로부터 권력을 탈취하기 위해 풍양 조씨 조만영과 그의 아우 조인영이 사학 척결을 명분으로 천주교도에 대한 일대 탄압을 벌인 것이다. 이를 기해박해라고 한다.

그 이유였다. 그러면서도 영국 배가 남기고 간 지도를 보고는 그 정밀함에 놀라움을 표하기도 했다. 특히 국경 지역이 「곤여전도坤輿全圖」와 중국의 「황여전도皇輿全圖」와는 비교할 수 없을 정도로 상세하다고 평가했다. 이때 추사가 좀 더 안목이 있었더라면 그런 상세한 국경 지도를 보고 감탄만 하고 있을 게 아니라 외세의 동아시아 진출에 대비하기 위한 준비를 철저히 했을 것이다. 하지만 그는 서양의 배들이 이런 지도를 가지고 우리 해안에 자주 출몰하는 데도 무사안일한 태도를 취하고 있다. 조선보다 더 많은 배가 출몰하는 중국에서도 별일 없다는 것을 내세우면서 말이다.

추사가 유배 가기 한 해 전에 이미 청나라는 영국과 프랑스의 팽창주의에 몸살을 앓고 있었다. 조선에서 기해박해가 일어났을 때 청나라에서는 영국 상선에 실려 있던 아편 2만여 상자를 불태우고 영국 선박의 출입을 금지시킨 사건이 벌어졌다. 그때 추사는 형조참판이라는 고위직에 있었다. 그는 당시 조선의 어떠한 지식인들보다 청의 사조를 적극적으로 받아들인 학자였다. 그들로부터 받아들인 학문이 금석문과 경학에 국한되었더라도 외세를 바라보는 눈이 밝지 않았음을 확인할 수 있다. 아쉽게도 무사안일에 젖어 세계정세의 변화를 읽고 준비하지 못했다. 청의 학문을 익히고 그들의 문화를 접한 지식인으로서의 대외인식이라고는 믿기지 않은 수준이다. 청에 경도된 사상을 가지고 있었으면서도 세상을 바라보는 혜안은 부족했던 것이다.

그의 사상적인 단면 역시 『완당전집』을 통해 알 수 있는데, 여기에 실사구시설實事求是說이 기록되어 있다. 이것은 학문을 대하는 자세를 논한 것으로, 19세기 경세치용과 이용후생의 실사구시와는 다른 개념이다. 추사의 실사구시는 "사실에 의거하여 사물의 진리를 찾는다"는 것인데, 진리를 추구하는 과정에서 허술하게 논증한다든지 선입견으로 임하는 것을 경계하는 말이었다. 그를 실학자라고 한다면 경세치용과 이용후생과 관련되어 어떠한 주장과 업적이 있는지 확인하면 된다. 그러나 아쉽게도 학문하는 자세를 논한 실사구시설 말고는 이와 관련된 주장과 업적이 아직 발견된 것이 없다. 당대 실학자로서의 삶을 걸어온 다산과 비교하여도 실학자로서의 행적을 발견할 수 없다. 따라서 변화와 개혁을 추구했던 19세기 실학자의 범주에 추사를 포함시키기에는 많은 부분이 부족하다. 그러나 금석학·고증학·서화 등의 능력이 출중하여 큰 업적을 이룬 점은 높이 평가되어야 한다. 추사에 관한 평가는 그의 졸기에서 확인할 수 있다.

전 참판 김정희가 졸卒했다. 김정희는 이조판서 김노경의 아들로서 총명하고 기억력이 투철하여 여러 가지 서적을 널리 읽었으며, 금석문과 도사圖史에 깊이 통달하여 초서草書·해서楷書·전서篆書·예서隸書에 있어서 참다운 경지에 이르렀다. 거리낌 없이 행해도 사람들이 자황雌黃하지 못했다. 둘째 아우 김명희金命喜와 더불어 훈지처럼 서로 화답하여 울연히 당세의 대가가 되었다. 젊은 나이에 이름을 드날렸으나 중간에 집안에 재앙을 만나 남쪽으로 귀양 가고 북쪽으로 귀양 가서 온갖 풍상을 다 겪었으니, 세상에 쓰이고 혹은 버림을 받으며 나아가고 또는 물러갔음을 세상에서 간혹 송나라의 소식蘇軾에게 견주기도 했다.

— 『철종실록』 8권, 철종 7년(1856) 10월 10일.

추사는 금석문을 비롯한 글과 그림에 통달하여 참다운 경지에 이르렀으나 자신은 물론 부친과 형제가 유배를 가는 불운한 삶을 살았다. 그러나 학문을 하는 데는 누구보다도 철저했다. 그 누구도 그의 글에 첨삭을 할 수 없을 정도로 정확하고 완벽했다. 그 철저함은 저서를 남기지 않은 결벽증으로 표현되었을 것으로 보인다. 추사는 시서화에 능통한 예술적인 기질이 강한 사대부의 한 사람이었다.

인간 김정희

청나라의 경학을 깊이 연구한 일본의 후지 츠카 치카시藤塚鄰는 「조선에서의 청 문화의 이입과 김정희」란 논문으로 박사학위를 받았다. 그는 경학을 연구하는 과정에서 추사 김정희를 알게 되었다. 그리고 조선에서 경학을 일찍이 받아들인 그에게 주목한다. 추사가 옹방강과 완원으로부터 학문을 전달받고 매진하여 한반도에 실사구시의 학문을 선포했다고 극찬했다. 이 논문의 내용대로 추사는 옹방강, 완원과 수준 높은 치열한 학문적인 논쟁도 했을 것이다. 그러나 그것이 조선에 실제로 적용되었는가는 별개이다.

추사는 시서화에 뛰어난 소질이 있어 그 실력을 따라갈 사람이 없었다. 세간에 잘 알려진 추사체 말고도 그가 평생 동안 남긴 서체는 훌륭한 작품으로 평가받고 있다. 청나라 학자들도 추사의 글과 학문에 존경심을 표했다. 당시 관심 밖이었던 금석문을 철저히 고증하여 그 연원을 밝히고 세상에 널리 알리기도 했다. 당시로서는 최신 학문을 청으로부터 전수받아 학문을 닦은 지식인이었다. 학문 수양에서만

큼은 절대로 양보할 수 없는 치밀함을 보여주었다. 추사가 지인들과 주고받은 편지는 치열했던 학문 논쟁의 흔적을 보여준다. 제자에게 전한 서권기와 문자향은 학문에 임하는 그의 정신세계를 보여주고 학문하는 자세와 깊이를 배울 수 있다. 학문적인 깊이는 철저한 학문 수양의 결과였다. 추사의 실사구시설은 오늘날에도 유효한 학문하는 자세이다. 학문을 함에 있어 사실에 근거하여 진리를 찾아야 하며 선입견에 의하면 안 된다고 했다. 추사 학문의 근간은 이런 철저함에서 나왔다고 볼 수 있다.

그러나 추사는 학문 연마에는 철저했지만 정치적으로는 무관심했다. 세도정치 세력과 정책적인 논쟁도 없었으며 각을 세운 부분도 보이지 않는다. 개혁을 위한 몸부림도 없었다. 이는 다산 정약용과 비교해볼 때 확연하게 드러난다. 다산은 경세치용과 이용후생의 실학자로서의 삶을 살았다. 추사는 학문함에 있어서는 실사구시를 강조했으나 그 틀에서 벗어나지 못했다. 주자학을 신봉하며 예론禮論과 경론經論에 매몰되어 있던 다른 지식인들과 크게 다를 바가 없었다. 실사구시론을 이야기하고 있지만 실사구시의 토대 위에 19세기 조선이 안고 있던 문제를 해결하려는 지식인다운 모습은 없었다. 외국 선박의 잦은 출몰에 대하여도 중국의 대처 방식을 거론하며 무사안일의 태도를 견지했다. 대외관계의 무관심과 이해 부족으로밖에 보이지 않는다.

어느 시대든 지식인은 존재한다. 그 시대의 주가 되는 조류와 외부로부터 새로운 조류가 공존한다. 새로운 조류는 발전적인 사회를 위한 기반이 되고, 그 주체는 지식인이었다. 지식인은 시대를 불문하고 그 책임과 의무가 주어진다. 지식은 발전적으로 확대재생산되어야 한다. 자신과 소수만을 위한 지식은 정체된 것으로, 그 생명력을 잃게 된다. 추사는 사대부이자 지식인이었다. 다만 지식인의 책무를 다하지 못했고 자신과 소수만을 위한 지식인으로 머물렀다. 사람마다 관심사가 다르고 보이는 재능도 다르다. 추사는 시서화에 관심과 재능이 있었고 자신의 학문에 철저한 사대부였다. 그러나 그에 대한 세간의 평가는 과대 포장되어 있다. 그를 실학자라고 한다거나 19세기 학문에 끼친 영향이 지대하다고 하는 점이 그것이다. 추사는 글과 그림이 좋아서, 글 읽는 것이 좋아서 열심히 공부하고 정진한 사대부였다. 그리하여 추사체라는 불세출의 걸작이 탄생했다. 뛰어난 예술가라고 칭송하고 싶다.

인간 추사를 느낄 수 있는 작품 두 개가 있다. 대팽고회大烹高會라는 족자에 쓴 글과 봉은사의 판전 현판이다. 대팽고회는 그가 71세의 나이로 세상을 뜬 해(1856년,철종 7)에 남긴 글이다. 이 글은 아주 평범하지만 늙은 노인 추사의 회한이 담겨 있다. 허리춤에 큰 황금 인을 차고 먹는 것이 풍요롭고 시첩이 수백 명 있다 한들 의미 없다고 읊고 있다.

大烹豆腐瓜薑菜 　좋은 음식은 두부와 오이, 생강과 나물이고
高會夫妻兒女孫 　훌륭한 모임은 부부와 아들딸, 손자와 함께하는 것이다

추사가 별세하기 3일 전에 썼다고 전해지는 글씨가 강남구 삼성동 봉은사에 현판으로 남아 있다. 철종 7년(1856)에 영기스님이 새긴 「화

대팽고회 대련 김정희, 129.5×31.9cm, 간송미술관

흰빛의 얇은 중국산 종이에 예서체로 쓴 대련 형식의 글이다.
말년 추사의 필력이 살아있는 글로 글자 하나하나가 자유로움을 얻은 듯하다.
예서체이나 전서체의 느낌도 나는 추사의 역작이다.

엄경수소연의초「華嚴經隨疏演義初」 등의 경판을 봉은사에 안치한 법당의 현판이다. 판전이라고 쓴 옆에는 "71세 과천 늙은이 병중에 쓰다"라고 남겨 놓았다. 별세하기 3일 전의 글씨이니 이 세상에서 마지막으로 남긴 글이 아닐까 싶다.

이 글씨를 보고 있노라면 추사의 인생이 묻어나는 듯하다. 굵직한 글씨는 투박하고 모나지 않았다. 힘겹게 쓴 글로 보이면서도 힘이 실려 있다. 병환 중이라고 직접 기록한 이유는 무엇일까? 모든 것을 내려놓은 인간 추사 자신을 현판의 글씨로 남긴 것은 아닐까? 추사가 마지막으로 느낀 인간적인 회한이 전해진다.

판전, 봉은사 판전 현판 김정희, 77×181cm, 1865, ⓒ홍순대
강남구 삼성동 소재 봉은사 판전 현판은 모든 것을 내려놓은 듯 편안함이 느껴지면서도
동시에 마지막 남은 힘을 모아 한 획 한 획 써내려간 추사의 모습을 그리게 한다.
현판에 쓰여 있듯이 71세 병중에 쓴 것이다.

5

조선
최후의 선비,
매천

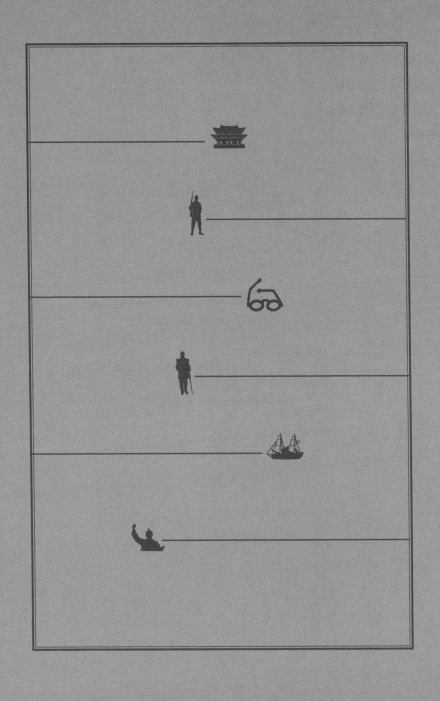

500년 선비는 어디에 있는가?

　나라가 정녕 망했다는 말인가? 500년 왕조가 사라졌다는 말인가? 지난 5월에는 경복궁을 헐어서 판다고 하더니 이제 나라까지 팔아 넘기는구나! 내 비록 나라에 충성을 다하지 못해 죽어서 의를 지킬 이유는 없으나 나라가 선비를 키워온 지 5백여 년인데 나라가 망한 오늘 책임지는 선비 하나 없다는 것은 통탄할 일이다. 나는 하늘에서 내린 본성을 저버리지 않고 아래로는 평생 읽던 좋은 글을 저버리지 아니하려 길이 잠드니 통쾌하지 않은가? 너희들은 내가 죽는 것을 지나치게 슬퍼하지 말라!

　경술국치가 있기 몇 개월 전 매천梅泉은 청천벽력 같은 소식을 들었다. 조선왕조의 정신이 깃들어 있는 경복궁을 헐어 판다는 소식이었다. 그것을 사는 사람들은 조선인과 일본인을 포함하여 80여 명이나 되었다. 통탄할 노릇이었다. 궁궐을 헐어 판다는 것은 조선의 개창 정신을 파는 것이었다. 그런데 이제는 나라까지 팔아먹는 사건이 벌어진 것이다. 왜놈들의 야욕을 몰랐던 것은 아니었으나 나라가 망한 지금 조선의 백성으로서, 조선의 선비로서 존재할 수 없다고 생각했다. 그는 5백여 년 동안 이어져 온 조선왕조의 선비로 남기를 원했다. 유서인 「유자제서遺子弟書」에는 그가 죽음을 선택할 수밖에 없는 이유를 밝혀놓았다.

조선왕조는 선비를 양성하여 나라를 이끌어온 왕조이다. 선비라고 하면 유학을 바탕으로 학문을 닦고 그 뜻을 펼쳤던 지식인이다. 나라에 충성하고 부모에게 효도하는 것을 기본적인 도리로 여기며 실천했다. 매천은 관직에는 오르지 않았다. 그래서 스스로 나라에 충성하는 도리는 다하지 못했다고 했다. 하지만 나라가 망한 지금 선비로서 의를 지키기 위해 자결을 결심한다고 했다. 그가 사삼소주에 아편을 타마시고 사경을 헤매고 있다는 전갈을 듣고 아우 황원黃瑗이 도착했다. 황원이 그를 살리려고 하자, 오히려 아우를 책망했다.

"이런 세상에 선비는 당연히 죽어야 한다. 오늘 죽지 않으면 마음에 병이 생겨 더욱 고통스럽게 죽을 것이다. 그것이 빨리 죽는 것만큼 편안하겠느냐?"

그리고 이어서 이렇게 말했다.

"약을 마실 때 세 번을 입에 대었다 떼었다 했으니, 내가 참 어리석었나 보다."

자결하려고 했으나 세 번을 망설였다는 뜻이었다. 그렇게 망설인 자신의 모습을 부끄럽게 여기고 있으니 황원은 더 이상 어찌할 도리가 없었다. 누구보다 강직하고 올곧은 그의 성품을 잘 알고 있는 황원이 아닌가.

5년 전인 을사년(1905, 광무 9)에 을사늑약乙巳勒約*이 체결되었다. 을사늑약은 이토 히로부미伊藤博文가 조선의 대신들을 앞세워 맺은 불평등 조약이었다. 조약은 국가 간의 권리와 의무를 규정하며 법적인 구속력을 갖는다. 따라서 규정은 심도 있게 논의하고 상대국 간 의견을 조율하여 협약을 맺는다. 그러나 이때 맺어진 조약은 대한제국과 심도 있는 논의는커녕 협의를 통하여 결정되지 않았다. 5개 항의 조약은 조약이라고도 할 수 없는 불평등한 내용이었다.

제1조 일본국 정부는 도쿄의 외무성을 경유하여 앞으로 한국과 외국과의 관계 및 사무를 감리·지휘할 수 있고, 일본국의 외교 대표자 및 영사는 외국에 있는 한국 신민과 이익을 보호할 수 있다.

제2조 일본국 정부는 한국과 다른 나라 사이에 현존하는 조약의 실행을 완전히 하는 책임을 지며, 한국 정부는 앞으로 일본 정부의 중개를 거치지 않고 국제적 성질을 띠는 어떠한 종류의 조약이나 약속을 하지 않기로 한다.

제3조 일본국 정부는 그 대표자로서 한국 황제폐하의 궐 아래에

• 원명은 한일협상조약이며, 제2차 한일협약·을사5조약·을사늑약이라고도 한다. 대한제국 광무 9년(1905)에 러일전쟁에서 승리한 일제가 대한제국의 외교권을 빼앗기 위해 강제적으로 체결한 조약이다. 고종황제가 끝까지 재가하지 않았기 때문에 원인 무효의 조약이다.

왼쪽은 을사늑약 후 이토 히로부미가 개최한 남산 연회 모습
오른쪽은 을사늑약 전문, 독립기념관
1905년 11월 17일 을사늑약 체결을 기념하여 이토 히로부미가 11월 25일에 개최한 남산 연회의
모습이다. 나라의 외교권이 넘어가 자주권을 상실한 날이다. 조약에는 황실의 안녕과 존엄을 유지하고
보증한다는 조항은 있으나 백성의 안위와 관련된 조항은 없다.

1명의 통감을 두고, 통감은 완전히 외교에 관련된 사항을 관리하기
위해 경성에 주재하며 친히 한국 황제폐하를 알현할 권리를 가진
다. 일본국 정부는 또한 한국의 각 개항장과 그 외 일본 정부가 필
요하다고 인정하는 곳에 이사관을 둘 권리를 가지며, 이사관은 통
감의 지휘 아래 지금까지 재 한국 일본영사에게 속하던 모든 직권
을 집행하고, 또한 본 협약의 조관을 완전히 실행하기 위해 필요한
일절의 사무를 맡아 처리할 수 있다.

제4조　일본국과 한국 간에 현존하는 조약과 약속은 본 협약 조관
에 저촉되는 것을 제외하고는 계속하여 모두 그 효력을 지닌다.

제5조　일본국 정부는 한국 황실의 안녕과 존엄을 유지할 것을 보
증한다.

조약에는 한국의 외교 사무를 일본 동경의 외무성으로부터 감리, 지시를 받아야 한다고 규정하고 있다. 한국 황제의 대궐에 일본 정부의 대표인 통감 1명을 두어 외교 사항을 관리한다는 것은 노골적인 침략 행위이자 한국이라는 나라를 일본의 한 지방으로 취급하는 처사였다. 외교권과 자주권을 동시에 빼앗는 내용이다. 일본이 조약이라는 형식을 취한 것은 국제사회의 비난을 피하기 위한 방안이었다. 조약을 통한 협약이기 때문에 국제법상으로 문제가 되지 않음을 알았던 것이다.

그런데 이런 불평등조약을 앞장서서 체결한 한국 관료들이 있었다. 바로 나라를 팔아먹는데 앞장섰던 을사오적乙巳伍賊이다. 내부대신 이지용李址鎔, 외부대신 박제순朴齊純, 군부대신 이근택李根澤, 학부대신 이완용李完用, 농상공부대신 권중현權重顯이 그들이다. 이들 을사오적은 조약 체결 이후 이토 히로부미가 파견한 병력의 보호를 받았다. 조약체결 후 그들에게 가해질 민중들의 저항과 가해를 막기 위함이었다. 이근택은 조약을 체결한 뒤 가족들에게 자신은 죽음을 면했다고 했다. 이 말을 들은 한 노비가 칼을 들고 이근택을 향하여 꾸짖었다.

"대신으로 나라의 은혜를 입고서 나라가 위태로운데 죽지 않고 오히려 죽음을 면했느냐? 너는 참으로 개만도 못한 놈이다. 내 비록 천한 몸이지만 어찌 개의 종이 될 수 있겠느냐? 내 너를 베지 못한 게 한이다."

을사늑약이 얼마나 전 민중의 공분을 샀는지 알 수 있는 대목이다.

불평등조약이며 자주권과 외교권을 박탈당하는 을사늑약이 체결되었다는 소식을 들은 매천은 여러 날 동안 아무것도 먹지 않고 통곡만 했다. 통곡하면서 지은 문변삼수聞變三首 시에서 이렇게 개탄했다.

"백성도 산하도 비탄에 빠져 있고 백성들의 곡소리만 높아졌다. 어지러운 세상인데도 제 구실도 못하는 양반과 나라를 팔아먹은 매국노만 널려 있구나!"

幽蘭軒燬亦奇哉	유란헌이 불탄 일도 기이하나
萬歲亭摧宇宙哀	만세정이 꺾이니 우주가 슬퍼하네
屈指千秋亡國史	천추의 망국사를 손꼽아 보더라도
幾人能得快心來	마음에 흡족한 이 몇이나 되려나

一夜天崩七廟驚	하룻밤 새 하늘 무너지니 칠묘가 놀라네
瞻彼齊山松栢老	저 제산의 늙은 송백을 보라
遺民歌哭不成聲	유민들 소리 죽여 노래하고 곡하네

洌水吞聲白岳嚬	한강도 소리 죽이고 백악산도 찡그리는데
紅塵依舊簇簪紳	홍진 속 여전히 잠신들 널렸구나
請看歷代姦臣傳	역대의 간신전을 한번 보게나
賣國元無死國人	순국한 매국노는 원래 없었나니

을사늑약이 체결되고 5년이 흐른 경술년(1910년, 융희 4) 8월 22일, 한일 병합조약韓日倂合條約이 조인되었다. 황제의 합방령 조서가 군에까지 전달되었다.

매천은 기가 막혀 그 조서를 다 읽지도 못하고 기둥에 묶어 매달아 놓았다.

황제가 이르기를, 부덕한 짐이 대업을 이어받아 임어臨御한 이후 오늘에 이르기까지 새로운 정책에 관하여는 모두 시행하여 힘을 다하지 않은 것이 없었다. 그러나 옛날부터 약점이 고질화되어 그 폐단이 극도에 달했으므로 수시 대처했지만 그 만회할 길이 더 이상 없다. 이것이 한밤중에도 우려되었지만 선후책이 막연하므로 이를 그대로 방치한 채 더욱 지난한 세월이 흐른다면 그 결과는 수습하지 못할 지경에 이를 것이다. 차라리 다른 사람에게 그 대임을 맡기어 완전한 방법과 혁신적인 효과를 보는 것만 못하기 때문에 짐은 마음속으로 반성한 후 확실한 단안을 내리어 종전부터 의지할 수 있는 이웃 나라 대일본 황제폐하에게 우리 한국 통치권을 양보하여 밖으로는 동양의 평화를 견고히 하고 안으로는 팔역八域의 민생을 보전하려고 하니 대소신민들은 국가의 형세와 시대의 흐름을 잘 살피어 요동하지 말고 제각기 자기 생업에 열중하여 일본제국의 문명과 새로운 정치에 복종하여 모두 행복을 누리기 바란다. 짐이 오늘 이와 같은 일을 하는 것은 여러분을 잊어서가 아니라 여러분을 구제하려는 지극한 뜻에서 결정한 것이니 모든 관료와 백성들은 짐의 이 뜻을 이해해주기 바란다.

朝鮮譯文

○詔書

朕이東洋의平和를永遠히維持ㅎ야帝國의安全을將來에保障
ㅎ는必要를念ㅎ며又常히韓國이禍亂의淵源됨을顧ㅎ야曩者
에朕의政府로ㅎ야곰韓國政府와協定케ㅎ고韓國을帝國의保護
之下에置ㅎ야써禍源을杜絕ㅎ고平和를確保ㅎ믈期ㅎ얏더라
爾來時日을經過ㅎ야四年有餘에其間朕의政府는銳意韓國施政의改善을
務ㅎ야其成績이亦足히볼만호쟈가有ㅎ나韓國의現制는尙未治
安의保持를完케ㅎ기不足ㅎ고나疑懼의念이每時國內에充溢
ㅎ야民이其堵에安치못ㅎ나니公共의安寧을維持ㅎ고民衆의
福利를增進ㅎ믈爲ㅎ야는現制의革新믈避치못홀거이瞭然케
至ㅎ니라
朕은韓國皇帝陛下와더부러此事態를鑑ㅎ고韓國을擧ㅎ야日
本帝國에併合ㅎ야써時勢의要求에應ㅎ믈已치못홀쟈가有홈
을念ㅎ야兹에永久히韓國을帝國에併合케ㅎ나니라
韓國皇帝陛下及其皇室各員은併合後라도相當호優遇를受ㅎ
지며民衆은直接히朕의綏撫之下에立ㅎ야其康福을增進홀지
며産業及貿易은治平之下에顯著호發達을見ㅎ믈至ㅎ지니東洋
의平和가依此ㅎ야더욱其基礎를鞏固케ㅎ믈朕이信ㅎ야疑치
아니ㅎ는바라
朕은特히朝鮮總督을置ㅎ고朕의命을承ㅎ야陸海軍을統率ㅎ
며諸般政務를總轄케ㅎ나니百官有司는克히朕의意를體ㅎ고事
에從ㅎ야施設의緩急이其宜를得ㅎ야써衆庶로ㅎ야곰永遠히

히治平의慶에賴케ㅎ믈期홀지어다

御名 御璽

明治四十三年八月二十九日

内閣總理大臣兼
大藏大臣　侯爵　桂太郎
陸軍大臣　子爵　寺内正毅
外務大臣　伯爵　小村壽太郎
海軍大臣　男爵　齋藤實
内務大臣　法學博士　平田東助
遞信大臣　男爵　後藤新平
農商務大臣　子爵　岡部長職
司法大臣　小松原英太郎

朕이天壤無窮호丕基를弘ㅎ고國家非常호禮數를備코쟈ㅎ
야前韓國皇帝를冊ㅎ야王을爲ㅎ고昌德宮李王이라稱ㅎ니嗣
後此隆錫을世襲ㅎ야써其宗祀를奉케ㅎ며皇太子及將來世嗣
를王世子를爲ㅎ며太皇帝를太王을爲ㅎ야德壽宮李太王이라
稱ㅎ고各其儷匹을王妃太王妃又는王世子妃를爲ㅎ야並히皇
族의禮로써待ㅎ야特히殿下란敬稱을用케ㅎ느니世室率循의
道에至ㅎ야는朕이當히其軌儀를另定ㅎ야李家의子孫으로ㅎ

一七

1910년 8월 29일에 발행된 조선총독부 관보에 게재된 한일병합조약의 한국어 원문

순종황제의 이 조서는 나라를 포기하고 일본에 통치권을 양보한다는 것이었다. 또 조규에는 다음과 같은 내용이 있다.

짐이 동양의 평화를 위하여 한일 양국이 친밀한 관계로 피차가 서로 한 국가로 합하는 것은 상호 만세의 행복을 위한 것이다. 그러므로 이에 한국의 통치권을 짐이 극히 신뢰하고 있는 대일본 황제 폐하에게 양여하기로 결정하고 그에 필요한 조약을 규정하여 장래 우리 황실의 영구한 안녕과 민생의 복리 및 보전을 위하여 총리대신 이완용에게 전권위원을 임명하여 대일본제국 통감 마사다케와 회동하여 이 일을 상의, 협정하도록 했으니 여러 신하들도 짐의 뜻을 본받아 확실하게 봉행하기 바란다.

이완용과 데라우치 마사다케寺内正毅가 회동하여 협정한 조규(경술국치조약)는 다음과 같다.

제1조 한국 황제폐하는 한국 전부에 관한 일체의 통치권을 완전하고도 영구히 일본국황제폐하에게 양여함.
제2조 일본국 황제폐하는 전조에 게재한 양여를 수락하고 또 완전히 한국을 일본국에 병합함을 승낙함.
제3조 일본국 황제폐하는 한국 황제폐하, 태황제폐하, 황태자전하와 그 후비后妃 및 후예로 하여금 각기 지위에 응하여 상당한 존칭, 위엄 및 명예를 향유케 하며 또 이를 유지하기에 충분한 세비를 공급함을 약속함.

제4조 일본국 황제폐하는 전조 이외의 한국 황족과 그 후예에 대하여 각기 상당한 대우를 향유케 하며 또 이를 유지하기에 필요한 자금을 공여할 것을 약속함.

제5조 일본국 황제폐하는 훈공 있는 한국인으로 특히 표창하는 것이 적당하다고 인정되는 자에 대하여 영작榮爵을 수여하고 또 은금恩金을 수여함.

제6조 일본국 정부는 앞의 병합의 결과로 한국의 시정을 모두 담임하고, 해당 지역에 시행할 법규를 준수하는 한국인의 신체와 재산에 대하여 충분히 보호해주고 또 그 복리의 증진을 도모함.

제7조 일본국 정부는 성의와 충실로 신제도를 존중하는 한국인으로 상당한 자격이 있는 자를 사정이 허락하는 한에서 한국에 있는 제국관리로 등용함.

제8조 본 조약은 일본국 황제폐하와 한국 황제폐하의 재가를 거친 것으로 공포일로부터 이를 시행함.

위 증거로 양 전권위원은 본 조약에 기명 조인함.

융희 4년 8월 22일 내각총리대신   이완용
명치 43년 8월 22일 통감자작   데라우치 마사다케

조규에는 '한국 황제폐하는 완전하고도 영구히 한국에 관련된 일체의 통치권을 일본국 황제폐하에게 양여한다'고 되어 있다. '한국의 전역을 일본국에 병합할 것을 승인'한다고도 했다. 더욱 통분할 일은 나

라를 팔아먹는 데 주도한 자들에게 작위와 함께 은사금을 지급한다는 내용이다. 게다가 일본의 제도를 잘 따르는 사람에게는 관리로 채용한다는 회유책도 포함되어 있다.

매천은 절명하기 전에 절명시絶命詩 네 수를 남겼다. 시에는 나라를 잃은 선비의 인간적인 고뇌와 나라를 생각하는 고뇌가 드러나 있다. 글을 배우고 닦아온 선비로서 어찌할 수 없는 현실에 절망했다. 그러나 한탄만 하지 않고 자신의 죽음으로 인을 이루겠다고 결심했다. 송나라의 윤곡尹穀이 몽고군이 쳐들어왔을 때 온 가족이 자결한 것과, 진동陳東이 임금에게 직언을 했다가 죽음을 당한 것을 예로 들면서 자신도 윤곡과 진동처럼 죽음으로써 선비의 기개와 절개를 지키겠다는 의지를 드러냈다.

亂離滾到白頭年　난리를 겪어 허옇게 센 머리
幾合捐生却未然　죽고자 했어도 죽지 못했던 것이 몇 번이던가
今日眞成無可奈　오늘은 어찌할 도리가 없어
輝輝風燭照蒼天　바람 앞의 촛불이 하늘을 비추누나

妖氣晻翳帝星移　요망한 기운이 가려서 큰 별이 옮겨지니
九闕沈沈晝漏遲　대궐은 침침하여 시간 또한 더디구나
詔勅從今無復有　이제는 조칙조차 받을 길 없으니
琳琅一紙淚千絲　구슬 같은 천만 줄기 눈물만 쏟아지는구나

鳥獸哀鳴海岳嚬　나는 새와 짐승도 슬피 울고 산천도 찡그리는데
槿花世界已沈淪　무궁화 우리 세상 없어졌구나
秋燈掩卷懷千古　가을 등불 아래 책을 덮고 긴 역사를 생각하니
難作人間識字人　글 배운 사람 구실이 이처럼 어렵구나

曾無支廈半椽功　일찍이 나라 위해 서까래 하나 놓은 공도 없으니
只是成仁不是忠　내 죽음 겨우 인을 이룰 뿐 충을 이루진 못했어라
止竟僅能追尹穀　이제 겨우 윤곡처럼 죽음에 걸칠 뿐
當時愧不攝陳東　그때의 진동처럼 나라 위하지 못함이 부끄럽구나

　매천은 전남 광양군 봉강면 석사리에서 태어났다. 어려서부터 총명하여 가족의 기대를 한몸에 받았다. 특히 부친의 기대가 컸다. 고종 20년(1883)에 보거과保擧科에 응시하여 합격했고, 2년 뒤에 생원시 초시에 합격했으나 시골 출신이라는 이유로 2등으로 밀려나자 낙향했다. 그러나 아들의 관직 진출을 염원하는 부친의 뜻을 저버릴 수 없어 고종 25년(1888), 생원시 복시에 장원급제하여 한양에 입성했다. 그러나 부패한 관리들을 보고는 관직을 접고 낙향했다. 당시 조정은 매관매직이 성행했으며 과거시험에도 부정이 많았다. 과거제도를 통해 인재를 뽑아 나라를 이롭게 한다는 조선의 인재등용제도가 무너졌던 것이다. 정치 상황도 혼란스러웠다. 서구 열강들의 동아시아 팽창정책으로 나라는 각 세력의 각축장이 되어 있었다. 그 와중에 민씨 척족의 세도정치로 인한 부정부패가 심각했다.
　이러한 상황에서 관직에 진출한들 의미가 없다고 판단한 그는 공부

에 매진했다. 이때 『매천야록梅泉野錄』이라는 편년체의 역사 사료와 동학농민혁명 관련 『오하기문梧下記聞』을 저술했다. 『매천야록』은 구한말의 상황을 적나라하게 보여준다. 1864년(고종 1)부터 나라가 망한 1910년(순종 4)까지 47년간의 기록으로, 그가 직접 보고 들은 것은 물론이고 시중에 떠돌고 있는 사건 등도 정리되어 있다. 일부에서는 기록된 사건의 진위 문제와 상식을 뛰어넘는 일들에 관한 기록을 문제 삼아 사료로서의 가치를 낮게 보는 경향이 있다. 그러나 관찬 사료에서는 볼 수 없는 당 시대에 떠도는 생생한 기록을 볼 수 있어 역사 기록으로서의 가치가 매우 높다. 오히려 일제강점기 관찬 사료는 일제의 시각으로 만들어진 것이 많기 때문에 사료로서의 가치는 떨어진다.

조선의 마지막 선비의 기개를 지켰던 매천은 어떤 모습이었을까? 그의 모습을 알 수 있는 초상화 한 점이 있다. 구한말의 관료이자 화가였던 채용신蔡龍臣이 그린 이 초상화는, 매천이 자결한 이듬해인 1911년 5월에 그려졌는데, 직접 대면하지 않고 매천이 1909년 천연당사진관에서 찍은 사진을 보고 그렸다. 이러한 기록은 매천 초상화의 뒷면에 기록된 제기題記에서 확인할 수 있다. 천연당사진관은 황실 서화가였던 김규진金圭鎭이 1907년에 설립한, 조선을 대표하는 사진관이다.

매천의 사진과 초상화를 비교하면 많은 차이가 있음을 확인할 수 있다. 당시 사진의 해상도가 그리 높지 않아 세부적인 모습을 확인하기는 어렵지만 매천의 옹골찬 모습은 여지없이 느낄 수 있다. 초상화

● 채용신(1850~1941)의 호는 석지石芝이고 종2품 벼슬을 지냈다. 초상화·화조화·인물화 등을 두루 잘 그렸으며 70여 점의 초상화를 그렸다. 특히 초상화를 잘 그려 고종의 어진를 비롯하여 이하응·최익현·김영상·전우·황현·최치원 등의 초상화를 남겼다.

매천 황현(55세,1909년) 김규진, 15.0×10.0cm, 천연당사진관
황현이 어떠한 연유로 사진을 찍었는지는 알 수 없으나
당시 사진 촬영은 높은 가격에도 인기가 매우 높았다.

에서는 사진에서 느낄 수 없는 정밀함과 선비정신이 담겨 있다. 사진 속 모습은 왠지 초췌해 보이는데 초상화는 조선 선비의 당당함과 범접할 수 없는 분위기를 풍긴다. 사진에서는 갓을 쓰고 흰 두루마기를 입었는데, 초상화는 정자관程子冠에 유복儒服을 입은 모습이다. 매와 같이 날카로운 눈매와 꼭 다문 입술이 선비로서의 강한 기상을 느끼게 한다. 조선의 마지막 선비인 매천의 모습을 채용신은 인을 지키려는 올곧은 선비의 모습으로 나타내고 싶었던 것 같다.

또한 이 초상화에서는 극세필의 멋을 느낄 수 있다. 극세필을 이용

매천 황현 초상 채용신. 비단에 채색, 120.7×72.8cm, 보물 제1494호, 구례 매천사

극세필로 그린 초상화가 사진보다 더 생동감이 넘친다. 윤곽선을 그려 사물의 형태를 갖춘 일반적인
초상화와 달리 윤곽선 없이 색채와 수묵으로 유복의 형태를 그린 것도 이 초상화의 특징이나.
채용신은 매천의 정신을 표현하고자 사진에서보다 더 매천다운 모습을 초상화에 구현해냈다.

하여 세밀한 부분까지 정교하게 그림으로써 매천의 올곧은 선비정신을 더욱 돋보이게 한다. 극세필은 조선의 초상화에서 흔히 볼 수 있는 화법이다. 고해상도 카메라로 찍은 듯 터럭 하나 주름 하나까지 정교하면서도 보이는 그대로 그렸다.

닫아라! 그리고 막아라!

　　　　　　홍선대원군은 1863년 철종이 승하하자 실권을 잡은 조대비와 함께 본격적으로 권력을 행사했다. 홍선대원군은 둘째 아들 명복命福을 철종의 뒤를 이어 왕위에 앉혔다. 그가 26대 고종이다.

　홍선대원군은 왕권강화를 통하여 개혁을 시도했다. 세도정치의 폐해가 극심했기에 무엇보다 이들의 세력을 약화시키는 것이 급선무였다. 홍선대원군은 "나는 천 리를 끌어 지척을 삼을 것이고, 태산을 깎아내려 평지를 만들 것이며, 남대문을 3층으로 높이고 싶소" 했다. 이 말은 홍선대원군의 속내를 명확히 드러낸 말이었다. 천 리를 지척으로 삼겠다는 말은 종친을 높이겠다는 뜻이고, 태산을 평지로 깎아내린다는 말은 노론의 세력을 누르겠다는 뜻이며, 남대문을 3층으로 높이겠다는 말은 남인에게 길을 열어주겠다는 뜻이었다. 그동안 중앙정치에서 소외되었던 남인과 북인 등을 기용하겠다는 강력한 의지였다. 그 결과 남인인 유후조柳厚祚 · 한계원韓啓源과 북인인 임백경任百經 · 강노姜㳣

등을 정승으로 기용했다. 이외에도 많은 인물들이 정계에 진출하는 기회를 얻었다. 노론 세력을 약화시켜 왕권을 강화하겠다는 의도였다.

홍선대원군은 아들인 고종이 왕이 되자 왕의 권위를 제대로 세우고, 정세의 어려움을 극복하고자 경복궁 중건 사업을 발표했다. 경복궁은 조선초기에 정궁으로 사용되었으나, 임진왜란 때 불탄 뒤로 폐허로 변해 있었다. 1865년에 중건 계획을 발표하고 영건도감^{營建都監}을 설치했다. 그러나 왕실 재정은 텅 비어 있었다. 관료에게 지급할 녹봉을 깎고 지출을 줄여도 재정 확보가 어려웠다. 뿐만 아니라 화재로 재목들이 전부 손실되는 일까지 일어났다. 결국 재원 마련과 부역 동원에서 백성에게 되도록 부담을 주지 않으려던 방침을 깨고 일을 강행하였고, 급기야 원납세^{願納稅}를 바치는 자에게 관직을 내리는 지경에 이르렀다. 그러나 이 방법도 곧 한계에 부딪혀 당백전^{當百錢}을 발행했다. 당백전은 엄청난 경제 혼란을 야기했다. 백성들의 원성이 자자한 가운데 1867년 경복궁이 완공되었고, 1868년에는 고종이 경복궁으로 옮겨와 정궁으로 사용했다.

지방권력 또한 중앙권력 못지않게 문제가 많았다. 특히 전국에 있는 서원은 그 폐해가 심각했다. 서원의 권력은 지방 관청의 공권력보다 컸다. 그 대표적인 것이 묵패^{墨牌}•를 동원하여 백성들을 수탈하는 것이었다. 묵패는 서원에서 발행하는 문서로 패자^{牌子}•흑패^{黑牌}라고도

• 묵패는 서원의 제수 비용을 충당한다는 구실 아래 착취와 토색질에 쓰여서 힘없고 가난한 백성들을 괴롭혔다. 일단 묵패를 받게 되면 사정이 어떠하든 논밭이라도 팔아서 바쳐야 했고, 만일 지시를 어길 때는 서원 뜰로 끌려가서 요구된 금품이 마련될 때까지 매질을 당하거나 감금되기도 했다.

경복궁 사정전 보물 제1759호, 문화재청

왕의 공식적인 업무와 연회를 여는 공간으로 태조 4년(1395)에 지어졌다. 정도전이 경복궁 전각
대부분의 이름을 지었으며 사정전은 깊이 있게 생각하여 정치를 펼치라는 의미이다.
명종 8년(1553)에 불탄 뒤 재건하였으나 임진왜란으로 인해 선조 25년(1592)에
많은 전각들과 함께 불타 소실되었다. 고종 4년(1867) 흥선대원군에 의하여 중건되었다.

했다. 서원에서 필요한 인력이나 필요한 경비를 충당할 돈을 거두어
들일 때 서원의 도장을 먹으로 찍어서 발행했다. 이렇듯 멋대로 묵패
를 발행하는 것도 문제였지만, 정당한 이유 없이 백성들을 수탈할 목
적으로 무차별적으로 발행하여 백성들에게는 공포의 대상이었다. 묵
패를 받은 개인이나 기관은 그들이 요구하는 것을 들어주지 않으면
안 되었다. 묵패 발행은 서원을 중심으로 지방권력이 얼마나 강고했
는지를 보여준다. 이 중에서도 괴산의 화양서원華陽書院에서 발행했던
화양묵패華陽墨牌는 그 위세가 대단했다. 화양서원은 1696년(숙종 22) 노론
의 영수인 송시열宋時烈을 기리기 위해 문인들이 세운 것이다. 1716년
어필로 사액되어 전국 서원 가운데 가장 권력이 막강했다. 화양서원
이 발행한 묵패는 지방의 수령이라도 함부로 거역하지 못했다.

대원군은 1864년(고종 1), 서원 철폐령을 단행하고 서원이 소유하고 있던 토지와 노비를 몰수하여 국가재정을 확충했다. 화양서원은 1865년 5월에 폐쇄되었고, 이것을 시작으로 전국적으로 확대하여 그 세력을 약화시켰다. 그러자 전국의 유생들이 들고일어났다. 서원을 기반으로 권력을 누리던 유생들이었으니 당연한 반발이었다. 지방 기득권 세력의 저항은 이처럼 거세었다.

대원군은 권력구조의 개혁과 동시에 민생안정을 위한 개혁에 착수했다. 대원군은 먼저 삼정의 문란으로 피폐해진 백성들을 구제하고자 하나씩 개혁을 단행했다. 토지를 토지대장에서 누락시켜 전세田税를 착복하던 전정을 막아 세수를 확충했다. 양반 사대부에게 부과되지 않던 군역을 과감히 부과하여 군역의 의무를 균등하게 했다. 조선후기에는 농업기술의 발전으로 생산력이 증가했지만 일반 백성들의 삶은 나아지지 않았다. 환곡은 춘궁기에 빌려간 양곡을 추수기에 갚는 제도였다. 이 제도가 제대로 운영되었다면 춘궁기 백성들의 고통을 줄일 수 있었을 것이다. 그러나 지방관들이 이 제도를 착취와 횡령에 이용하여 백성들의 삶을 벼랑으로 몰았다. 대원군은 이런 패악을 잡기 위하여 지방관의 착취와 횡령을 적발해 처벌했다. 고종 4년(1867)에는 사창을 설치했다. 사창은 춘궁기에 빈민을 구제하기 위하여 설치한 미곡 창고이다. 이 사창을 백성들이 자치적으로 운영하게 하여 관의 개입을 막았다. 백성들도 환영했다. 매천도 대원군이 내놓은 이 세 가지가 가장 좋다며 반겼다.

대원군은 중앙관청에도 개혁을 단행했다. 지방권력 개혁은 백성들에게 직접적으로 영향을 미치나 중앙권력 개혁은 왕권강화와 자신의 권력강화와 직접적으로 관련이 있었다. 특정 관청에 권한이 몰리게 되면 자연히 권력남용이 따른다. 그중의 하나가 비변사備邊司였다. 비변사는 임진왜란 이후 국정의 중요한 정치·경제·외교·문화 등을 관장하는 권력집단으로 변모해 있었다. 대원군은 비변사의 권한을 대폭 축소하여 외교·국방·치안으로 한정했다. 이런 조치는 현재 대한민국의 무소불위 권력기관들의 권력남용을 어떻게 해결할 수 있는지 반면교사로 삼아야 할 것이다.

이처럼 대원군은 자신에게 주어진 권력을 이용하여 개혁을 단행했다. 부패한 권력인 세도정치의 고리를 끊기 위하여 남인과 북인을 등용하고, 중앙과 지방의 권력기관의 문제를 해소하기 위하여 제도와 조직을 바꾸었다. 또한 피폐해진 백성들의 삶을 개선하기 위하여 삼정을 바로잡기 위한 노력을 기울였다.

그러나 시대를 막론하고 개혁의 성공 여부는 지지세력의 확보이다. 뿌리깊이 박혀 있는 세도정치를 개혁하기 위해서는 위로는 양반과 아래로는 백성들의 전폭적인 지지가 필요했다. 하지만 대원군의 개혁은 왕실과 왕권강화가 목적이었다. 그 단적인 예가 경복궁 중건이었다. 조선왕조를 상징하는 경복궁 중건은 왕실의 권위를 높이고 왕권을 강화하는 데 필요한 일이었으나 당시 현실에 맞지 않았다. 경복궁 중건에 필요한 재정을 확보하려고 당백전을 발행했고, 그 때문에 경제질서가 무너졌다. 고종 3년(1866)에 금위영에서 주조된 당백전은 1,600만 냥이나 되었다. 6개월이라는 짧은 시기에 대량의 화폐가 시장에 풀리면서 당백전은 발행가보다 실질 가치가 20분의 1에 지나지 않았다. 화폐가치가 떨어지니 인플레이션이 발생했다. 구한말 조선의 경제구조는 대량으로 발행된 화폐를 흡수할 수 있는 상태가 아니었다. 원납전은 빈부의 구분 없이 의무적으로 징수하는 제도여서 백성의 원성이 높아갔다. 양반 사대부들의 반발 또한 점점 거세어졌다. 거기에다 서양의 세력이 동쪽으로 진출하는 서세동점西勢東漸의 시기에 쇄국정책으로 외부와의 교류를 차단해버렸다. 그 결과 조선은 국제사회에서 더욱 고립될 수밖에 없었다.

대원군의 쇄국정책과 맞물려 개화의 가장 큰 걸림돌은 양반 사대부였다. 이들의 정신적인 근간을 이루는 성리학적 사상은 오랫동안 조선을 지탱해왔다. 그러나 시대 변화를 읽지 못하고 옛 사상을 맹종하는 부분도 있었다. 개화를 극렬하게 저지한 위정척사衛正斥邪운동은 사회질서를 성리학적인 틀에 머물게 했다. 성리학적 사상만이 정학正學이요, 이외의 사상과 질서는 사학邪學이라는 기준이 문제였다. 대원군의 척화정책과 괘를 같이하기도 했으나 양반 사대부의 기득권에 반하는 서원 철폐령 등의 정책을 펼치자 반대 세력으로 돌아섰다. 최익현崔益鉉을 중심으로 한 위정척사파들은 대원군을 실각시켰다. 그 명분은 1876년에 일본과 맺은 강화도조약이었다. 최익현은 강화도조약이 맺어지자 도끼를 메고 광화문에서 개항오불가의 병자척화소丙子斥和疏라는 상소를 올렸다. 그 상소는 앞으로 벌어질 일에 대하여 정확히 예견했다.

조선이 일본을 제압할 수 없는 상태에서의 화친은 일본의 힘에 눌려 그들의 요구를 지속적으로 들어주어야 하고, 교역을 통하여 조선경제는 일본의 지배를 받을 것이다.

최익현의 상소는 후일 현실로 나타났다.

위정척사파는 일본과 서양세력은 같다는 왜양일체론倭洋一體論이라는 인식 아래 일본과 맺은 개항조약을 부정했다. 이들 위정척사파들은 을사늑약 이후 항일의병운동을 전개한 세력이기도 하다. 이들은 나라가 위기에 빠지자 분연히 총을 들고 일어났다. 성리학적 사상을 기반으로 하는 왕권 중심 체제를 따르지만 나라가 위기 상황에 처하자 모든 것을 초월하여 싸웠다. 이들이야말로 그 시대의 진정한 우익이라고 할 수 있다.

매천의 『매천야록』에는 개화에 대한 거부감이 숨김없이 드러나고 있다. 그는 왕조국가에서 국왕에게 반기를 드는 행위 자체를 용납하지 않았다. 갑신정변의 주역인 박영효朴泳孝·김옥균金玉均 등에 대하여는 "일본 및 서양인들과 교류하면서 부강한 그들을 흠모한 나머지 우리의 옛 풍속을 버리고 그들의 제도를 배워 개화를 추진한다"고 평가했다. 개화파들을 역적질 무리·도둑이라고 기록했다. 이런 시각은 당대 지식인들의 개화에 대한 반감을 그대로 보여준다. 성리학적인 사고와 근왕적인 양반 사대부 입장에서 개화는 용납할 수 없었다. 그러나 대원군의 쇄국정책과 양반 사대부들의 위정척사운동에도 불구하고 개화를 해야 한다는 목소리는 점차 높아져갔다.

침략의 첫걸음

　　개항은 이제 더 이상 피할 수 없는 당면한
과제였다. 산업혁명으로 서구 유럽 국가들은 다양한 상품을 대량생산
하게 되었고, 남는 상품을 팔기 위해서 동양으로 눈을 돌렸다. 산업화
되지 않은 동아시아 국가는 최적의 상품 판매국이자 풍부한 지하자원
의 공급처였다. 그들은 최신 무기와 무장된 군사력을 앞세워 식민지
를 넓혀갔다. 근세 조선 역시 이 흐름에서 자유로울 수 없었다.

　강화도조약은 조선의 역사에서 전환점이 된 사건이었다. 1876년(고종
13)에 일본과 맺은 이 통상조약으로 조선은 외세에 문호를 개방했다.
그러나 이 조약은 불평등조약이었다. 강화도조약 또는 조일수호조규
로 불리는 이 조약은 조선을 삼키려는 일본의 치밀한 시나리오 아래
진행되었다.

　이 조약을 맺기 일 년 전, 중무장한 운요호가 양화진에 출현한 것은
그 서막을 알리는 신호였다. 통상적으로 타국의 연안에 접근할 때는
자국의 국기를 달고 접근하며 안내를 받아야 한다. 그러나 일본의 운

1875년 운요호 병사 조선 강화 전투도 쓰키오카 요시토시, 35.3×72cm, 1876년

일본의 '니시키에'라는 다색 판화로 새긴 운요호 사건이다. 목적은 일본 국민들에게 자국의 우월성과
제국주의의 정당성을 홍보하기 위해서였다. 미개한 조선을 개화시키고 발전할 수 있게 해야 한다는
인식도 이식되었다. 일본인들에게 제국주의 침략은 무의식화 되었고 정한론征韓論은 정당하다는
인식이 각인되었다. 유럽 각국으로까지 전달된 니시키에는 일본에 대한 왜곡된 정보를 심어주었다.
예술의 역기능을 알 수 있다.

요호는 이런 기본적인 사항을 지키지 않고 연안을 염탐했다. 조선 정부는 운요호에 여러 차례 경고를 했지만 멈추지 않았다. 결국 교전이 벌어졌다. 운요호는 무차별로 함포 사격을 가했다. 영종진이 파괴되었고, 조선 병사는 물론 양민들까지 막대한 피해를 입었다. 조선은 월등한 성능의 무기를 앞세운 일본군 앞에 속수무책으로 당했다. 그런데도 일본은 이듬해 함대를 이끌고 와서는 작년 초지진에서 막대한 피해를 입었다며 억지를 부렸다. 일본은 군대를 동원하여 무력시위를 하면서 조선과 통상조약을 강요했다.

그때까지도 조선조정은 일본을 섬나라 왜구 정도로 가볍게 여겼다. 적극적인 외교관계를 맺지 않았고, 일본과의 교역은 대마도 도주를 통하여 이루어졌다. 왜인의 상업 활동도 부산 동래로 한정했다. 일본과의 외교는 서계書契(일본의 교역을 허가하는 신임장) 형식의 문제 등을 이유로 단절된 상황이었다. 조선조정은 일본이 어떠한 상황인지 큰 관심을 두지 않았다. 그사이 일본은 미국과 1854년 3월 31일 미일화친조약美日和親條約을 맺고 서양문물을 공식적으로 받아들이기 시작했다. 비록 미국의 강압에 의한 불평등조약이었지만 이를 시작으로 유럽 각국과도 조약을 체결하는 등 변화의 물결을 타게 되었다. 서양문물을 받아들인 일본은 급속하게 개화를 시작하여 빠르게 변모해갔다.

그런데도 조선조정은 이 같은 일본의 상황을 제대로 파악하지 못했고 급변하는 대외정세에 어두웠다. 일본은 조선정부와 조약 체결을 목적으로 부산 앞바다에 군함을 앞세워 무력시위를 했다. 고종과 대신들은 자칫하면 일본 군함들의 포격이 조선 땅을 향할 수 있다는 공포감에 사로잡혀 최대한 신속하게 이들의 무력 사용을 막고 잘 달래

절두산 척화비

척화비는 흥선대원군이 전국의 200여 개 소에 세운
비석으로 서양 오랑캐를 물리쳐야 한다는 내용이
새겨져 있다. 쇄국정책의 대표적인 유물로 전국에
약 30여 개 정도 남아 있다. 쇄국정책은 당시 세계질서의
흐름을 읽지 못한 정책으로 그 결과 열강들의 강압에
의한 불평등조약을 맺게 되었다.

서 조규 문제로 단절되기 전 관계로 회
복되기만을 바랐다. 조선은 신헌申櫶을
전권대사로 임명하여 조약을 체결하
게 했다. 그러나 그는 조약이 무엇인
지도 모르는 인물이었다.

　1866년(고종 3)에 병인양요丙寅洋擾, 1871
년(고종 8)에는 신미양요辛未洋擾˙도 겪었지
만 조선은 전국에 척화비를 세우고 쇄
국정책을 강화하는 데 그쳤다. 청나라
와 영국의 아편전쟁˙˙은 동아시아의 강

● 병인양요는 1866년(고종 3)에 프랑스 함대가 강화도를 침범한 사건으로, 흥선대원군의 천주교
박해에 대한 항의라고 했지만 조선의 문호를 개방시키는 게 목적이었다. 신미양요는 1871년(고종
8)에 미국 군함이 강화도 해협에 침입하여 일어났다. 대동강에서 불탄 제너럴셔먼호 사건에 대한
문책과 함께 조선과의 통상 조약을 맺고자 하였으나 격퇴되었다. 두 번에 걸친 외세와의 충돌로
조선은 더욱 빗장을 걸어 잠갔다. 그러나 변화하는 대외정세를 제대로 읽지 못한 대가는 혹독하
였다. 일본의 경제적인 수탈과 영토 침탈로 이어졌기 때문이다.

●● 아편전쟁은 서구 세력이 동아시아에 세력을 확대하려고 일으킨 군사적인 충돌 사건이었다.
영국이 경제적인 이익을 극대화하기 위하여 벌인 전쟁으로, 두 번의 전쟁에서 청나라는 패했다. 1
차 전쟁에서는 난징조약南京條約이 체결되었고, 영국은 홍콩을 할양받고 광저우·샤먼·포저우·닝
보·상하이 등 5개 항구를 강제로 개항하였다. 2차 전쟁에서는 영국·프랑스 연합국과의 전쟁이었
다. 이 전쟁으로 톈진조약天津條約이 체결되었으나 1860년에는 베이징까지 함락시켜 영국·프랑
스·러시아와 베이징조약이 체결되었다.

한일통상조약체결기념연회도
심전 안중식, 35.5×53.9cm, 1883년, 숭실대학교 한국기독교박물관
일본은 1876년 불평등조약인 강화도조약을 맺은 후 1883년 한일통상조약을 체결하였다.
조약을 체결한 후 피로연을 열고 있는 모습을 심전 안중식이 그린 그림이다.
한일통상조약은 일본과의 무관세 조약을 개정하고 세칙에 따라 관세를 납부해야 한다는
조항이 포함되었다. 건너편 맨 왼쪽 모자 쓴 사람은 조선 외교고문 독일인 묄렌도르프(Möllendorf, 穆麟德),
중앙의 흰 도포 입은 사람은 김옥균, 오른쪽 끝은 묄렌도르프 부인, 흰 도포를 입고 마주 보고 있는
사람은 왼쪽이 홍영식, 오른쪽이 민영익, 앞줄 맨 왼쪽 다케조에竹添進一郎 일본공사이다.

대국이었던 청나라가 서양 세력의 막강한 군사력에 맥없이 무너진 사건이었다. 이 전쟁으로 청나라는 동아시아에서의 종주권을 잃었고 서양 세력이 동아시아에 적극적으로 진출하는 계기가 되었다. 이 틈을 타 일본은 중국 침략 야욕을 노골적으로 드러냈다. 조선은 사대事大 외교정책으로 관계를 맺어온 청나라가 서양 세력에 힘없이 무너지자 충격을 받았다. 일부 지식인이 서양 세력의 침범에 대하여 우려를 표했지만 대수롭지 않게 넘겨버렸다. 조선은 이렇게 급변하는 세계정세를 제대로 읽지도, 열강 세력에 대비하기 위한 어떠한 준비도 하지 못한 채 무기력하게 끌려가고 있었다.

급변하는 대외적인 환경에 제대로 대처하기는커녕 성리학적인 사고에 얽매여 척화비를 세우는 등 외세를 더욱 배격했다. 그 결과 조약이 무엇인지, 나라 간 조약을 어떻게 맺어야 하는지에 대한 기초적인 지식도 없는 자가 전권대신이라며 조선을 대표하여 한일통상조약을 체결하는 기막힌 일이 벌어졌다.

당시 조약을 체결한 조선과 일본의 전권대신 간의 회견 기록을 살펴보면, 일본 전권대신이 "초록抄錄한 13개 조목의 조약을 모름지기 상세히 열람하고 귀 대신이 직접 조정에 나가 임금을 뵙고 품처稟處해 주기를 간절히 바랍니다"라고 하자 신헌은 "조약이라고 하는 것이 무엇입니까?"라고 묻는다. 그러자 일본 전권대신이 "지금 세계 각국에서 다 통용되고 있는 일이며, 일본에서도 각국에 관을 이미 많이 열어놓고 있습니다"라고 대답했다. 이러한 답변에 신헌은 기존에 암묵적으로 시행되던 교역방식으로도 충분하지 않느냐고 묻는다. 그러나 이미 미국을 비롯한 여러 나라와 교역을 하고 있던 일본에게는 통하지 않는 말이었다. 일본은 이 조약을 통해 단순히 교역만이 아니라 경제적인 이득을 취하고 정한론을 가시화하는 단초를 만들고 있었다.

1876년 강화도조약으로 조선은 개항을 하게 된다. 개항하기 전에도 청·일본과 교역을 하고 있었다. 그러나 수출입 물량은 많지 않았고 그나마도 제한적으로 이루어졌다. 일본의 경우, 대마도 도주를 통하여 문서를 교환하고 교역도 동래부 왜관 등 제한적인 지역에서 정부의 감시 하에 이루어졌다. 교역의 주도권이 조선에게 있었던 것이다. 이러한 방식의 교역이 일본으로서는 불만이었다. 청나라와의 교역은 정확한 교역 통계를 확인하기는 어려우나, 1876년 이후 조선의 대외무역을 분석하면 최익현이 상소에서 언급한 경제의 예속화 정도를 알 수 있다.

강화도조약이 맺어진 이후 조선의 대외교역은 일본이 독점했다. 1876년만 해도 조선과의 교역량은 28만 엔이었다. 그러던 것이 불과 5년만인 1881년에는 460만 엔으로 16배로 증가한다. 교역 품목은 조선은 주로 농수산물을 수출하고, 일본은 면제품을 수출했다. 당시 조선은 1차 산업이 절대적이라 수출의 주 품목이 농수산물일 수밖에 없었다. 그러나 일본은 조선보다 이른 시기에 서구문물을 받아들이고 산업화를 진행했기 때문에 수출 품목이 달랐다. 영국에서 생산된 면제품을 조선에 중계무역을 하여 상당한 수익을 올렸다. 영국은 일본에 면제품을 수출했고, 일본은 새로운 시장인 조선에 높은 가격으로 되팔아 이윤을 챙겼다. 일본과의 교역량이 증가할수록 무역 불균형이 심화될 수밖에 없는 구조였다. 그 결과 1894년에는 조선의 대외 교역량에서 일본이 차지하는 비중이 70%에 이르렀다. 금 수출을 제외한

순수 상품의 수출량으로 비교하면 무역적자가 심화되어 두 배가 넘었다. 그러나 이것은 시작에 불과했다. 일본은 경제를 넘어 조선을 통째로 삼키려는 준비를 착착 진행하고 있었던 것이다.

개화와 개혁 그리고 그 한계

19세기 중엽부터 청나라와 일본을 방문한 관료와 일부 지식인들이 개화를 주장했다. 그들은 청나라가 아편전쟁으로 무기력하게 무너지는 것을 목도하면서 개항이 피할 수 없는 현실이며 개항을 해야 부국강병을 이룰 수 있다고 생각했다. 박규수朴珪壽·오경석嗚慶錫·유홍기劉鴻基*는 북경 사행 통역관으로 수행하던 중에 태평천국의 난**을 접하고 충격을 받았다. 그 뒤 중국에서 발행된 신

* 유홍기는 오경석의 영향으로 개화의 필요성을 알게 되었다. 박규수는 실학자인 연암 박지원의 손자로, 그의 학문을 이었으며 척화론을 반대했다. 그는 1861년 영불연합군 북경점령사건의 위문사절단으로 북경을 방문하게 되었는데, 당시 변화되는 국제정세와 신서의 영향으로 개화의 필요성을 깨닫게 된다.

** 1851년에 청나라에서 홍수전이 일으킨 농민 운동으로, 남녀평등, 토지균분, 청나라 타도를 주장하며 그 세력을 키워나갔으나 1864년에 평정되었다. 아편전쟁에서 패한 후 청 조정의 권위는 추락하고 사회 불안이 심해지면서 곳곳에서 반란이 일어났다. 그중 홍수전은 배상제회를 만들어 3천여 명의 교도를 모으고, 배상제회를 태평천국으로 칭해 천왕에 올랐다. 이후 태평군은 청조 타도를 목적으로 한 반란세력으로 자라나 청나라와의 전투에서 승리를 거두고 통치체계를 구축해 나갔다. 그러나 지도부의 내분을 틈타 청나라가 반격을 시작하면서 14년 동안 지속된 태평천국의 반란은 끝이 났다.

서들을 구입하여 탐독하며 개화사상을 접하게 된다. 이들이 접한 책은 『해국도지海國圖志』, 『영환지략瀛環志略』 등이었다. 두 책은 세계지리지로, 중국이 외세에 대응하기 위하여 각국의 지리와 정세 파악을 위하여 펴낸 것이었다. 신서는 조선의 지식인들에게 빗장을 열고 넓은 세계를 받아들여야 한다는 개화사상을 싹트게 했다.

개화기의 인물로 김옥균金玉均을 빼놓을 수 없다. 그는 갑신정변甲申政變의 주역으로, 박규수의 문하에서 개화사상을 접했다. 박규수의 사랑방에는 개화기 인물들이 자주 모였는데, 김옥균을 비롯하여 박영효朴泳孝·박영교朴泳教·홍영식洪英植·유길준兪吉濬·서광범徐光範 등이었다. 이들 외에도 온건개화파라고 불리는 김홍집金弘集·어윤중魚允中 등도 박규수의 개화사상을 접했으나 그것을 실현하기 위한 구체적인 방법은 달랐다. 온건개화파는 청나라의 양무운동洋務運動과 같은 방법론을 주장했다. 양무운동은 19세기 후반에 중국 청나라에서 일어난 근대화 운동으로 주로 군사·과학·통신의 개혁에 치중했다. 태평천국의 난과 애로호 사건 등을 겪으면서 군사력 증강의 중요성을 뼈저리게 느꼈기 때문이다.

• 『해국도지』는 1842년(헌종 8)에 청나라 위원魏源(1794~1856)이 지은 세계지리서로, 세계가 5대주 4대양으로 되어 있음을 담고 있다. 『영환지략』은 1848년(헌종 14)에 청나라 서계여徐繼畲(1795~1873)가 지은 지리서로, 세계 각 나라의 위치·면적·문화·인구·역사·군사·정치제도·풍속·언어 등을 폭넓게 소개하고 있다.

•• 김옥균(1851~1894)은 조선 고종 때의 정치가로, 호는 고균·고우이다. 6살 때 당대 세도가인 김병기의 양자로 들어갔다. 당파는 노론이며 1872년에 등과하여 고위직은 아니었어도 요직을 두루 거쳤다. 급진개화파의 지도자로 갑신정변을 주도하였으며, 우리나라 개화사상 형성에 크게 기여하였다. 1894년에 중국 상하이에서 자객 홍종우에게 암살당했다.

온건개화파와는 달리 김옥균과 박영효로 대표되는 급진개화파는 일본의 메이지유신의 영향을 받아 근본적인 개혁을 통한 개화를 주장했다. 이들은 열강의 위협을 받고 있는 조선을 부국강병한 나라로 바꾸는 것이 목표였다. 일본 개화의 기초는 메이지유신이었다. 메이지정부 이전의 일본도 쇄국정책을 유지했으나 중국에서 벌어진 아편전쟁을 보면서 개화의 필요성을 깨닫고, 1854년 미일화친조약을 맺고 이후 영국, 프랑스, 네덜란드 등과 통상조약을 맺었다. 막번체제의 붕괴로 왕정복고*를 단행하고 서구 열강들과 대적하기 위하여 개혁을 단행했다. 먼저, 부국강병을 목표로 경제와 군사력 강화에 집중했다. 학제를 개편하고 징병령을 발효하고 세제를 개정했다.

김옥균은 여러 차례 일본을 방문하면서 조선과는 비교가 되지 않을 정도로 발전하고 있는 모습을 목격했다. 1881년에 서광범·유길준과 함께 일본을 방문하고 돌아와 정치경제 분야의 개혁을 주장했다. 그 이듬해인 1882년에는 수신사인 박영효와 함께 고문 자격으로 일본을 다시 방문하게 되었다. 이때 그는 일본의 변화상을 체감하게 된다. 그 뒤에도 고종의 명을 받고 국채 모집의 임무를 띠고 일본을 방문하였다. 고종이 300만 원의 국채 위임장을 주었으나 그것이 위조라고 주장한

● 막부幕府의 쇼군과 번藩의 다이묘 간의 봉건적 주종 관계를 토대로 하여 성립하는, 일본 에도시대의 통치체제를 말한다.

●● 왕정복고王政復古는 국왕이나 황제가 다스리는 세습적 통치체제로 전환하였음을 의미한다. 메이지유신明治維新은 막번체제에서 왕정복고체제로의 변화를 지칭한다. 일본은 근대국가로의 변신에 성공하였으나 군국주의화되어 조선을 비롯한 동아시아 국가에 대한 침략전쟁으로 엄청난 인적·물적 피해를 입혔다. 그 피해는 아직도 해결되지 않고 있는데, 일본은 오늘도 군사대국을 꿈꾸고 있다.

김옥균(1851~1894)

갑신정변의 실패 후 일본으로 피신하였다. 2년 후 청나라 공사 이홍장의 양자 이경방의 초청으로
상하이에 가게 되었으나 홍종우에게 암살되었다. 김옥균의 시신은 고종의 강력한 요구로
조선으로 인계되어 지금의 마포구 양화진에서 능지처참되어 전국에 효시되었다.

**갑신정변의 주역인 박영효·서광범·
서재필·김옥균(왼쪽으로부터)** 독립기념관

갑신정변 실패 후 김옥균·박영효·서광범·
서재필 등은 일본으로 망명하였으며 개화당들은
피살되어 몰락하였다. 외세의 힘을 이용한
개혁 시도는 한계가 있음을 드러냈고,
일제의 침략 야욕은 더욱 노골화되었다.

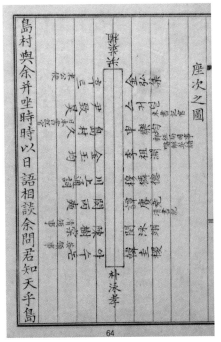

**갑신정변 거사 직전 우정국 낙성식 좌석
배치도**

김옥균 저 『갑신일록』 66p, 발행처 미상,
발행연도 미상, 국회도서관

낙성식 좌석 배치도는 김옥균이 직접 작성한
것으로 일본에 건너가 『갑신일록』에 갑신정변의
전모를 기록하였다. 왼쪽 사진은 『갑신일록』의
필사본이다. 홍영식과 박영효가 중앙, 왼쪽에
후트 미국공사, 윤치호, 기스무라 일본서기관,
김옥균, 일본통역, 민병석, 진수당 청국영사,
아수돈 영국영사, 우측에 김홍집, 스커덜 미국서기관,
신낙균 우정국서기관, 영어통역, 이조연,
목인덕(독일인 묄렌도르프, 조선외무협판),
담경지 청국서기, 민영익, 한규직이 자리하고 있다.

64

일본공사의 보고로 국채 모집은 실패했다. 이런 과정을 겪으면서 김옥균은 조선도 시급히 개화를 해야 한다는 생각을 굳히게 된다.

당시 조선은 청나라의 내정간섭으로 인하여 한 치 앞도 내다볼 수 없는 상황이었다. 그는 민씨 일가 세력들을 통해서는 개화를 할 수 없다고 판단하고, 청나라를 등에 업은 수구당 세력과 민씨 일가를 무너뜨리기 위한 정변을 계획한다. 마침내 1884년 12월 4일(고종 21, 음력 10월 17일), 우정국 낙성식을 거사일로 잡고 박영효·서재필·서광범·홍영식 등과 함께 정변을 일으켰다. 고종을 경우궁景祐宮으로 피신시킨 뒤 민씨 척족이자 수구당 일파인 민겸호·민승호·민규호 등을 처단하고 새로운 정부의 수립을 각국 공사에 알렸다. 김옥균이 갑신정변의 시작과 끝을 기록한 『갑신일록甲申日錄』에서 "무릇 민씨 일파에게서 쭈그리고 지냈던 자를 대개 천거하여 벼슬을 시켰다"고 언급한 것처럼 개화 세력을 주축으로 중요 요직을 교체했다. 거사 3일째인 12월 6일에는 혁명정령革命政令을 발표했다. 그 주요 내용은, 청나라에 대한 조공과 허례를 폐지하고, 문벌을 폐지하여 인민이 평등한 권리를 갖는 제도를 마련하겠다는 것이었다. 청과는 독립국가로서 동등한 관계를 갖겠다는 것이었고, 문벌을 폐지하여 신분제도를 없애겠다는 것이었다. 가히 혁명적인 내용이 아닐 수 없다.

위세당당하게 혁명정령까지 발표했으나 이 정변은 허무하게도 시행도 못하고 무위로 돌아가고 말았다. 거사 전인 9월 12일, 일본공사 다케조에竹添進一郎는 150여 명의 군사와 정변 자금을 지원하기로 약속했었다. 11월 29일에는 고종의 부름에 응하여 독대도 했다. 이 자리에서 김옥균은 국제정세와 조선이 처해 있는 문제를 보고했다. 청국과 일본 간에 큰 분쟁이 일어날 것이라는 것과 서양 제국들의 동양 진출과 지배력이 강화되고 있음을 알렸다. 묄렌도르프를 잘못 고용하여 발생하는 문제와 당오전當伍錢의 발행으로 그 폐단이 심각하여 백성들이 지탱해나갈 수 없다고 했다. 간신이 주상의 총명을 가리고 청을 등에 업은 채 권세를 부리는 일을 말했다.

1882년(고종 19)에 조선은 조미수호통상조약을 체결했으나 국제통상에 관한 전문적인 지식은 전혀 없었다. 고종은 청나라에 통상 관련 전문가를 파견해달라고 요청했다. 청나라 주재 독일영사관에 근무했던 묄렌도르프는 이홍장의 추천으로 외교고문으로 파견되어 조선의 중요한 외교정책 결정에 관여했다. 이홍장은 묄렌도르프를 이용하여 일본을 견제하고 조선의 외교정책에 영향력을 행사하려고 했다. 청과 일본이 극한 대립하고 있던 시기에 어떠한 방법을 동원해서라도 조선에 대한 지배권을 강화하려고 한 것이다.

이때 고종은 개화에 필요한 재정과 임오군란 이후 일본이 요구하는 거액의 배상금을 마련하고 재정난을 타개하기 위하여 당오전을 발행했다. 당오전은 1883년(고종 20) 2월에 박정양朴定陽의 책임 하에 주전되었다. 흥선대원군 집권 시기에 발행한 당백전과 유사한 화폐였다. 당오전은 상평통보 1문의 5배 교환 비율을 책정했지만, 실질 가치는 상평통보의 5분의 1에 불과한 1문에 지나지 않았다. 더구나 이것 역시 과다하게 발행하여 인플레이션을 야기했으며 막심한 폐해를 가져왔다.

● 파울 게오르크 폰 묄렌도르프Paul Georg von Möllendorff(1848~1901)는 독일의 외교관으로, 중국 텐진영사로 있다가 이홍장의 추천으로 대한제국의 통리기무아문 협판으로 부임하여 친러시아 정책을 폈다.

김옥균이 고종에게 말한 문제의 핵심은 청나라 세력과 단절하자는 것이었다. 당시 조선공사는 중요 사안에 대하여 청의 공사와 협의해야 했고, 외무성과의 접촉은 청나라 공사를 통해야만 했다. 이처럼 청나라의 내정간섭은 그 도를 넘어 독립된 나라로서의 자주권까지 침해하고 있었다.

임오군란 이후 청의 비호 아래 정권을 잡게 된 명성황후와 민씨 수구파들은 정권 유지를 위하여 청나라의 자주권 침해에 대하여 침묵했다. 자주권 침해를 받을지언정 자신들의 권력만 유지된다면 문제되지 않았던 것이다. 김옥균은 고종과의 면담에서 청나라가 조선에 영향력을 행사할 수 없도록 제도와 인적 쇄신의 필요성을 주장했다. 그러자 고종이 일본과 청나라가 조선에서 교전하게 되면 어느 쪽이 이기겠냐고 물었다. 김옥균이 일본이 이긴다고 하자, "그렇다면 우리의 독립을 위한 모책도 또한 여기에 있는 것이 아닌가?"라면서 국가의 대계와 관련된 위급한 일은 김옥균에게 일임하겠다고 했다. 김옥균은 "신이 비록 감당할 수 없사오나 오늘 밤의 성교聖敎를 어찌 감히 저버리겠습니까? 전하께서 친히 칙서勅書을 써 주시면, 그것을 항상 몸에 지니고 다니겠습니다"라고 했다. 고종은 직접 쓰고 옥새까지 찍어주었다.

그러나 정변은 실패했다. 정변을 일으킨 지 3일째인 12월 6일(음력 10월 19일), 일본공사 다케조에 신이치로竹添進一郞는 일방적으로 군대를 철수하겠다고 통보했다. 김옥균이 깜짝 놀라, "아! 이게 무슨 말이오? 우리들이 조금이라도 자립할 수 있는 방도를 찾게 되면 공사의 말을 기다릴 것도 없습니다. 그러나 지금 각 영의 병정들이 가지고 있는 총칼을 점검해 보니, 모두 녹이 두껍게 슬어 탄환이 아예 들어가지도 않습니다. 그래서 지금 분해하여 소제하고 있습니다. 만약 이러한 때에 공사가 군사를 철수하면 우리는 반드시 실패할 것입니다. 3일만 더 기다린 뒤에 철수하면, 그새 준비가 되어 근심이 없게 될 것입니다"라고 부탁했다. 군대를 철수하더라도 일본군 사관 10여 명을 근위대 교수로 지정하여 군사훈련을 해달라고 요청하기도 했다.

하지만 다케조에는 청나라 군대 2,000여 명이 동서로 몰려오자 전폭적으로 지원하기로 한 약속을 깨고 철수해버렸다. 일본군이 하나둘 빠져나가자 곧 청나라 군대에게 점령당했다. 명성황후가 청에 군대를 요청했다고 하지만 고종의 묵인 하에 이루어졌을 것이다.

정변이 실패로 끝나자 갑신정변을 일으킨 주역들 대부분은 일본으

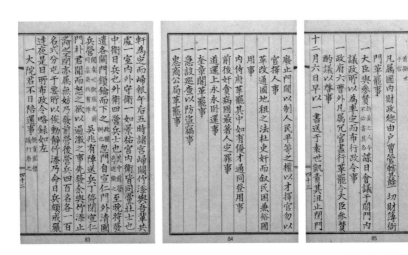

갑신정변 때 발표한 혁명정령, 김옥균 저 『갑신일록』 필사본, 발행처 미상, 발행연도 미상, 국회도서관
혁명정령 조항은 일본인의 기록에는 80여 개 조항이었다고 하나 김옥균의 『갑신일록』에는 14개 조항만
기록되어 있다. 청나라와 대등한 관계 설정, 제도개혁 등을 앞세웠으나 폭넓은 지지세력을
규합하지 못해 실패하고 말았다.

로 망명했다. 그렇게 혁명정령도 먼지처럼 허공으로 사라졌다. 홍영식과 박영효의 형 박영교는 처형되었고, 갑신정변에 관여한 자들과 그들의 가족은 숱한 고초를 겪었다. 승정원에서는 망명한 김옥균 등의 처형을 건의했다. 고종은 주저 없이 윤허했다. 고종은 정변이 일어나자 무엇보다 자신의 안위가 염려됐다. 청군이 몰려와 수세에 몰리자 급진개화파들에게 "나를 버리고 가지 말라"고 애원했다. 정변이 실패로 끝난 뒤에는 정변 때 급진개화파의 손에 죽음을 당한 인물들, 민태호閔台鎬·조영하趙寧夏·민영목閔泳穆·윤태준尹泰駿·이조연李祖淵·한규직韓圭稷 등에게 추증하고 제문을 직접 지어 내리고 장례물품 등을 지급했다. 이후 정치권력은 친청 수구파가 다시 잡게 되었다.

갑신정변이 실패하게 된 가장 큰 요인은 외세인 일본을 끌어들이고, 지지세력이 없었기 때문이다. 무엇보다 백성들의 지지를 얻지 못한 것이 가장 큰 패착이었다. 개화가 절실하다고 판단한 김옥균은 이를 지원할 세력을 모았다. 그런데 하필 그 세력이 일본이었다. 김옥균은 세 차례에 걸쳐 일본에 다녀오면서 하루가 다르게 변해가는 일본을 보았다. 청나라와 손잡은 민씨 일가의 실정으로 피폐하기 이를 데 없는 국내 상황과는 너무 대조적이었다. 그러나 외세인 일본을 정변의 추동 세력으로 판단한 것은 크나큰 오판이었다. 당시 일본의 조선 정책은 청과의 세력 대결로 일관되지 않았을 뿐 아니라 조선을 삼키려는 야욕을 불태우고 있었다. 그것을 제대로 보지 못하고 신뢰한 것이 가장 큰 패착이었다.

백성들은 우정국 낙성식에서 시작한 거사가 청나라의 속방화 정책과 민씨 척족들의 뿌리 깊은 부패를 척결하는 사건으로 보지 않았다.

우정총국, 일제강점기 시기의 모습 『김옥균전』 상권, 1944년, 고균기념회 엮음

1884년 12월 4일 갑신정변을 일으킨 곳이다. 갑신정변 이후 폐쇄되었다가 1893년 전우총국이라는
이름으로 우편 업무를 다시 시작했다. 우리나라 최초의 우체국으로, 1884년(고종 21)에
기존 역참제驛站制를 폐지하고 근대적 통신제도를 도입하였다. 1970년에 문화재 사적 제213호로
지정되었으며 1972년에 확장 중수하여 오늘날에 이르고 있다.

백성들이 보기에 이 거사 또한 일부 세력들의 정치권력싸움 이상도
이하도 아니었다. 그 정치권력싸움에 청나라와 일본까지 가세한 형
국이었다. 만약 백성과 지식인들에게 청나라의 속방화 정책과 그 정
책을 추종하는 세력의 부패함을 널리 알렸다면 보다 많은 백성의 지
지를 얻고 세력을 규합할 수 있지 않았을까?

비록 삼일천하로 끝나긴 했지만 갑신정변은 여러 가지 면에서 역
사적인 의의가 있다. 혁명정령에도 나타났듯이 부국강병과 자주국가
건설을 목표로 완전한 자주독립을 선포했으며 신분제도의 폐지와
문벌제도 폐지를 주창했다. 왕조국가에서 근대국가로의 수립을 지향

한 출발점이었다.

갑신정변이 무위로 끝난 뒤 청과 일본은 조선에 대한 지배권 다툼을 가속화했다. 급기야 우리 강토에서 청일전쟁이 벌어졌다. 이 땅의 주인인 조선은 아무런 항변도 못하고 자국의 안마당에서 벌어지는 싸움에 속수무책인 채 끌려다녀야 했다. 국운의 결정권이 청과 일본에게 달려있었다. 그 와중에 갑오경장甲午更張이 실시되었다. 1894년 7월부터 1896년 2월까지 실시된 이 제도개혁은 친일 성향의 김홍집, 박영효가 주도했다. 이들은 일본의 지지와 지원을 받으며 조선의 내정개혁을 시도했다.

청일전쟁이 일본의 승리로 기울어지자 일본은 본격적으로 조선에 대한 내정간섭을 시작했다. 2차 개혁 시기로 분류할 수 있는 김홍집과 박영효의 연립정권 하에서 일본은 구체적인 속내를 드러냈다. 일본은 국왕인 고종을 권력의 중심에서 완전히 배제했다. 여전히 왕조국가였지만 형식적인 지위만 유지하게 했다. 실질적인 권력은 일본을 등에 업은 김홍집과 박영효의 연합내각에 주어졌다.

일본내각은 조선을 보호국화 한다는 정책을 확정하고 각종 제도적인 조치를 취했다. 그 하나가 조선과 일본 간의 협약 등을 제정, 체결하는 것이었다. 협약 등의 체결은 제도적으로 조선을 옥죄는 근거가 되었다. 조일잠정합동조건朝日暫定合同條款과 대조선대일본양국맹약對朝鮮對日本兩國盟約이 1894년 8월과 7월에 각각 체결되었다. 조일잠정합동조건은 사회간접자본인 철도와 통신에 대한 부설, 유지 등과 관련된 권한을 일본에 부여한다는 것으로, 경제적인 예속화와 이권에 대한 심각한 침해였다. 사회간접자본은 경제발전의 중요한 골격을 이루는 자산

박영효의 귀국급진개화세력 37.4×73cm, 1894년, 오가와 요시사부로 발행

김옥균과 갑신정변을 일으킨 박영효가 일본에서 귀국하는 모습을 그린 니시키에다.
다분히 정치적인 의미가 포함되었으며 귀국의 정당성을 홍보하고 갑오경장에 참여하기 위함이었다.
일본의 지원으로 시작된 갑오경장은 근대 제도로 이행했으나 일본의 조선 침략을 위한 발판이 되었다.
이후 박영효는 조선총독부 중추원고문, 일본귀족원의원, 조선사편찬위원회고문 등을 역임하면서
적극적인 친일행위를 하였다. 1939년 사망 직전까지 일본귀족서열 정2위 훈1등이었다.
2009년 친일반민족행위진상규명위원회가 발표한 친일반민족행위 705인에 포함되었다.

이며 개화의 근간을 이루는 부분이다. 이러한 자산에 관한 권한을 일본에게 부여하고 일임한다는 것은 자주권과 경제권을 포기하는 것이고, 강화도조약 때부터 잘못 맺어진 조약의 연장선이었다. 설사 당시 조선의 재정 여건상 진행하기 어렵다 하더라도 몇 줄의 문구로 결정지을 성격이 아니었다. 같은 해 7월 22일에 일본 특명전권공사 오토리 게이스케大鳥圭介와 조선 외무대신 김윤식金允植이 협약한 대조선대일본양국맹약에서는 청일전쟁에 필요한 군수물자를 조선이 조달한다는 것이 주요 골자였다. 조선 땅에서 청과 일본이 조선을 차지하겠다고 벌이는 전쟁 군수물자를 조선이 조달하는 맹약을 맺은 것이다. 뿐만 아니라 조선정부기관에 일본인 고문관을 배치했다. 이는 조선정부가 자주적으로 정부 기능을 수행할 수 없음을 뜻한다.

이렇듯 갑오경장 제도개혁은 일본의 주도 아래 이루어졌지만 전근대적인 제도가 폐지되었다는 점에서 갑신정변 때보다 더 구체적이고 진일보한 개혁안이었다. 특히 계급 타파와 문벌, 신분 타파는 지배계급에게는 충격적인 내용이었다.

그렇다고 갑오경장이 일본이 조선의 개혁을 돕기 위해 단행한 것으로 오해해서는 안 된다. 일본은 청일전쟁으로 기세를 잡자 조선을 예속화하기 위하여 제도 개선을 지원했을 뿐이다. 그렇게 함으로써 조선을 점령하고 통치하기 수월하게 하려는 것이었다. 청일전쟁에서의 승리를 기점으로 조선을 속국화 하는 것이 그리 어려운 일이 아니라는 판단이 들었던 것이다. 이제 일본은 조선정부의 배후 조종 역할을 끝내고 조선을 합병하는 일만 남겨놓고 있었다.

지도층의 부패

갑신정변과 갑오경장은 일부 지식인들의 주도로 근대국가로의 탈바꿈을 시도했던 개혁 사건이었다. 그러나 조선에 대한 세력 확장에 혈안이 되어 있던 청나라와 일본의 개입을 본격화시킨 계기가 되기도 했다.

외세의 침입이 가속화되고 있는 상황에서도 조선정부는 정확한 국정 방향을 잡지 못한 채 허둥거렸다. 풍전등화와 같았던 조선의 국왕이었던 고종의 행적을 살펴보는 일은 그래서 매우 중요하다.

개화의 요구가 높아지고 열강들의 각축장이 되어버린 조선은 재정마저도 고갈 상태였다. 고종과 명성황후는 내수사의 비용이 고갈되자 호조와 선혜청의 공금을 사용했다. 매천은 이때부터 매관매직의 폐단이 발생했다고 진단했다. 1864년(고종 1)에는 휘경원徽慶園(정조의 후궁인 수빈 박씨의 무덤)의 이장과 국상 비용 등이 필요했다. 당장 지불할 돈이 40만 냥이나 되었으나 재정이 고갈되어 지급하지 못했다. 1893년 3월, 사간원 사간을 지낸 권봉희權鳳熙가 상소를 올렸다. 상소에는 고종이 저지르고 있는 실정에 대한 신랄한 비판과 정도正道의 정치를 펼칠 것을 호소했다. 근검절약하고 올바른 인재를 정확히 발탁한 후 그 지위와 덕망에 맞게 쓸 것을 제안했다. 이 제안대로 시행하여 3년 안에 나라의 기틀이 잡히지 않으면 벌해도 좋다고까지 했다. 하지만 이 상소는 "종이 가득 지껄여댄 말들이 지극히 무엄하다"는 이유로 받아들여지지 않았다.

과거제도는 우수한 인재를 엄선하여 선발하는 것이 원칙이었다. 그러나 매관매직이 성행해 이미 수용할 수 있는 관직을 넘어섰다. 1888년(고종 25) 2월에는 무년소과武年小科 시험에서 100여 명의 생원과 진사를 합격시켰다. 이들은 고종의 특명으로 사람을 더 써 넣어 점을 찍어 합격시키는 첨서낙점을 했다. 내탕전이 고갈되었다고 200여 명을 추가 선발한 것이다. 부호들은 돈 1만 냥을 바쳤다. 매관매직은 중앙정부는 물론이고 지방정부에서도 끊임없이 일어났다. 1877년(고종 14)에는 정시문과에 의주부윤으로 있던 남정익南廷益이 10만 냥을 상납하고 아들을 수석으로 합격시켰다. 그 외의 4명도 고종의 낙점으로 합격했다. 박영효가 이 같은 사실을 말하며 선비들의 원성이 크다고 했으나 고종은 개의치 않았다. 과거장에도 부정이 횡행했다. 권력이 있는 사람들은 답안지를 서로 돌려가며 읽고 작성했으며 지방의 부호들은 뇌물을 주어 답안지를 제출하여 급제하기도 했다. 글도 모르면서 재상의 직위에 오른 권문세도가의 자제들이 과거의 고시관을 맡아 함량 미달의 글을 뽑아 급제시키기도 했다.

고종은 황해감사로 임명한 정태호가 상납이 뜸하자 "네 생각에는 내가 이건창李建昌과 어윤중魚允中을 그곳으로 보내 장물 오게 못할 줄

고종 어진 채용신, 비단에 채색, 118.5×68.8cm, 국립중앙박물관

고종에 대한 평가는 논란의 여지가 있으나 무능한 군주였다는 것은 확실하다. 일제에 의하여 조선이
병탄되는 큰 죄를 지었으나 그 책임을 회피하였으며 자신의 권력과 왕실 안위를 위하여
러시아·일본 등의 세력과 결탁하여 일관성 없는 정치를 펼쳤다. 또한 자국의 백성들인 의병을
외세인 일본군을 동원하여 무참히 학살했다. 그런데도 43년이라는 긴 시간 동안 왕으로 재위하였다.

아느냐?"고 으름장을 놓았다. 상납이 뜸하자 암행어사를 보낸다고 협박한 것이다.

매관으로 자리를 차지한 사람들은 그 비용을 회수하기 위하여 백성들을 수탈했다. 초시는 200냥에서 500냥까지 매매했고, 1894년(갑오년)이전 8년 동안은 1천냥이었다. 회시는 1만 냥씩에 매매되었다. 1885년(고종 22)에는 식년과의 생·진·회시를 치르면서 정원 외 백 명을 더 선발하여 2만 냥씩 받고 팔기도 했다. 매관매직이 얼마나 횡행했는지 이런 웃지 못할 일도 있었다. 호서지방에 강씨 성을 가진 이가 있었는데, 기르는 개 이름이 '복구'였다. 그것을 남자 이름으로 여기고 '강복구姜福九'에게 감역 벼슬을 팔기도 했다. 또 평안감사가 남정철에서 민영준으로 교체되면서 민영준이 고종에게 금송아지를 뇌물로 바쳤다. 그러자 고종이, "남정철은 참으로 큰 도둑이로구나. 관서에 이렇게 금이 많은데 그동안 혼자 독식을 했단 말인가?"라고 했다. 후임자가 금송아지를 뇌물로 바치자 전임자였던 남정철을 비난한 것이다.

「한성주보漢城周報」(1886년 2월 22일)의 '수원유수등보水原留守謄報'라는 제목의 기사는, 재해로 굶주리고 있는 백성을 구휼하라는 내용을 담고 있다.

화災가 자주 일어나고 흉년이 겹쳐 10집에 9집은 비었고 모두들 죽음 직전에서 우탄憂歎을 되씹고 있으니, 이것이 누구의 허물인가. 주야로 근심에 젖어 애태우면서 자신에게 반성할 뿐이다. 이에 정월초하루를 맞아 중외中外에 유지諭旨를 반포하노니, 전공田功에 해로운 모든 일은 일체 제거하고 농정農政을 보익補益하는 일을 거행하도록 하라.

이 기사처럼 이 시기는 잦은 재해와 그로 인한 극심한 흉년으로 10가구 중 9가구는 비어 있을 정도로 백성들이 심각한 기아에 고통받고 있었다. 이런 상황에서 국왕이 매관매직을 일삼고 있었으니, 당시 정치권이 얼마나 부패하고 무능했는지 알 수 있다. 오죽했으면 청나라 공사 서수붕徐壽朋이 고종을 알현한 자리에서 비아냥거리기까지 했을까.

"우리는 매관매직을 한 지 10년도 안 되어 천하가 큰 난리를 겪고 종사가 거의 위태롭게 되었는데, 귀국은 매관매직을 한 지 30년이 되어도 아직까지 보좌가 건재하니 그 기수氣數가 왕성하지 않고 풍속이 아름답지 못하면 어찌 그렇게 될 수 있겠습니까?"

이런 말을 듣고도 고종이 부끄러워하지 않자 "한국민은 슬픈 민족이다"라고 했다. 한 나라의 국왕이 일개 공사한테 면전에서 치욕적인 말을 들었는데도 고종은 부끄러워하기는커녕 반성할 줄도 몰랐다.

무능하고 부도덕한 지도자가 보이는 공통적인 행태는 부정축재와 위급한 상황에 처했을 때 자기 살길만 찾는다는 점이다. 조선의 국왕이었던 고종은 일상적으로 매관매직을 통해 부정축재를 했다. 갑신정변 때에는 자기를 버리지 말아 달라고 매달리고, 자신에게 변고라도 생기면 신속히 도주할 궁리만 했다. 만일의 사태에 대비하려고 궁궐 안에 전등을 설치하여 대낮같이 밝혔고, 안동과 무주에 행궁을 만들어놓고 여차하면 도망가려고 했다. 임진왜란 때 나라를 버리고 명나라로 도주하려고 했던 선조와 6·25전쟁 당시 한강 철교를 폭파하고 대구로 도망갔던 이승만의 모습과 겹치는 것은 우연일까?

국운은 기울고

　　일본이 침략의 본색을 드러낸 것은 운양호 사건이었다. 일본은 1854년 미국에 의해 강제로 개항했다. 그때 일본이 미국과 맺은 조약은 미국에게 일방적으로 유리한 내용이었다. 불평등조약을 맺은 일본은 그것보다 더 개악한 내용으로 조선과 강화도조약을 체결했다. 일본은 미국에 의해 강제로 개항하긴 했지만 선진문물을 받아들여 경제발전과 군대양성에 주력했다. 그러고는 대륙으로 세력 확장을 꾀했다. 조선은 그 첫 번째 표적이었다.

　일본 군함인 운요호가 1875년 9월 19일, 강화도 앞바다에 출현했다. 평화적인 목적으로 왔다는 운요호는 조선군을 향하여 일방적으로 발포했다. 이에 조선군이 응전했으나 일본 군함에 대적하기에는 역부족이었다. 운요호는 1868년에 스코틀랜드에서 건조된 배로 최신 무기로 무장하고 있었다. 일본군의 공격으로 초지진과 영종도가 초토화되었다. 전사자가 35명, 포로로 잡혀간 이가 16명이었다. 반면 일본군의 피해는 미미하여 2명이 부상을 입은 정도였다. 일본군은 민가를 불태우고 강화도 포대를 파괴하고 전리품으로 포 38문을 빼앗아갔다. 다음해인 1876년 1월, 일본군은 함대를 앞세우고 들어와 손해배상과 수호조약체결을 요구했다. 아무런 통고도 없이 타국의 영해를 침범했으면서도 피해를 보상하라고 억지를 부리고 있으니 적반하장이 따로 없었다. 일본은 이것을 빌미로 삼아 조선에 세력을 확장하려는 계획이었기에 군함 6척, 군대 3백여 명을 이끌고 와서는 무력으로라도 개항시키려고 했다. 부산포에서는 40여 발의 거포를 발사하며 무력시위를 하기도 했다.

2월 10일부터 진행된 교섭에 조선 대표로 참석한 이는 판중추부사 신헌申櫶이었다. 통상조약체결은 국가 간의 경제적인 실익을 결정짓는 매우 중요한 규약이다. 그러나 고종과 대신들은 그릇된 대외인식과 무지로 불평등조약을 체결하고 만다. 실익 없는 명분에만 급급하여 일본이 일방적으로 작성해온 조약에 대하여 고작 '조선국朝鮮國'이라는 명칭을 '대조선국大朝鮮國'으로 해달라고 한 게 다였다. 통상과 관련된 구체적인 조항에 대한 논의는 어디에서도 이루어지지 않았다. 일본이 일방적으로 작성한 조약의 각 조항은 여과 없이 인정되었다. 이렇게 강화도조약이 맺어졌다. '무관세', '치외법권의 보장' 같은 불평등 조항으로 채워진 대표적인 불평등조약이었다. 이후 일본은 조선과 온갖 불평등조약들을 속속 체결했다. 1876년 8월 24일에는 조일수호조규부록과 조일무역규칙을 체결했고, 8월 30일에는 조일수호조규 속약까지 체결했다. 조일수호조규부록의 체결로 일본인은 조선 내륙을 자유롭게 여행할 수 있게 되었고, 일본 화폐의 사용도 허용되었다. 일본 화폐 사용은 1878년 부산에 일본국립제일은행 지점 설치를 시작으로 전국 대도시에 지점 및 출장소를 설치하는 계기가 되었다. 1906년에는 서울지점을 조선 총지점으로 승격시켰는데, 이는 취약한 조선의 금융시장을 침탈하기 위한 조치였다. 1902년에 일본제일은행이 발행한 은행권이 조선 내 불법유통되면서 일본의 경제 침탈이 더욱 가속화되었다.

조일무역규칙은 총 11관으로 되어 있는데, 특히 제6관·제7관·제8관이 문제였다. 제6관은 조선의 쌀과 잡곡의 수출입량에 대한 제한 및 관세 규정이 없어 일본의 무제한적인 경제침략을 허용하는 계기가 되었다. 후일 방곡령防穀令 사건으로 이어졌다. 방곡령은 지방 관아에서 곡물 수급을 자체로 조절할 목적으로 해당 지역 외 이동을 금지하는 조치였다. 초기의 방곡령은 흉년과 기근 등으로 실시했지만 일본의 곡물 수탈이 가속화됨에 따라 일본으로 수출을 막기 위해 내려진 조치였다.

제7관은 교역하는 상선과 증기선의 경우, 항구에 출입 시 부과하는 세금인 항세港稅에 관한 규정이었다. 일본 상선은 세금을 내고, 일본정부 소속의 배는 면세였다. 이 점을 악용하여 교역하는 일본 상선을 정부 소속의 배로 속여 편법으로 운영했다. 그러자 일본의 거의 모든 배가 무항세로 조선의 항구를 드나들었다.

제8관은 개항이 허용되지 않은 항구로, 조선국 정부 또는 백성이 물품을 수송할 때 일본국 상선을 고용할 수 있다고 규정했다. 개항을 제한한 것 같지만 사실상 일본 운송업 진출을 허용하는 조항이었다. 이 조항으로 일본은 조선 전 국토를 제한 없이 다니며 교역하였고 조선 경제를 움켜쥐게 되었으며 교통권을 하나씩 장악해나갔다.

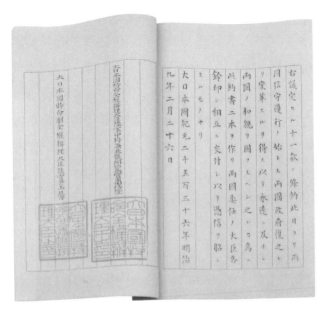

강화도조약문서(일본어) 1876년 2월 27일 체결, Japan Diplomatic Archives

강화도조약 또는 조일수호조규朝日修好條規. 한자와 일본어로 작성되었다.

강압적인 상황에서 조선과 일본 간 체결된 조약으로, 대표적 불평등통상조약이다.

강화도 연무당(수호조약 체결을 강요하는 일본군의 무력시위)

유리 건판 사진, 16.4×12.0cm, 1876년, 국립중앙박물관

일본은 강화도조약 체결 장소인 강화도 연무대에 대포 등 무기를 앞세워 조약 체결을 강요하였다.

부산항에도 군함들을 정박시켜 놓고 함포 사격 훈련을 하는 등 조선정부를 압박했다.

조선정부는 조약에 대한 충분한 검토도 하지 못한 채 빨리 이 사태가 마무리되기만을 바랐다.

교통권의 장악은 조선을 손쉽게 통치하는 기반이 되었다. 물류의 이동을 장악함으로써 전국 각지에서 생산된 곡물들을 신속히 운반하여 일본으로 가져갈 수 있었고, 일본을 통하여 수입되는 제품을 조선 팔도에 팔 수 있었다. 교통권의 장악은 곧 전선권, 즉 통신권 장악이었다. 일본은 주요 교통 요지를 따라서 통신망을 깔았다. 일본이 교통권 못지않게 중요하게 여긴 부분이 바로 이 통신권이었다. 통신 시설의 확보는 조선의 통치만이 아니라 청나라, 더 나아가 러시아와도 밀접한 관련이 있었다. 통신권의 확보는 정보의 확보와 전달에 필수불가결한 요소이다. 1895년 1월, 한일전선설치조관속약개정안韓日電線設置條款續約改正案을 체결하여 조선의 통신권을 장악하려고 했다.

이렇게 불평등조약을 기반으로 한 경제적인 침탈은 영토 침탈로 이어졌다. 조선 백성들에게는 토지를 담보로 자금을 빌려주고 대출금이 회수되지 않으면 담보잡힌 토지를 몰수했다. 순박하기만 한 농민이었던 조선 백성들은 일본의 온갖 속임수에 넘어가 대출을 받았고, 까다로운 계약 조건과 고리대금을 갚을 수 없어 대부분의 토지를 빼앗겼다. 그런 식으로 전국 각지의 토지가 일본인의 소유로 착착 넘어갔다.

일본은 조선정부에도 재정의 어려움을 도와준다는 명목으로 적극적으로 차관 도입을 종용했다. 조선정부는 부족한 재정을 메우고 개화 자금으로 쓴다며 차관을 도입했다. 재정 능력을 벗어난 차관 도입은 재정적인 예속을 가져온다. 차관 도입 시 일본이 내세운 조건은 조선 경제를 파국으로 몰아갔다. 원금상환의 조건과 함께 담보물 설정과 부수 조건이 문제였다. 담보물 설정은 원금상환이 지연되거나 안 될 경우, 조선정부가 걷어야 할 각종 세금의 징수권을 일본정부가 집행할 수 있게 했다. 그렇지 않아도 조선정부의 재정은 파탄날 지경이었는데 세금마저 약탈당하게 된 것이다. 부수 조건은 이권마저 넘기는 계약이었다. 이권의 대부분은 사회간접자본 성격으로, 철도부설권·광산개발권·산림채벌권 등이었다. 한마디로 조선 경제와 국토가 전부 일본의 손아귀에 들어가게 된 것이다. 고종이 황제라 선포하고 연호를 융희隆熙라고 명명한 1907년, 일본은 무려 1,300만 원이라는 거금의 차관 도입을 강제로 체결했다. 이 금액은 조선정부가 감당할 수 없는 금액이었다. 결국 경제와 국토가 일본의 손아귀로 넘어갔다.

이러한 일본의 예속화에서 벗어나려는 노력의 일환으로 국채보상운동이 일어나기도 했다. 대구에서 시작된 이 운동은 김광제 지사의 국채보상운동 발기 연설문(1907년 1월)에서 언급되었다.

제일 패망과 제일 시급한 바 일천삼백만원의 국채올시다
第一敗亡 第一時急 一千三百萬圓 國債

조선이 패망하는 제일 이유이자 시급히 해결해야 할 문제가 1,300만 원이라는 국채임을 역설하고 있다. 그러나 이러한 노력은 근본적인 해결책이 되지 못했다.

강화도조약은 불평등한 통상조약으로 조선정부의 무능함을 드러냈다. 국제통상에 관한 지식조차 없는 신헌에게 전권을 위임하여 문구하나 하나가 매우 중요한 통상조약에서 검토도 제대로 하지 않고 조약을 체결했다. 조약체결 시 가장 기본이며 중요한 부분을 간과한 것이다. 추후 조선정부에서도 통상의 조약 규정이 불합리하다는 것을 깨닫고 1883년에 일부를 개정하기도 했으나 일본의 경제적인 침탈을 막기에는 역부족이었다. 경제적인 침탈은 영토 침탈로 이어졌다. 제국주의 열강들 또한 일본과의 강화도조약을 근거로 통상조약체결을 요구했다. 그들은 자국의 경제적인 이익과 조선에 대한 영향력을 확대할 목적으로 일본과 맺은 불평등조약에 준하는 조약체결을 요구했다.

고종의 나라, 백성의 나라

　　　　　　　일부에서는 고종의 통치력을 높게 평가한
다. 이들은 고종이 개화군주로서 일본의 침략에 맞서 다방면으로 노
력했다고 말한다. 조선을 황제국인 대한제국으로 격상하여 그 위상
을 높였으며 외세의 간섭에서 벗어나려고 외교적인 노력도 아끼지
않았다고 평가한다. 또 고종을 아버지 흥선대원군의 척왜양이斥倭洋夷
정책의 피해자라고 말한다.

　고종은 12살에 26대 조선 왕위에 올랐다. 자연스럽게 아버지인 흥
선대원군이 10여 년 동안 수렴청정을 했다. 최익현의 탄핵으로 대원
군이 물러나기까지 고종이 왕으로서 실질적인 권력을 행사하기 어려
웠다고 볼 수 있다. 그러나 권력을 이양받은 22세 나이는 군주로서 통
치행위를 하는데 결코 적은 나이가 아니었다. 이후의 행보를 보았을
때 이들의 평가처럼 고종이 일본의 침략에 맞서 올바른 통치를 했다
고 볼 수 없다. 무엇보다 위기에 빠진 조선을 구한다고 열강의 힘에
의존한 것은 크나큰 패착이었다.

구한말 조선을 둘러싼 국제정세는 열강들의 각축전이었다. 이들은 세력 확장과 식민지 건설에 혈안이 되어 있었다. 막강한 해군력과 함포를 앞세우고 무력으로 개항을 요구하기 일쑤였고, 아주 작은 것이라도 빌미만 있으면 밀고 들어왔다. 고종은 위기의 순간마다 열강들의 개입을 적극적으로 요청했다. 고종의 이러한 대외의존적인 정책은 열강들에게는 호기일 수밖에 없었다. 명분과 실리를 동시에 챙길 수 있는 합법적인 기회였던 것이다. 특히 청나라와 일본은 조선에 대한 내정간섭과 세력 확대를 노리고 있었다.

고종 19년, 1882년에 발생한 임오군란은 구식군대의 불만으로 촉발된 사건이었다. 그러나 임오군란이 발생한 보다 근본적인 이유는 청나라 세력과 일본 세력 간의 권력다툼이었다. 청나라와 일본의 대리전이 조선 땅에서 일어난 것이다. 불행하게도 고종은 임오군란을 진압한다고 청나라에 파병을 요청했다. 청군의 파병은 명성황후와 민씨 척족들의 노림수였으나 또한 고종의 노림수이기도 했다. 청의 파병은 조선에 합법적으로 대규모 군대 파병의 기회를 노리고 있던 일본에게 좋은 빌미를 제공했다. 이로써 두 나라는 조선에 대한 지배력을 강화할 수 있는 명분을 갖게 된 것이다. 일본은 임오군란으로 입은 인적, 물적 피해 보상을 요구하며 조선에 대한 수탈을 더욱 강화했다.

이후 일본 세력을 등에 업은 급진개화파 김옥균 등의 주도로 갑신정변이 일어나자 고종은 그들에게 의지했다. 이번에는 일본 세력을 등에 업은 것이다. 이마저도 실패로 돌아가자 급진개화파가 추진한 정책들을 무효화하고, 그 세력들을 색출하여 처단했다.

청일전쟁 직전의 조선 프랑스인 조르주비고, 1887년 2월 15일, 일본잡지 도바에

외세가 바라보는 조선의 위치를 극명하게 보여주는 풍자만화이다. 조선을 향한 일본·청·러시아의
야욕은 청일전쟁과 러일전쟁으로 비화되었으며 조선은 바라만 보는 처지가 되었다.
국난 극복의 핵심은 국민들의 일치단결된 힘을 기반으로 한 정치인들의 확고한 신념이 있어야
가능하나 당시에는 국난 극복을 이끌 리더가 없었다.

1894년(고종 31)에 일어난 김홍집 중심의 갑오개혁은 철저히 계산된 일본의 지원 하에 진행되었다. 일본은 청일전쟁에서 승리하자 노골적으로 내정간섭을 시작했다. 각부에 차관을 두고 일본인 관료를 임명했다. 실질적인 정책은 일본인 차관에 의하여 결정되었다. 조선은 일본이 정책을 결정하고 수행하는 꼭두각시 나라로 전락했다.

1896년(고종 33) 2월 10일, 어스름한 새벽녘에 사상 초유의 사태가 벌어졌다. 고종과 태자가 각각 궁녀 가마에 타고 러시아 공사관으로 탈출한 것이다. 이 사건을 아관파천俄館播遷이라고 한다. 아관은 당시 러시아 공사관을 뜻하는 말로, 고종이 러시아 공사관으로 피란避亂을 간 것이다. 『매천야록』에는 고종의 출어出御라고 기록하고 있으나, 명백히 조선의 행정력이 미치지 못하는 치외법권 러시아 땅으로의 도주였다. 을미사변으로 명성황후가 시해되고 일본으로부터 위협을 느끼자 신변의 안전을 지키려고 도주한 것이다.

명성황후 시해 이후 조선의 반일 감정은 날로 높아지고 있었다. 단발령까지 시행하여 전국 각지에서 항일 을미의병이 연일 일어나고 있었다. 을미의병은 명성황후 시해와 단발령에 반발하여 유생들이 주도하여 일어난 항일의병*이었다. 의병은 일본의 지배정책을 정면으로 저항하는 사건이었다. 유생들은 왕조에 뿌리를 둔 근왕적인 성

● 항일의병은 1894년 동학농민혁명 진압을 위하여 일제가 군대를 파견하자 더욱 타올랐다. 일제의 침략이 더욱 가시화되면서 갑오의병·을미의병으로 발전하였고 전국적인 항일투쟁이 벌어졌다. 을사늑약의 체결은 국권을 빼앗긴 울분으로 일제를 침략자이며 적으로 간주하게 되었다. 1909년 일제는 대규모 군대를 동원하여 남한대토벌이라는 군사작전을 펼쳤다. 이후 항일의병의 상당수가 일제의 총칼 앞에 무너졌다. 막심한 피해를 입은 항일의병들은 만주 등 국외로 이동하여 무장독립투쟁의 길에 투신하게 된다.

격의 인물들로 국왕을 보호하고 일제에 항거하는 세력이었다. 고종은 이들 의병 세력에게 밀지를 보내 의병 봉기를 종용하기도 했다. 그러나 자신의 안위가 보장되었다고 판단한 뒤에는 의병을 해산하라는 조칙을 보냈다. 러시아 공사관으로 도주한 뒤 8일 후 발표한 조칙이 그것이다.

> 만일 너희들이 망설이고 머뭇거리면서 의병을 일으키던 초심을 바꾸어 교화를 방해하는 그릇된 습성을 보인다면 이것은 너희들의 목숨이 끊어지는 날이다. 왕사王師가 향하는 곳에는 너그러운 용서가 없을 것이니, 너희들은 자기 몸이 아픈 것처럼 여기는 마음을 본받아 군부에게 근심을 끼치지 말라.

국왕의 안위를 걱정하여 일어난 의병들에게 이제 평정되었으니 해산하라고 종용하고, 만약 어길 시에는 죽음으로 다스리겠다는 내용이었다. 근왕적이긴 하나 의병은 외세와 맞서 싸울 수 있는 유일한 조선의 무장 군대였다. 고종은 유일한 군대의 힘을 조선독립을 위한 힘으로 끌어내지 못했다. 고종이 외세의 손아귀에서 벗어나려고 하는 의지가 과연 있었는지 의심이 되는 부분이 아닐 수 없다.

1905년, 강제로 체결된 한일의정서조약 이후 항일의병은 전국 각지에서 거병했다. 을미의병이 성리학에 입각한 근왕적인 의병이었다면, 이후의 의병은 일제의 무력 침탈을 분쇄하고 무능한 조선조정에 대한 실질적인 압박이었다. 고종은 이러한 의병을 군대를 동원하여 막았으며 의병장들을 체포하여 중형에 처하는 반민중적인 행위를 보였다. 외세로부터 독립하려는 의지가 있었다면 러시아 공사관으로 도망할 것이 아니라 각지에서 일어나는 의병을 효과적으로 조직하여 일본과 대적했어야 옳았다. 이처럼 고종은 정치적인 안목도 없었을 뿐더러 왕실과 자신의 안위만 살피는 왕이었다.

1년여 동안 이어진 도망으로 러시아의 내정간섭과 각종 이권을 넘겨주는 사태를 초래했다. 러시아정부는 이 기회를 이용하여 정치적 세력 확장과 경제적 이득을 꾀했다. 1886년에 외무대신이었던 이완용은 러시아인 니스첸스키와 광산채굴권 계약을 했다. 무려 15년에서 25년까지 채굴이 허용된 계약서에는 채굴로 얻은 이득의 25%를 조선황실에 상납한다는 조건이 명시되어 있다. 채굴 허용의 당위성도 문제지만 채굴로 얻은 경제적인 이득을 조선정부가 아닌 조선황실에 상납한다는 계약은 상식적으로 납득이 되지 않는다. 뿐만 아니라 우리나라 최대의 산림자원지인 두만강과 압록강 연안, 울릉도에 대한 산림채벌권도 넘겨주었다. 산림채벌권의 이득 중 25%인 377원을 조선정부에 납부했으나 러시아가 얻은 경제적인 이익은 계약보다 훨씬 많았을 것이다. 또한 군사교관과 재정고문을 조선에 파견했다. 고종의 신변보호를 명분으로 앞세웠지만, 조선에 지속적으로 정치적인 영향력을 행사하겠다는 의도였다.

이런 혼란스러운 정국에서 1896년, 독립협회가 창립되었다. 서재필은 창립 의도를 이렇게 말했다.

자유주의 민주주의적 개혁사상으로 민중을 계발하여 민주역량을 가진 국민의 힘으로 자주독립의 완전한 국가를 만들자!

만민공동회 국사편찬위원회

1898년 4월, 독립협회를 중심으로 자주적으로 만들어진 시국토론의 장이었다.
서재필·윤치호·이상재 등이 처음 시작하였으나 민중단체로 성장하였으며 누구나 발언할 수 있었다.
근대 민중운동의 시작으로 민중의식이 고양되는 계기가 되었다.
고종은 독립협회 등이 대중적인 지지를 받자 정권 도전으로 인식하여 황국협회의 보부상을 동원하여
무자비한 폭력과 탄압으로 해체시켰다.

독립협회는 서재필의 치밀한 계획 하에 탄생할 수 있었다. 김홍집이 이끌고 있던 갑오개혁정부와 고종의 정치적인 계산이 맞아떨어져 고종의 재가까지 얻었다. 초기 독립협회의 성격은 사대주의 척결이었다. 그 시작으로 영흥문 자리에 독립문을 건설하고 모화관을 독립관으로 개칭하는 작업을 했다. 이러한 적극적인 행동은 민중들은 물론 고종과 집권층의 지지를 받았다. 이렇게 민중계몽운동으로 시작된 독립협회 활동은 정치투쟁으로 확대되었다. 고종이 러시아 공사관으로 도주한 이후에는 환궁을 주장했고, 러시아의 수탈과 정치적인 간섭을 막아야 한다고 목소리를 높였다.

그런데 친러 수구들은 독립협회와 만민공동회萬民共同會의 요구를 권력에 대한 도전으로 받아들였다. 만민공동회는 조선 개창 이래 민중

의 자발적인 참여로 이루어진 개혁 요구였다. 같은 해 3월 10일에 개최된 만민공동회에는 만민공동회를 중심으로 1만여 명의 민중이 참여했다. 그들은 고종이 러시아 공사관으로 도망간 이후 러시아의 조선침략정책을 규탄했다. 러시아 군사교관과 재정고문의 철수를 요구했다. 비폭력적으로 이루어진 그들의 목소리는 일정 정도 정책에 반영되기도 했다.

독립협회는 10월 28일, 정부 대신들과 민중들이 참여하는 관민공동회官民共同會를 개최했다. 이 자리에서 자주권에 의한 독립과 외세의 수탈을 막아야 한다는 '헌의6조'를 발표했다.

첫째, 외국인에게 의지하지 말고 관리와 백성들이 마음을 함께하고 힘을 합쳐 전제황권專制皇權을 굳건히 한다.

둘째, 광산·철도·석탄·산림 및 차관·차병借兵은 정부가 외국인과 조약을 맺는 것이니, 만약 각부의 대신들과 중추원 의장이 합동하여 서명하고 날인한 것이 아니면 시행할 수 없다.

셋째, 전국의 재정은 어떤 세금을 막론하고 모두 다 탁지부에서 관할하고, 다른 부府와 부部 및 사적인 회사에서 간섭할 수 없으며, 예산과 결산을 사람들에게 공포한다.

넷째, 이제부터 중대한 범죄에 관한 것은 특별히 공판을 진행하되 피고에게 철저히 설명해서 마침내 피고가 자복한 후에 형을 시행한다.

다섯째, 칙임관은 대황제 폐하가 정부에 자문해서 과반수의 찬성에 따라 임명한다.

여섯째, 규정을 실지로 시행한다.

— 『고종실록』, 1898년 10월 30일; 『황성신문』, 1898년 11월 1일.

관민공동회의 개혁 요구안에 고종은 조칙 5조를 발표하며 수용했다.

하나, 간관諫官을 폐지한 뒤에 바른 말이 들어오는 길이 막히어 위아래가 부지런히 힘쓰도록 권하고 깨우쳐 가다듬는 뜻이 없게 되었으니, 중추원의 규정을 서둘러 정하여 실시할 일.

하나, 각 항목의 규칙은 이미 한번 정한 것이 있으니 각 회와 신문 역시 규정이 없을 수 없다. 회의 규정은 의정부와 중추원에서 시기에 알맞게 참작해서 헤아려 결정하고, 신문 조례는 내부와 농상공부로 하여금 여러 나라의 규례에 의거하여 헤아려 결정해 시행할 일.

하나, 관찰사 이하 지방관 및 지방부대 장관은 현직에 있건 이미 교체되었건 간에 관청의 재물을 거저 가진 사람이 있으면 장률에 의지하여 시행하고, 백성의 재물을 억지로 빼앗은 사람은 낱낱이 찾아서 본래 임자에게 돌려준 다음 법률대로 적용하고 징계하여 처벌할 일.

하나, 어사나 시찰 등 관원으로서 폐단을 끼치는 사람이 있으면 본고장의 백성들로 하여금 내부와 법부에 가서 호소하는 것을 허락함으로써 철저히 조사하여 징계해 다스릴 일.

하나, 상공학교를 설립하여 백성의 직업을 장려할 일.

— 1898년(광무 2) 10월 30일.

— 『승정원일기』 1898년 음력 9월 16일조; 『황성신문』 「별보」, 1898년 11월 1일.

그런데 고종 주위의 수구파들은 독립협회와 만민공동회의 이러한 행동에 위기감을 느꼈다. 자칫 자신들의 정치적인 영향력이 축소될까 봐 익명서를 붙여 모함했다. 시내 곳곳에 붙인 익명서에는 "윤치호를 대통령으로 선출하면 정부와 서민이 모두 승복하고 국민이 각성하여 개명진보를 이룰 것"이라는 내용이었다. 이것은 황권을 굳건히 해야 한다는 독립협회의 본뜻을 왜곡하는 것이었다. 익명서의 내용은 빠르게 전파되었다. 이것을 보고 받은 고종은 황권에 대한 도전으로 인식하고 독립협회 간부들을 체포했다. 독립협회는 체포된 지도자 17인을 즉각 석방하고 자주독립을 위해 내정을 개혁하라고 요구했다. 고종은 그들의 요구를 일부 수용하기도 했지만, 친위 조직인 황국협회가 동원한 보부상 들을 앞세워 무차별 폭력으로 대응했다.

1898년 12월 23일, 고종은 종로를 비롯한 요소요소에 모여 있는 군중들을 향해 총칼을 휘둘러 무력으로 진압했다. 무방비 상태였던 군중들은 강제로 해산당할 수밖에 없었다. 그 다음 날인 24일에는 모여 있는 군중은 무조건 해산시켰으며 독립협회와 만민공동회 간부들에 대한 대대적인 체포령이 내려졌다. 이 과정에서도 고종은 일본 군대를 동원하려고 했다. 일본 특명전권공사 가토 마스오加藤增雄가 군대를 동원하여 만민공동회를 해산시킬 것이라고 하자 기뻐했다. 자주독

• 황국협회는 왕정을 주장하는 관료들이 주축이 되어 결성한 수구파 보수 단체로, 이기동李基東·고영근高永根·홍종우洪鍾宇·길영수吉永洙 등이 주도적으로 결성하였다. 보부상의 전국적인 조직망을 활용하여 만민공동회 집회에 테러를 감행하는 등 독립협회와 만민공동회를 탄압하였다. 독립협회는 1898년 12월 말, 고종과 친러 수구파들에 의하여 무력으로 해산되었다. 독립협회에 참여하였던 간부들은 파면되거나 의원면직되었다. 황국협회가 해체된 이후에도 보부상 간부들을 사면하고 간부 46명에게는 주요 관직을 내렸다.

립을 요구하는 백성들을 향하여 무차별 폭력도 모자라 일본 군대까지 동원하려고 한 것이다. 개혁을 논하기 이전에 그 시대의 지도자여서는 안 되는 인물이었다. 이렇게 고종의 무자비한 탄압으로 자주독립을 외치던 민중의 소리는 점차 사라지게 되었다.

만민공동회는 지식인 주도의 대중투쟁에서 민중 주도의 대중투쟁으로 확산되는 장이었다. 그러나 고종에게는 용납될 수 없는 일이었다. 독립협회와 만민공동회를 불법화하면서 밝힌 죄목에서 고종의 인식이 드러난다. 대신을 능욕하는 것과 임금의 잘못을 드러내는 것은 죄를 짓는 것이라고 했다. 그 이유가 백성과 관리는 체모體貌가 다르다는 것이었다. 다시 말해서 백성은 지배당하는 계층일 뿐 왕과 정부를 향하여 개혁을 요구해서는 안 된다는 것이었다. 고종이 꿈꾸는 자주독립과 민중이 요구하는 자주독립은 달랐다. 외세의 힘으로는 고종 자신도, 백성의 안위도 지켜낼 수 없었다. 외세에 줄타기하는 정책으로는 자주독립의 길에서 점점 멀어질 뿐이었다.

구한말 조선은 집권 정파가 교체될 때마다 주변 열강들의 수탈의 역사도 바뀌었다. 당시의 개혁 인사들과 정치인들은 자국의 힘보다 외세의 힘을 이용하여 개혁과 독립을 이루려고 했다. 그러나 외세를 지렛대로 활용하고자 하는 방안은 판단의 오류였다. 당시 열강들의

● 미국 페리 제독의 군사적인 강압으로 불평등조약을 체결한 일본은 열등감이 팽배해 있었다. 또한 지식인 중심으로 서서히 불고 있었던 자유민권운동自由民權運動도 걸림돌이었다. 자유민권운동은 민주주의를 요구하는 일본의 정치사회운동이었다. 명치유신으로 황권 중심의 천황제天皇制를 강화하여야 하는 집권층은 이런 내부의 현실을 외부로 돌릴 필요가 있었다. 자유민권운동의 민권파는 천황제 중심의 군국주의화를 막지 못하였다. 일본은 공업화로 성장한 경제를 기반으로 군사력을 강화하고, '아시아를 넘어 유럽으로'라는 탈아론 등을 내세워 동아시아를 참혹한 전쟁으로 내몰았다.

조선 진출 목적은 오직 식민지화를 통한 경제적인 수탈이었다. 일본은 자국의 복잡한 현실을* 외부로 돌릴 필요가 있었다. 군사력과 경제력을 기반으로 주변국에 세력을 확대하면서 침략의 길로 전환했다. 청나라는 일본의 팽창정책에 위기를 느끼고 조선에 대한 종주국을 자처하며 영향력을 확대하려고 했다. 이들이 조선의 개혁과 독립 따위에 관심이 있을 리 없었다. 그들은 조선의 지식인과 집권 관료들이 필요로 하는 것을 잘 알고 있었다. 협력하는 척 그들이 원하는 것들을 적절히 던져주며 경제 수탈과 정치 간섭을 가속화했다.

민중의 저항

        중앙과 지방 관료들의 수탈이 정도를 넘자 마침내 백성들이 들고일어났다. 하늘에 의지하여 곡식을 일구던 농민들은 가혹한 수탈로 고통스러운 삶을 이어가고 있었다. 그 고통이 외세 침탈로 인하여 더 심화되자 마침내 들불처럼 일어나 저항했다. 또는 관료들과 열강의 수탈을 피해 만주나 연해주 등지로 삶의 터전을 찾아 떠났다. 만주 등지로의 이주 역사는 이전부터 있었지만˚ 이 시기에 집중적으로 나타났다.

˚ 만주는 일반적으로 북한의 국경선 너머 지금의 중국 영토인 북만주를 지칭한다. 우리 민족이 이 지역을 삶의 터전으로 삼아 살았던 시기는 고대부터였다. 조선인의 만주로의 이주는 19세기 중엽에 들어서 더욱 증가하였다. 조선은 1860~1870년대에 큰 재해와 흉년을 맞았는데, 이 시기에 간도지방으로 대규모로 이주하였다. 국가기록원 자료에 의하면, 1860년대에 이주한 조선인이 약 77,000명이나 되었다. 일제는 1910년대에 토지조사사업과 동양척식회사를 내세워 식민지 수탈을 본격화하였다. 수많은 조선인들은 굶주림과 수탈을 피하여 만주로 이주하여 뿌리를 내렸다. 만주에 정착한 한인 인구가 1930년에는 60만 명이나 되었다. 만주사변 이후 일제에 의하여 강제로 이주한 한인까지 합하면 1940년에는 1백45만 명에 달하였다. 만주의 한인은 일제와 중국의 핍박과 설움을 견디며 정착하여 1952년 9월 3일에 연변조선족자치주를 건설하였다.

백성들의 저항은 1894년 동학농민혁명으로 이어졌다. 동학 교조신원운동˙으로 촉발된 동학농민혁명은 종교적인 이유를 넘어 대규모 민중혁명으로 발전했다. 고부군수 조병갑의 비리와 착취로 인하여 촉발된 저항은 외세의 침략에 반대하는 구국전쟁으로 발전했다. 관리들의 비리와 착취는 중앙정부에서 지방에까지 만연했다. 거기에다 무력과 자본을 앞세운 열강들의 수탈과 일본의 노골적인 침략 행위는 백성들을 자각하게 만들었다. 동학농민혁명군이 내세운 구호는 "제폭구민除暴救民, 왜양축척倭洋逐斥, 보국안민輔國安民"이었다. 탐관오리를 처벌하여 백성을 구하고, 일본과 서양세력을 몰아내고, 국정을 보필해 백성을 편안하게 하자는 뜻이다. 한마디로 백성들이 편안하게 먹고살 수 있게 하고, 외세를 몰아내 자주독립을 이루자는 것이었다. 동학농민혁명군의 깃발에는 '척왜양창의斥倭洋倡義'가 높게 휘날렸다. 일본과 서양세력을 몰아내고 옳은 뜻을 세우자는 결의의 표현이었다.

　하지만 중앙의 권력자들은 동학농민혁명군과는 다른 방향으로 움직였다. 흥선대원군은 동학농민혁명군을 이용하여 고종과 민씨 척족을 몰아내고 정권을 잡고자 했다. 그러나 고종과 민씨 척족들은 자신들의 정권 유지를 위하여 청나라와 일본의 군대를 끌어들였다. 생존권을 지키고 외세 침략에 맞서 일어난 농민들의 저항에 집권 세력들은 폭력적인 진압으로 대응했다. 정부군과 외세의 군대들은 무고한 양민을 무차별적으로 학살하고 마을을 불태웠다. 백성의 생존과 조선의 자주독립

˙ 1864년(고종 1)에 처형된 동학의 창시자 최제우의 억울함을 풀고, 포교의 자유를 인정받기 위해 동학교도들이 벌인 운동이다. 1871년 제1차 교조신원운동을 시작으로 1893년 제4차 교조신원운동으로 이어졌으며, 순수 종교적 측면과 반봉건·반외세라는 정치적인 측면을 동시에 띠고 있었다.

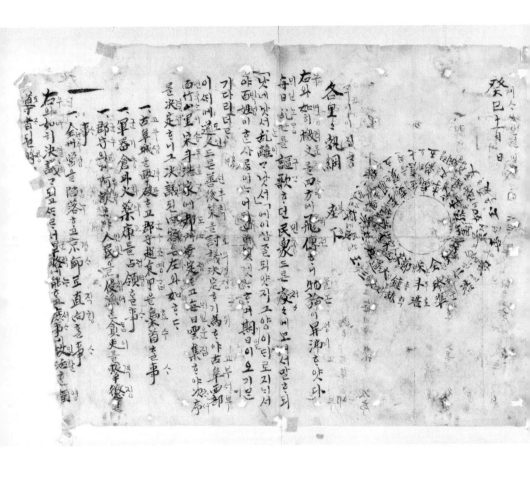

사발통문 종이에 글, 42.3×30.3cm, 1893년, 전라북도 유형문화재 제233호, 동학농민혁명기념관

원을 중심으로 참가자의 명단을 적어 주모자를 알 수 없게 적어 알리는 사발통문沙鉢通文이다.
이 통문은 1893년 음력 11월, 서부면 죽산리 송두호宋斗浩의 집에서 작성되었다
(현재 전하는 사발통문은 후에 필사되었다는 견해가 있음). 20명의 명단과 함께 구체적인 결의 내용이
기록되어 있다. 결의 내용은, 고부군수 조병갑을 효수하는 일, 군기창과 화약고를 점령하는 일,
군수에게 아첨하며 백성을 수탈할 벼슬아치를 징벌하는 일, 전주영全州營을 함락하고
서울로 직향直向하는 일이다. 지방관아의 탐학으로 시작된 농민 항거는 단순히 지방관아만의 문제가
아니었다. 그 시대의 구조적인 문제였으며 민심의 구체적인 행동이었다.

보다 부와 권력유지가 더 큰 덕목이고 목적이었다. 살아보겠다고 거병한 농민들은 태어나 한 번도 벗어난 적 없는 삶의 터전인 논밭으로 다시 돌아가지 못했다. 그들은 조선군과 일본군의 총칼 앞에 처참하게 죽어갔다. 조선조정의 강력한 탄압과 일본의 개입으로 중과부적이었다.

동학농민혁명군은 정상적인 군대와 비교하면 열세일 수밖에 없었다. 그러나 지방관아의 탐학에서 시작된 거병은 궁극적으로 일본이야말로 우리의 적이라는 확고한 생각을 갖게 하였다. 호남지방은 동학농민혁명이 촉발된 지역으로 가장 치열하게 오랫동안 항거하였다. 비록 일본 군대에 의해 그 세력이 약화되긴 하였으나 저항의 불씨는 사그라지지 않았다. 동학농민혁명 이후 흩어진 상당수의 농민들은 호남지방의 의병으로 흡수되어 활동했다.

동학농민혁명 이후 일제는 더욱 노골적으로 국권침탈을 자행했다. 1905년 을사늑약이 체결되자 전국에서 의병이 일어났다. 처음 유생들이 주축이 된 의병은 근왕적인 성격이 강했으나 일제의 침탈이 노골적으로 드러나면서부터는 나라와 민족을 위한, 보다 진일보한 성격으로 발전했다. 동학농민혁명도 국왕이나 중앙정부의 회유에 순응하는 측면이 있었다. 그러나 이 시기의 의병은 현 집권층을 향하여 직접적인 개혁과 자주독립을 요구했다. 1904년, 일본은 전 국토의 30%를 차지하는 황무지에 대한 토지개간권과 토지이용수익권을 50년간 위임하라고 요구했다. 황무지를 개간하여 일본인들을 이주, 정착시키려는 의도로 경제적인 이득도 취하고 동시에 조선 땅을 합법적으로 점령하려는 속셈이었다. 이 시기 봉상사 부제조 이순범李舜範이 고종에게 상소를 올려 일제의 야욕에 대하여 일침을 가했다.

피 한 방울 흘리지 않고 재물을 티끌만큼도 쓰지 않고 한 개의 탁자를 놓고 세 치도 못되는 혀를 놀려 조선 땅의 8,9할을 얻은 것이니 옛날에 무력을 다 기울여 싸움에서 이긴 자라 할지라도 이만큼은 차지하지 못했을 것입니다.

전쟁을 통하여도 이렇게 넓은 땅을 차지하지 못하는데 싸우지도 못하고 고스란히 땅을 넘겨주게 되었음을 한탄하는 내용이었다. 그런데 고종은 외국의 사신을 논박했다는 이유로 오히려 이순범을 벌했다. 결국 이 요구는 보안회를 중심으로 한 열렬한 반대투쟁으로 좌절되었지만, 이것은 일본의 침략행위 중 극히 일부에 지나지 않았다.

면암 최익현崔益鉉은 여러 차례 상소를 올려 고종의 통치행위에 대하여 강도 높은 비판을 했다. 을미사변이 일어난 지 여러 해가 지나도 관련자 처벌이 이루어지지 않자, 그는 나라의 흥망성쇠는 임금 마음에 달려있는데 임시변통만 하고 있다고 개탄했다. 을사늑약이 맺어지기 전, 1905년 1월에 올린 상소에서는 "폐하께서 그저 형식만을 일삼으면서 진실한 마음과 실질적인 노력이 없기 때문이며 성심으로 하늘을 섬기며 진심으로 백성들을 보살피소서"라고 간청했다. 그는 근왕적인 사상의 유학자답게 국왕을 중심으로 강성한 나라를 만들어야 한다고 주장했다. 주변의 간신배들을 물리치고 외세 침략에 대항하여 투쟁해야 한다고 호소했다. 그러나 고종은 고뇌에 찬 유학자의 충언에도 귀 기울이지 않았다.

• 봉상사는 고종대 제사 의식 관련 업무와 악공의 감독 역할을 맡아보던 궁내부 산하 기구로, 고종 31년(1895)에 설치하였다.

1905년 11월 17일^(고종 42), 을사늑약^{乙巳勒約}이 체결되었다. 이번에도 최익현은 을사늑약을 체결한 을사오적의 처단을 요구하면서 무능한 고종을 강도 높게 비판했다.

생각건대 계책을 먼저 정하지 않고 전전긍긍하다가 비록 폐하께서 윤허하지는 않으셨지만 끝내 나약하고 용렬한 태도를 면치 못했고, 비록 참정^{參政}이 굳게 거절하기는 했지만 그래봐야 가^可 자를 쓰지 않았을 뿐입니다.

고종은 을사늑약 이전 여러 경로를 통하여 일본의 움직임을 알고 있었다. 그런데도 별다른 조치를 취하지 않았다. 을사늑약 당일에는 외부의 일이므로 대신들에게 물어보라고 하는 허수아비 왕이었다. 을사늑약이 체결되자 이번에는 강압에 못 이겨 체결된 것이라며 끝까지 책임을 회피하려고 했다.

오늘날 역사가들 역시 주도적으로 늑약을 체결한 을사오적을 욕하며 을사늑약의 부당성만을 강조하고 있다. 당시 고종의 변명처럼 국제적인 조약체결 조건을 거치지 않았고 강압적으로 체결되었음을 말한다. 그러나 조선의 국왕이라면 어쩔 수 없는 선택이었다고 항변할 것이 아니라 조직적인 저항 전쟁으로 맞서야 했다. 최익현의 지적처럼 고종은 을사늑약에 서명만 하지 않았을 뿐 을사오적과 다를 바 없다. 국정의 책임자로서 그들의 계책에 대하여 전후 어떠한 대응도 하지 못했고 심지어 민중들의 저항을 무력으로 진압하기까지 했다.

을사늑약이 맺어지자 나라가 망했음을 개탄하며 지위고하를 막론

최익현 초상 채용신, 비단에 채색, 82.2×55.0cm, 보물 제1510호, 국립중앙박물관

왕조 중심의 정부 유지와 외세를 물리쳐야 한다는 존왕양이尊王攘夷를 주장하였다.
최익현이야 말로 행동하는 지식인이자 정치인이자 독립운동가였다. 강화도조약을 강력히 반대하며
도끼를 메고 광화문에서 개항오불가開港五不可를 들었다. 서슬 퍼런 권력자 대원군과 맞섰으며
을사늑약이 맺어지자 전라남도 정읍에서 의병을 모집하여 격렬히 저항하였다.
그러나 관군에 패하여 대마도로 유배되어 생을 마감했다.

하고 자결로 울분을 토로했다. 원로대신이었던 민영환閔泳煥·조병세趙秉世·홍만식洪萬植이 자결했으며 미관말직이었던 이상철李象哲·김봉학金奉學 등도 자결했다.

이 상소를 마지막으로 근왕적 선비였던 최익현은 일제 침략에 방관하는 고종과 집권층의 무능을 개탄하며 거병했다. 거병하기 직전 일본정부에 보낸 서한에서 16가지에 이르는 악행에 대하여 조목조목 열거하고 일본이 망할 수밖에 없는 이유를 전달했다. 그러고는 호남지방을 중심으로 의병을 모집하여 대항했다. 그러나 순창에서 중과부적 상황에서 싸우다 패하여 대마도로 압송되었고, 일본의 곡식은 먹을 수 없다며 식음을 전폐하여 최후를 맞았다.

이후에도 끊임없이 전국에서 의병이 일어나 투쟁을 계속했다. 의병의 상당수는 농민들이었으며 유생과 포수 등으로 구성되어 있었다. 제대로 된 군사교육은커녕 무기조차 변변한 것이 없었지만, 이들은 신식무기로 무장한 일본군과 정부군을 상대로 싸웠다. 1907년에 조선에 파견된 영국의 특파원 매켄지(F.A.McKenzie)는 당시 의병의 모습과 일본의 만행에 대하여 상세히 전하고 있다. 의병의 무기는 보잘 것 없었는데 그나마도 녹이 슬어 사용할 수 없는 것이 대부분이고, 총도 제각각 종류가 다른 것들을 지니고 있었다. 제대로 발사되기나 하는지 의심스러운 구식 사냥총과 작은 엽총 등으로 일본군을 대적했다는 것이 놀라울 따름이다.

그런데도 일본군을 물리치고자 하는 의병들의 투쟁 정신은 정말로 대단했다. 의병들의 격문에는 이러한 정신이 잘 드러나 있다.

우리 민족의 인구는 2천만 명이며 일본군과 일본 상인을 합쳐도 1천 명을 넘지 못하니 한 명의 일본인이 일천 명의 조선인을 죽일 수는 없을 것이다. 망국의 유민으로 살기보다는 차라리 애국자로 죽는 것이 낫다.

이토록 충의에 찬 의병들의 결의에 고종과 집권자들은 외세를 동원하여 무자비하게 짓밟는 것으로 답했다. 일본군이 지나간 마을은 살

양평군 지평 인근에서 촬영한 의병대 모습
1907년, F.A. 매켄지(Frederick Arthur McKenzie), 『The Tragedy of Korea』, p206, 1908년
이 사진이 실려 있는 책의 서문에는 다음과 같은 글이 있다
(『대한제국의 비극』, F.A. 매켄지 지음/신복룡 옮김, 집문당, p11 글 인용)
"영국인의 한 사람으로서 나는 확신하건대, 약소민족에 대한 신성한 조약 의무를 파기하거나 두 번 다시 있을 수 없는 잔인성과 불필요한 살육과 무기력하고 의지할 곳 없는 농민들의 사유재산권을 전면적으로 도적질함으로써만이 달성할 수 있는 제국주의적 팽창 정책은 우리의 생리에 맞지 않는 것이다."

인·약탈·방화로 폐허가 되었고, 마을 주민들은 의병에 투신할 수밖에 없었다. 『대한매일신보大韓每日申報』는 사설(1907년 10월 1일)에서 "대한독립은 자력의 힘으로 이루어져야 완전한 독립을 이룰 수 있다"고 하며, "독립국을 건설하지 못하면 비록 국토는 있으나 나라가 없는 백성은 다리 뻗을 땅이 없다"고 일갈했다.

수많은 이름 없는 의병들은 보잘 것 없는 무기를 들고 일본군과 치열한 전투를 벌이다 산골짜기에서, 들판에서, 폭도라는 오명을 쓰고 죽어갔다. 그렇지만 이들은 개의치 않고 가족과 독립을 위해 치열하게 싸우고 장렬히 전사했다. 매천이 바라본 조선 하늘과 충의에 찬 의병들의 하늘도 하나였으며 일본군의 총알이 지나간 하늘도 다르지 않았다.

그러나 그들이 바라본 하늘과 고종과 집권자들이 바라본 하늘은 하나였으나 달랐다. 고종과 집권자들은 정치적으로 무능했으며 급기야 나라까지 팔아먹었다. 1916년에 발간된 독립운동가 백암白巖 박은식朴殷植의 『한국통사韓國痛史』는 그 제목에서 알 수 있듯이 한국의 아픈 역사를 전한다. 조선의 선비로 살아온 매천은 죽음을 선택함으로써 통한의 역사를 말했다. 죽는다고 망한 나라가 독립되지는 않겠지만 그렇게 선비의 책무와 의를 다했다. 아직도 진정한 독립을 이루지 못한 오늘날, 매천이 마지막 부여잡은 책무와 의를 다하는 지식인은 존재하는가?

그림을 덮으며

　　　　　　　　　　그림에서 만난 백성은 역사의 변곡점에 있었다. 민심이 떠난 자리는 황량했다. 개혁 시점을 놓친 시대의 백성들은 고달팠다. 권력자들은 구도와 구국의 길이 영원하길 바랐다. 그러나 처음부터 두 길은 같은 길이 아니었다. 백성들은 원초적인 삶이 해결되지 않아 무항산무항심이 될 수밖에 없었다. 그것을 탓하는 사람은 권력자들뿐이었다. 백성들에 의하여 세상은 소용돌이쳤고 또 안정을 되찾기도 했다. 새로운 세상을 향한 염원은 백성들의 희망인 미륵에 의하여 망하고 흥하였다. 고려의 미륵은 조선의 미륵에게 그 자리를 내주었다. 땅과 백성은 그대로인데 미륵만 바뀌었다.

　무소무욕無所無慾의 이상향인 무릉도원을 꿈꾼 안평대군은 풀잎의 이슬처럼 사라져갔다. 안평대군이 꿈꾸었던 세상이 비록 권력을 탐하지 않는 무릉도원이라 할지라도 그건 그림 속에서나 가능한 일이었다. 수양은 그의 존재를 인정할 수 없었다. 이상향의 세상이 조선에서도 펼쳐질 수 있었기 때문이었다. 권력을 향한 인간의 욕망은 조카도 동생도 저 세상 사람이어야 했다. 권력은 그 누구와도 나눌 수 없었다. 나눌 수 있는 것은 술잔이었고, 무릉도원을 꿈꾸었던 자들에게서 빼앗은 땅과 식솔들이었다. 권력에 취한 자들은 새로운 권력 집단이 되었다. 그들 중심으로 세상은 움직였다.

고인 물은 썩기 마련이다. 권력의 중심에서 머물렀던 자들은 점차 부패해갔다. 백성은 굶주려 죽어가도 세도가의 곳간에서는 곡식이 쌓여 썩어나갔다. 백성들은 입 하나 덜고자 스스로 목숨을 끊고 노비로 팔려갔다. 있는 자는 더 많이 소유하고 없는 자는 빈곤의 악순환에서 벗어날 수 없었다. 세도가들은 이런 백성들의 삶과는 별개의 세상에서 살았다. 그들은 본인과 그 집안만이 영원하길 바랄 뿐이었다. 책에서 읽은 글 한줄 북경에서 배워온 사조思潮가 중요했다. 나라 밖에서 천지개벽이 일어나도 상관없는 일이었다. 높은 벼슬자리에 앉아 문자향과 서권기가 충만하도록 벼루에 구멍을 내고 붓이 닳도록 쓰는 동안 백성들의 목은 따오기처럼 늘어졌고 살기 위해 유랑생활을 했다. 이 땅은 백성보다 세도가의 세상이었다.

국운이 기우는 징조는 도처에서 보였다. 다만 그들만이 보지도 듣지도 않았을 뿐이다. 아랫녘에서부터 불어오는 뜨거운 바람은 산하를 뒤덮었다. 무기랄 것도 없는 것들을 들고 이 땅에서 학정虐政을 몰아내고 자주독립을 외쳤다. 백성들은 죽기살기로 싸우다 쓰러져 산하의 흙이 되고 나무가 되었다. 그들이 바칠 수 있는 것은 육신뿐이었다. 충忠을 다하지 못한 이 시대의 마지막 선비는 죽음으로써 충을 했다.

정도전은 백성이 어둡고 무지하지만 물과 같아서 배를 엎을 수도 있다고 했다. 백성은 방관자로 보이지만 위기의 순간에는 주인공이다. 시대를 관통하여 백성이 바라본 세상은 같다. 시대의 책무는 신분의 높고낮음도 배움의 많고적음도 없다. 각자의 위치에서 가능한 방법으로 책무를 다했다. 그림에서 만난 백성들도 그러했다. 땅을 일구며 살아가던 백성은 곧 우리 삶의 궤적이다. 그 백성의 마음은 예나 지금이나 변함이 없다. 누군가의 화폭에 그려질 우리 시대의 이야기도 다르지 않을 것이다. 미래의 화폭에서 우리를 볼 것이며 이 땅의 백성으로 남을 것이다.

참고문헌

1. 사료 및 문집

『고려사高麗史』
『고려사절요高麗史節要』
『조선왕조실록朝鮮王朝實錄』
『조선경국전朝鮮經國典』
『용비어천가龍飛御天歌』

정도전,『삼봉집三峰集』
남효온,『육신전六臣傳』
박팽년·성삼문·이개·하위지·유성원·유응부,『육선생 유고』
권화·박경여,『장릉지莊陵誌』
김정희,『추사문집秋史文集』
황현,『매천야록梅泉野錄』
허련,『소치실록小癡實錄』
김옥균,『갑신일록甲申日錄』
신숙주,『보한재집保閑齋集』
성현,『용재총화慵齋叢話』
최립,『간이집簡易集』
심수경,『견한잡록遺閑雜錄』
황준량,『금계집錦溪集』
허목,『기언별집記言別集』
『동문선東文選』
『속동문선續東文選』

윤휴,『백호전서白湖全書』
허균,『성소부부고惺所覆瓿藁』
이긍익,『연려실기술燃藜室記述』

2. 단행본

김경임,『사라진 몽유도원도를 찾아서』, 산처럼, 2013.
김규선 역주,『추사 김정희 암행 보고서』, 추사박물관, 2014.
김옥근,『조선왕조재정사연구』, 일조각, 1984.
김용섭,『한국근현대농업사연구』, 일조각, 1992.
김희호·이정수,『조선후기 토지소유계층과 지가 변동』, 혜안, 2011.
김태영,『조선전기 토지제도사 연구』, 지식산업사, 1983.
고혜령,『고려후기 사대부와 성리학 수용』, 일조각, 2001.
국립중앙박물관,『조선을 일으킨 땅 함흥』, 국립중앙박물관, 2010.
규장각 한국학연구원,『그림으로 본 조선』, 글항아리, 2014.
과천문화원,『추사 김정희 연구』, 도서출판 생각의나무, 2009.
박종기,『고려사의 재발견』, 휴머니스트, 2017.
박철상,『세한도』, 문학동네, 2010.
박무영,『정약용의 시와 사유방식』, 태학사, 2002.
배한철,『얼굴, 사람과 역사를 기록하다』, 생각정거장, 2016.
손병규,『조선왕조 재정시스템의 재발견』, 역사비평사, 2008.
이덕일,『교양한국사 2~3』, 휴머니스트, 2007.
_____,『정약용과 그의 형제들, 1~2』, 다산초당, 2012.
_____,『정도전과 그의 시대』, 옥당, 2014.
_____,『조선 선비 당쟁사』, 인문서원, 2018.
이이화,『조선후기의 정치사상과 사회변동』, 한길사, 1994.
이윤섭,『여말선초』, 아이필드, 2017.
이성무,『조선양반사회연구』, 일조각, 1995.
_____,『조선의 사회와 사상』, 일조각, 1999.
이재호,『조선정치제도연구』, 일조각, 1997.

이재용, 『조선초기 사회구조연구』, 일조각, 1984.

이숙경, 『고려 말 조선 초 사패전 연구』, 일조각, 2007.

이종수, 『그림문답』, 생각정원, 2013.

이상국, 『추사에 미치다』, 푸른역사, 2008.

이충렬, 『간송 전형필』, 김영사, 2010.

_____, 『혜곡 최순우, 한국미의 순례자』, 김영사, 2012.

이태호, 『조선후기 회화의 사실정신』, 학고재, 1996.

오세창, 『근역서화징』, 시공사, 2007.

오주석, 『단원 김홍도』, 솔, 2006.

오주석, 『옛 그림 읽기의 즐거움 1~3』, 솔, 2006.

_____, 『한국의 미 특강』, 솔, 2006.

_____, 『이인문의 강산무진도』, 신구문화사, 2007.

_____, 『그림 속에 노닐다』, 솔, 2008.

유홍준, 『완당 평전 1~3』, 학고재, 2002.

진홍섭, 『한국미술사자료집성, 1·2·6』, 일지사, 1987, 1991, 1998.

전경일, 『그리메 그린다』, 다빈치북스, 2012.

진준현, 『단원 김홍도 연구』, 일지사, 1999.

정석종, 『조선후기 사회변동 연구』, 일조각, 1984.

최완수 외, 『진경시대 1·2』, 돌베개, 1998.

최순우, 『나는 내 것이 아름답다』, 학고재, 2007.

최승희, 『조선초기 정치사연구』, 지식산업사, 2002.

『한국사 12~44』, 국사편찬위원회

하현강, 『한국중세사연구』, 일조각, 1996.

한우근, 『유교정치와 불교』, 일조각, 1993.

F.A. 매켄지 저·신복룡 역, 『대한제국의 비극』, 집문당, 1999.

3. 논문

고연희, 「문자향' '서권기', 그 함의와 형상화 문제」, 『미술사학연구』, 2003.

강지언, 「위화도 회군과 그 추진 세력에 대한 검토」, 『이화사학연구』 제21집, 1993.

강인선, 「일본 묘만지 소장 1294년명 미륵하생변상도 연구」, 『불교미술사』 제19집, 2015.

강상규, 「고종의 대내외 정세인식과 대한제국 외교의 배경」, 『동양정치사상사』 제4권 2호, 2005.

김기승, 「이건창의 생애에 나타난 척사와 개화의 갈등」, 『인문학논총』 제6집, 1998.

김흥수, 「일본의 강화도조약 인식의 변천과정」, 『공사논문집』, 2013.

김범수, 「경신사 수월관음도의 연구 동향과 쟁점」, 『원불교사상과 종교문화』 제66집, 2015.

김당택, 「이성계의 위화도회군과 제도개혁」, 『전남사학』 제24집, 2005.

김태희, 「김조순 집권의 정치사적 조명」, 『대동한문학』 제43집, 2015.

김기섭, 「고려말 정도전의 토지문제 인식과 전제개혁론」, 『역사와 경계』 101, 2016.

김상기, 「한말 일제의 침략과 의병 학살」, 『역사와 담론』 제52집, 2009.

김의환, 「1909년의 항일의병부대의 항전—남한폭도대토벌기념사진첩 발견에 즈음하여」, 『민족문화논집』 제8집, 1987.

김강식, 「임진왜란 시기 경상우도의 의병 조직의 변화와 의미」, 『지역과 역사』 제9호, 2001.

_____, 「임진왜란 시기의 의병운동을 통해 본 조선사회」, 『지역과 역사』 제23호, 2008

김성우, 「16세기의 사림파, 진보세력이었던가?」, 『한국사시민강좌』 제33집, 2003.

김영두, 「실록 편찬에 나타난 세조정권의 정당성 추구」, 『한국사학사학보』 27, 2013.

김훈식, 「조선초기의 정치적 변화와 사림파의 등장」, 『한국학논집』 제45집, 2011.

김경수, 「세조의 집권과 권력 변동」, 『백산학보』 제99호, 2014.

김기주, 「매천 황현과 성리학—매천야록을 중심으로」, 『남도문화연구』 제19집, 2010.

김당택, 「고려말 이성계의 정적」, 『한국중세사연구』, 2011.

김규선, 「새로 발굴된—추사 김정희의 암행 보고서」, 『한민족문화연구』 제38집, 2011.

김혜승, 「조선조 경제체제에 있어서 문제점과 그 요인—국가의 농민과 토지와의 관계를 중심으로」, 『한국정치학회보』 제35집 3호, 2001.

도현철, 「위화도회군 역사의 순리인가 반역인가—전근대 권력이동의 이중성」, 『역사비평』 1996.2.

문용식, 「여지도서4를 통해 본 18세기 조선의 환곡 운영 실태」, 『한국사학보』 제25호, 2006.

문철영, 「삼봉 정도전의 의식세계 연구―해배 이후 조선 건국 시기를 중심으로」, 『동양학』 제44집, 2008.

박성순, 「고·순종년간 의병의 개념과 위상 변천 연구」, 『동양고전연구』 제38집, 2010.

박현모, 「세도정치기(1800-63)의 정국운영과 언론 연구―순조시대를 중심으로」, 『동양정치사상사』 제6권 1호, 2007.

_____, 「10년간의 위기: 정묘-병자호란기의 공론정치 비판」, 『한국정치학회보』 제37집 2호, 2003.

박진우, 「니키시에를 통해서 본 근대천황상과 조선 멸시관의 형성」, 『동북아역사총론』 제42호, 2013.

박윤진, 「고려시대 불교 정책의 성격」, 『동국사학』 제59집, 2015.

박재우, 「한말20년대의 의병항쟁이 근대사회에 미친 영향」, 『한국사연구논집』 79, 2007.

배성준, 「'식민지 근대화' 논쟁의 한계 지점에 서서」, 『당대비평』 제13호, 2000.

배항섭, 「조선후기 토지소유구조 및 매매관습에 대한 비교사적 검토」, 『한국사연구』 149, 2010.

부영근, 「추사 김정희의 제주 유배시 고찰」, 『영주어문』 제11집, 2006.

백태남, 「한국사 연표」, 다홀미디어, 2016.

신용하, 「'식민지근대화론' 재정립 시도에 대한 비판」, 『창작과비평』 25, 1997.

신규수, 「근대 일본의 한국지배인식에 관한 연구―강화도조약·임오군란을 중심으로」, 『역사와 사회』 제25권, 2000.

송주환, 「조선전기의 사원전: 특히 王室關聯 寺院을 중심으로」, 『한국사연구』 79, 1992.

송기중, 「조선조 건국을 후원한 세력의 지역적 기반」, 『진단학보』 78, 1994.

손애리, 「문명과 제국 사이: 병자호란 전후시기 주화·척화논쟁을 통해 본 조선 지식관료층의 國 표상」, 『동양정치사상사』 제10권 2호, 2011.

이태진, 「1876년 강화도조약의 명암」, 『한국사시민강좌』, 2005.

이형우, 「이성계의 경제적 기반에 대한 연구」, 『한국사학보』 제16호, 2004.

이병휴, 「조선전기기호사림파연구」, 『한국사시민강좌』 제24집, 1999.

오종록, 「세도정치」, 『내일을 여는 역사』 7, 2001.

유정수, 「고려 사원전 연구」, 『중앙사론』 제7집, 1992.

유옥경, 「조선후기 풍속화의 농번기 들밥과 술」, 『미술사학』, 2013-08.

유창규, 「이성계의 군사적 기반—동북면을 중심으로」, 『진단학보』 58, 1984.

유홍준, 「추사 김정희—유배지 제주섬에서 피어난 꽃」, 『역사비평』 통권45호, 1998.

안외순, 「추사 김정희와 실학사상의 관계에 관한 재고찰」, 『동양고전연구』 제21집, 2004.

_____, 「추사 김정희와 윤상도 옥사, 그리고 정치권력」, 『동방학』 제28집, 2013.

양순필, 「추사 김정희의 제주 유배 연간 고」, 『어문연고』 제8집 3호, 1980.

윤소영, 「조일수호조약의 역사적 위치」, 『한일관계사연구』 제18집, 2003.

양옥경, 「구한말 민간 빈민구제시설 전민소에 관한 연구」, 『한국사회복지학』 제66권 제4호, 2014.

이선경, 「추사 김정희 사상의 실사구시적 특성」, 『한국철학논집』 제19집, 2006.

이호순, 「추사 김정희의 시·서·화 연구—제주도 유배시기를 중심으로」, 『현대미술연구소 논문집』 제7호, 2004.

정두희, 「고려말기의 첨설직」, 『진단학보』 제44호, 1977-12.

_____, 「조선 세조—성종조의 공신연구」, 『진단학보』 제15호, 1981.

정다함, 「조선 태조대 요동 공격 시도에 대한 재해석」, 『역사와 담론』 제84집, 2017.

조석곤, 「식민지근대화론과 내재적 발전론 재검토」, 『동향과 전망』 98년 여름호(통권 제38호), 1998.

주경미, 「이성계 발원 불사리장엄구의 연구」, 『미술사학연구』, 2008.

정후주, 「추사 김정희의 제주도 유배생활」, 『한성어문학』 15, 1996.

최진욱, 「신헌(1811~1884)의 생애와 활동」, 『역사와 담론』 제57집, 2010.

허수열, 「일제시대 개발은 '개발 없는 개발'」, 『월간 말』 2005.5, 2005.

허홍범, 「대팽고회大烹高會 대련 고考」, 『추사연구』 제9호, 2011.

한철호, 「개항기 일본의 치외법권 적용 논리와 한국의 대응」, 『한국사학보』 제21호, 2005.

한승훈, 「19세기 후반 불평등조약체제의 성립 과정」, 『내일을 여는 역사』, 2006.

한영우, 「정도전의 정치개혁사상」, 『창작과비평』 1972년 겨울호 (통권26호), 1972.

홍성욱, 「이조 시대의 세도정치와 홍경래의 난」, 『새가정』 11(9), 1964.

홍순권, 「의병운동, 민중들의 반침략 민족운동」, 『내일을 여는 역사』 2007년 여름호 제28호, 2007.

_____, 「한말 일본군의 의병 학살」, 『제노사이드 연구』 제3호, 2008.

홍선표, 「몽유도원도의 창작세계 선경의 재현과 고전 산수화의 확립」, 『미술사논단』 제31호, 2010.

황혜진, 「고전소설 소재 인물의 역사적 삶에 대한 연구―운영전의 안평대군에 대한 실록의 기록을 대상으로」, 『고소설연구』 제29집, 2010.

4. 도록 및 자료

『간송문화』 서화8, 「추사 150주기 기념호」, 한국민족미술연구소, 2006.

『간송문화』 통합5, 「간송 탄신 백주년 기념호」, 한국민족미술연구소, 2006.

『간송문화』 회화55, 「표암과 조선 남종화파」, 한국민족미술연구소, 2009.

『간송문화』 회화47, 「겸재 서거 250주년 기념 겸재화파」, 한국민족미술연구소, 2011.

『간송문화』 「간송미술문화재단설립기념전」, 간송미술문화재단, 2014.

『기산풍속도』 「그림으로 남은 100년 전의 기억」, 청계문화원, 2008.

『박지원·박제가 서거 210주년 특별전 북학파의 꿈』, 실학박물관, 2015.

서성호, 『이성계 발원 사리갖춤』, 국립중앙박물관.

『추사 김정희 학예 일치의 경지』, 국립중앙박물관, 2006.

5. 사전 및 신문

위키피디아

한국민족문화대백과사전

한성신문

한성주보

대한매일신보

Baidu百科

• 이 책에 실린 모든 사진은 저작권 확인을 거쳤습니다.
 저작권 확인이 안 된 사진을 발견하신 독자께서는 도서출판 인문서원으로 연락 부탁드립니다.

그림 속에 숨겨진 조선 역사

초판 1쇄 펴낸 날 2020년 12월 21일

지은이   홍순대
발행인   양진호
책임편집   이지안
디자인   오필민디자인
발행처   도서출판 인문서원

등록   2013년 5월 21일(제2014-000039호)
주소   (07207) 서울시 영등포구 양평로21가길 19, 우림라이온스밸리 B동 512호
전화   (02) 338-5951
팩스   (02) 338-5953
이메일   inmunbook@hanmail.net

ISBN   979-11-86542-63-7 03910

이 도서의 국립중앙도서관 출판예정도서목록(CIP)은 서지정보유통지원시스템 홈페이지
(http://seoji.nl.go.kr)와 국가자료종합목록 구축시스템(http://kolis-net.nl.go.kr)에서
이용하실 수 있습니다. (CIP제어번호 : CIP2020051280)